Hans-Joachim Möller-Lange
Edna Rellöm

60 Jahre
Berliner Mauer
Eine Retrospektive
Graffiti von 1960-2020

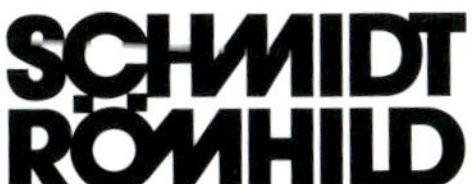

Bibliographische Information der Deutschen Nationalbibliothek
Die Deutsche Nationalbibliothek verzeichnet diese Publikation in der Deutschen Nationalbibliothek; detaillierte Daten sind im Internet über http://dnb.d-nb.de abrufbar.

Impressum

E-Mail: dr.moela@t-online.de

Printed in Germany
Gesamtherstellung: Max Schmidt-Römhild GmbH & Co. KG, Lübeck
Gestaltung: Grafikstudio Schmidt-Römhild, Marc Schulz
ISBN 978-3-7950-7130-1

Inhaltsverzeichnis

Vorwort

...alle Lust will Ewigkeit (Friedrich Nietzsche)

Die Ewigkeit des Menschen währt von der Geburt bis zum Tod.
Vor der Geburt liegt eine Ewigkeit, die wir nicht ermessen können, und nach dem Tod liegt eine Ewigkeit, über deren Dauer wir keine sicheren Angaben machen können.
Das Ende der Menschheit kommt, wenn die Erde, unser Universum ein Leben nicht mehr zulassen. Es bleiben Materie, Raum und Zeit ohne menschliche Erinnerung.

Nach unserem Tod werden wir Materie auf Ewigkeit.

Edna Rellöm hat Lust an der bildenden Kunst und Fotografie, an allen Lebensereignissen, die in die Erinnerungen einfließen.
Jene sind im Gedächtnis gebunden, das bis zu unserem Tod auch Materie ist. Unser Gedächtnis kann hypothetisch über genetische Materie weitergegeben werden. Es gibt Erkenntnisse, die die Hypothese wahrscheinlich machen.

Edna Rellöm unterstützt das Gedächtnis, die Erinnerungen durch Malen, Zeichnen, Plastizieren, Schreiben.

Zu den Erinnerungen gehören auch Berlin, Kreuzberg, die Mauer und die Mauerbilder, die hier veröffentlicht werden. Die Ewigkeit der Berliner Mauer dauerte von 1960 bis 1989, sie bleibt in Erinnerung.

Man lebt zweimal, das erste Mal in der Wirklichkeit, das zweite Mal in der Erinnerung.

(Honore de Balsac)

Dein Gedächtnis sagt dir, das hast du getan. Dein Stolz sagt dir, das kannst du nicht getan haben. Und siehe da, das Gedächtnis gibt nach.

(nach F. Nietzsche)

Kunst gibt nicht das Sichtbare, sondern macht sichtbar.

(Paul Klee)

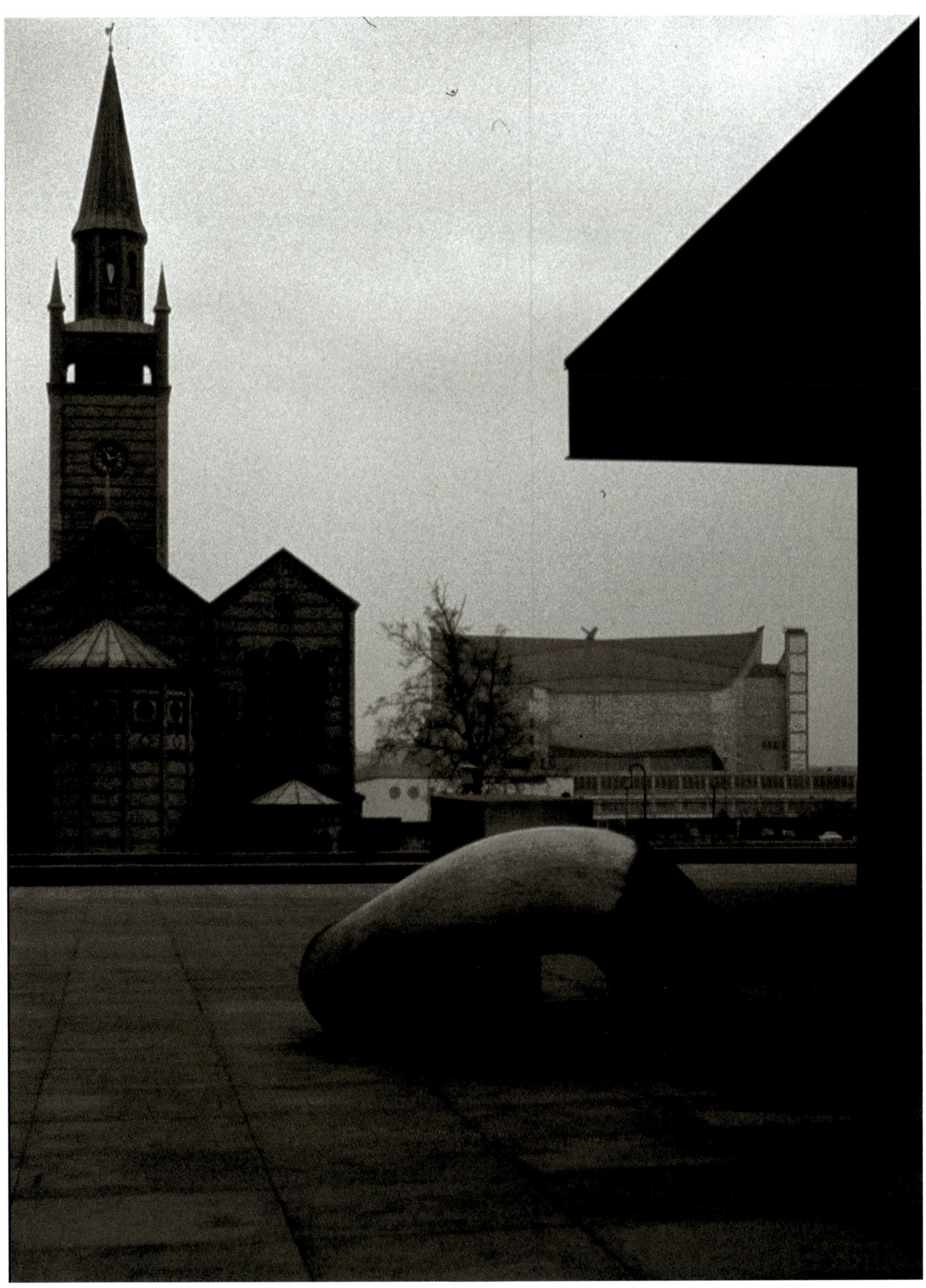

Annäherung an Berlin, Kreuzberg und die Mauer

Was heißt eigentlich annähern? Es hat etwas von Anschleichen, Anbiedern und Angreifen und viel mit der Wahrnehmung zu tun, da man sich natürlich an etwas, was man nicht fühlen, riechen, schmecken, sehen und hören kann, nicht annähern kann. Alle unsere Sinne spielen beim Annähern eine Rolle. Die Wahrnehmungen werden in unserem Kopf, im Gehirn verarbeitet und einiges davon gelangt in unser Wissen, unser Gedächtnis. Sie haben mit unserem Tun und Handeln, auch mit unseren Ängsten und seelischen Wahrnehmungen zu tun und wir setzen sie in unsere Handlungen um.

Aber was hat das mit unserer bundesrepublikanischen Hauptstadt Berlin, mit Berlin-Kreuzberg und mit der Mauer zu tun? Wie, wann und wo gelangen die Begrifflichkeiten in unseren Kopf und in unser Handeln und Tun?

Berliner gab es bei uns in den 1960er Jahren des Öfteren zu Silvester, sie wurden gegen Mitternacht auf den Teller gelegt und verspiesen. Feuerwerk, riechen, schmecken, Berliner aufessen, dazu etwas trinken.

Dass es sich bei Berlinern um einen in Schmalz gebackenen Hefeballen handelt, der seit dem 16. Jahrhundert hergestellt wird, erst im 18. Jahrhundert mit verschiedenen Marmeladen gefüllt und um 1715 das Rezept in einem Buch festgehalten wurde, habe ich erst viel später erfahren. Auch weiß ich nicht, warum dieser mit Zuckerguss, Zuckerstreuseln in verschiedenen Farben und gepudert Berliner heißt, ist mir unbekannt geblieben, aber dieser Hefeballen wird heute Berliner genannt. Als John F. Kennedy bei seinem Besuch in der BRD in Berlin aussagte: "Ich bin ein Berliner", meinte er sicherlich nicht das leckere Gebäck und zum Anbeißen war er auch nicht, sondern ein hervorragender Politiker.

Auf dem Priwall in Lübeck-Travemünde nahm ich das erste Mal die Grenze zwischen Lübeck und Mecklenburg wahr, die im Verlauf der 1950er Jahre zu einer streng bewachten Barriere mit Stacheldraht und "Todeszone" ausgebaut wurde. Meine Mutter zeigte mir den Verlauf der Grenze bei Spaziergängen am Westufer der Trave in Höhe des Stülper Huks. Dort hatte sie das Wochenende oder eine Auszeit auf einer kleinen Insel in der Dassower Bucht mit Rudolf im Zelt verbracht. Sie berichtete, dass die Grenze vom Priwall auf der Ostseite der Trave verläuft, da die Ostseite über Schlutup, dem Landgraben im Wesloer Wald bis Brandenbaum und Herrenburg, der Wakenitz bis zum Ratzeburger See im Besitz der Hansestadt Lübeck ist. Bei einem Klassenausflug in den Wesloer Forst tollten wir in einem Gebiet herum, in dem sich alte Bunker und Wälle befinden. Über meine Mutter und die Schule lernte ich, dass es zwei deutsche Staaten gab, die nach einem Weltkrieg, der bis 1945 dauerte, entstanden. Sie erzählte mir auch, dass meine Großeltern aus Mecklenburg stammen und deren Eltern dort in ihren eigenen landwirtschaftlichen Betrieben arbeiteten und enteignet wurden. Sie berichtete, dass man in den 1950er Jahren, wenngleich auch nicht ohne Gefährdung, die Grenze nach Osten überschreiten konnte und von der dort lebenden Verwandtschaft auch Lebensmittel mitbringen konnte.

In der Schule wurde ich unterrichtet, dass Berlin im 13. Jahrhundert gegründet wurde, dass dort Preußen entstand, dort Friedrich der Große preußischer König wurde, Berlin aufblühte und 1871 Reichshauptstadt von Deutschland wurde, nach dem Ersten Weltkrieg ab 1918 Hauptstadt der Weimarer Republik war und im Zweiten Weltkrieg, der von Adolf Hitler angezettelt wurde, großteils durch Bombardierungen zerstört wurde. Es entstanden die BRD und die DDR. Hauptstadt der Bundesrepublik wurde Bonn und Berlin stand unter einem Viermächtestatus; 1948 wurde Ost-Berlin die Hauptstadt der DDR und zur geteilten Stadt. Die Demarkationslinie umgab West-Berlin rundum, so dass West-Berlin eine Insel in der DDR darstellte. Im Westen verlief die Demarkationslinie zwischen Schleswig-Holstein, Mecklenburg-Vorpommern, Niedersachsen, Brandenburg, Sachsen-Anhalt, Hessen, Thüringen, Sachsen und Bayern.

Von Juni 1948 bis Mai 1949 kam es zur Berlin-Blockade durch die Sowjetunion und die Bevölkerung

West-Berlins wurde aus der Luft mit lebensnotwendigen Mitteln versorgt. Die US-amerikanischen "Rosinenbomber" brachten sie nach West-Berlin. Die CARE-Pakete konnte man später beim Seifenhaus Hansa in der Fackenburger Allee für kleines Geld bis in die 1960er Jahre kaufen. Der Inhalt wurde geringer, die Pakete kleiner. Ich war acht Jahre alt, als ich letztmalig im Seifenhaus Hansa ein Paket mit Kaugummi, Schokolade und Milchpulver kaufte konnte.

Georg Kreisler sang in einem seiner Songs "In der Bundeshauptstadt Bonn am Rhein fürchtet sich der Kommunist, ein paar Kilometer weiter Ost und es fürchtet sich, wer keiner ist..." Und wenn ich mich rechte entsinne, sang Klaus Hoffmann über das Fußballspielen an der Mauer. Damit war es dann 1990 nach Abriss der Mauer vorbei.

Aber bis dahin war ich bereits das erste Mal nach Berlin gefahren. Von Lübeck dampfte der Interzonenzug nach Büchen, kurz vor Erreichen des Büchener Bahnhofs ging eine Kontrolle des Bundesgrenzschutzes durch den Zug, ich meine, dass auch mein Ausweis dort kontrolliert wurde. Dann ging es weiter nach Schwanheide und dort wurden wir an den Transitzug nach Berlin gekoppelt. Nachdem die Grenzkontrolle auf DDR-Seite durch die ernst dreinblickenden Uniformierten, die mit kalten Gesichtsausdruck unsere Papiere kontrollierten und die schnüffelnden Hunde entlang des Transitzuges nach unerlaubtem Material gesucht hatten, ging es über die Interzonenstrecke nach Berlin West zum Bahnhof Zoo.

Meine ersten Reisen waren mir 1962 und 1964 möglich, da meine Schwester, die eine Ausbildung zur Kindergärtnerin abgeschlossen hatte, und in Lübeck ihre erste Stelle gehabt hatte, nach Berlin in die Schlossstraße in ein Zimmer zur Untermiete in einem Hinterhaus gezogen war. In der näheren Umgebung der Schlossstraße, die in Charlottenburg liegt, fanden sich die Trümmerberge, die aus dem Schutt der zerschossenen Häuser Berlins aufgeschüttet wurden. Eigentlich hatte Berlin keine Berge, alle Berge, die jetzt in Berlin existieren, sind dem Grunde nach Trümmerhaufen. Die Begriffe Teufelsberg und Mont Klamott wurden mir vertraut. Aus der Schlossstraße in Charlottenburg führten mich die Wege nicht nur zum West-Berliner Fernsehturm, sondern auch auf den Mont Klamott in der Ecke von Charlottenburg und Wilmersdorf. Auf einem der Trümmerberge wurden Gebäude zu Überwachungszwecken des Militärs der Briten und US-Amerikaner gebaut, die Berlin erst 1991 nach Fall der Mauer verließen.

Meine Schwester lernte in der Schlossstraße ihren späteren Ehemann Kurt kennen, der aus Geisslingen in der Nähe des Bodensees stammte und der ebenfalls ein Zimmer zur Untermiete im selben Haus bewohnte. Bevor ihre Tochter 1964 geboren wurde, heirateten sie 1963 in Dortmund, was aus Gründen der Fahrten der Familien am günstigsten war und eine Interzonenfahrt der Angehörigen nach Berlin unnötig machte. Ihre zweite Tochter kam 1966 zur Welt und beide wurden echte "Berliner Pflanzen".

Eine Tante war ebenfalls Kindergärtnerin. Nach ihrer Heirat zog sie mit ihrem Ehemann nach Berlin-Lichterfelde. Ihre drei Kinder wuchsen in Berlin heran.

Ein Neffe zog 1979 nach dem Abitur nach Berlin, um Architektur zu studieren. Er vermied damit zur Bundeswehr eingezogen zu werden. Er wohnt bereits langfristig in der Kantstraße, in der ich auch seine Partnerinnen kennenlernte.

Stefanie und Kurt kauften 1979 eine Eigentumswohnung in der Stromstraße. Stefanie bewohnte nach ihrer Scheidung eineinhalb Jahre später in der Eisenacher Straße, danach aus beruflichen Gründen in der Wartenburgstraße eine Mietwohnung.

Jetzt ist der Anfang an die Annäherung nach Berlin gemacht.

Unser Klassenlehrer hatte die Klassenfahrt nach West-Berlin abgelehnt, da die finanzielle Unterstützung durch das Kultusministerium daran gebunden war, dass die Klasse nicht nach Ost-Berlin reisen durfte. Er wollte unbedingt mit der Klasse auch nach Ost-Berlin fahren, um mit den Schülern die Humboldt-Universität zu besichtigen.
Stattdessen führte uns der Weg auf die Insel Süderoog im Wattenmeer vor der schleswig-holsteinischen Westküste.

Diese Aussage merkte ich mir, als ich das erste Mal nach Berlin reiste und fuhr während des ersten Urlaubs mit der S-Bahn nach Ostberlin. Ich stieg in der Friedrichstraße aus, um das Museumsviertel zu besichtigen, Erichs Lampenladen anzuschauen, Unter den Linden zu spazieren, in der Französischen Kirche Kaffee trinken zu gehen.

Zu meiner Schande muss ich gestehen, dass ich die Humboldt-Universität bis heute nicht besichtigt habe. Ich habe wenig Bekanntschaften im Osten geschlossen. Ich konnte nicht, wie gehofft, mit der Umtausch-Ostmark in einem Buchladen die begehrten Fachbücher kaufen, da sie in den Handlungen nicht verfügbar waren. Sehr schnell bemerkte ich, dass Westbürger im Osten offenbar anders aussehen als Ostberliner und DDR-Bürger, da ich sehr bald von einem älteren Mann angesprochen wurde, der mich überredete, 5 West-DM in Ostgeld zu verwandeln.

Bei allen Aufenthalten in Berlin fuhr ich unter anderem in Begleitung von meiner Ehefrau, später mit den Kindern nach Ost-Berlin, zuletzt in unserem Familienauto. Nur zweimalig gab es geringe Schwierigkeiten: Meine Frau brauchte für die Überwindung der Grenze nach Ost-Berlin zwei Stunden der gemeinsamen Zeit, während ich vor der Kontrollstelle auf und ab lief. Beim Aufenthalt mit der Familie besuchten wir auch den Jüdischen Friedhof. Wir versuchten vergeblich, unser Ostgeld in Gaststätten zum Mittagessen auszugeben, da alle wenngleich halbleer, nach Auskunft der Mitarbeiter vollbesetzt waren. Lediglich in Köpenick an einem schönen See gab es eine Eisdiele, in die wir uns begaben und uns an einen freien Platz setzten, um gemütlich ein großes Eis zu verzehren, Kaffee zu trinken und Kuchen zu essen. Danach waren die Ostmark noch nicht ausgegeben und wir suchten nach einer Möglichkeit vor Ort einen Laden und fanden ein Sportartikel-Geschäft, in das wir uns begaben, dort kauften wir ein Tischtennisnetz und Tischtennisbälle und investierten.

Die Kinder erinnern sich bis heute vor allen Dingen an die Rückfahrt nach West-Berlin, als wir an der Kontrollstelle abgefertigt wurden. Gespannt beobachteten sie, wie das Auto untersucht wurde, wie ein Spiegel unter das Auto geschoben wurde und der Innenraum untersucht wurde. Entsetzt waren sie, als sie unsere Abfälle vor der Überfahrt nach West-Berlin in einen der aufgestellten Papierkörbe der DDR bringen wollten und barsch von der Kontrolleurin aufgefordert wurden, ihren Dreck und Abfall mit nach West-Berlin zu nehmen und dort zu entsorgen.

Ansonsten unternahmen wir Fahrten in die Umgebung der Innenstadt und der Wohnorte, an denen wir untergebracht waren. Der Zoo, der Tiergarten, die Parks, die Flüsse, die Baustellen. Meine Frau und ich besuchten Theaterstücke, Aufführungen von Musicals, die Berliner Philharmonie, das Radio-Symphonie-Orchester. Wir aßen die berühmte Berliner Curry-Wurst, probierten einiges im KaDeWe, tranken Eierlikör bei Leydicke, besuchten auch für Kinder geeignete Museen und machten Fahrten auf den Gewässern Berlins.

Für mich zählten Besuche im Gropius-Bau zu den Highlights. Von dort führte mich der Weg in die Straßen von Kreuzberg, ins Abseits der Berliner Nobelstadtteile. Dort lebten viele Menschen, die ins soziale Abseits geraten waren. Ich machte es mir zur Angewohnheit, regelmäßig nach einem Aufenthalt im Gropius-Bau direkt an die Mauer zu gehen, einen Blick über die Mauer zu werfen und von dort zu Fuß "immer an der Wand lang, immer an der Wand lang ..." bis zur Thomas-Kirche und Spree zu laufen.

Den Fotoapparat hatte ich immer dabei, um meine Mauerbilder zu machen. Die Schwarzweißaufnahmen, die ich in meinem kleinen Fotolabor selbst vergrößerte, später auch Abzüge von Diapositiven, bebilderten die von mir produzierten Kalender für Familie und Freunde in einer Auflagenhöhe in den letzten 30 Jahren von 30 Exemplaren. Dabei waren es immer maximal ein bis zwei Bilder aus Berlin, die in dem Kalender Platz fanden.

Die Bilder der Mauer faszinierten mich immer wieder, da sie im bildnerischen Bereich durchaus dem entsprechen, was Rühmkorf in seinem "Volksvermögen" zum Ausdruck brachte, auch jetzt noch lesenswert!

Die Fotos stellten für mich immer eine Erinnerung an die Mauerzeiten dar und ich weiß , dass ich nach Abriss der Mauer so enttäuscht war, dass ich den Weg vom Gropius-Bau auf meinem Mauerpfad bis zur Spree nie wieder ablief. Vielleicht hätte man große Teile von dort bewahren sollen, die Rückseite, die unbemalte, hätte man den Berlinern zum Bemalen mit Graffiti belassen können, vielleicht wäre es ein kleines Gesamtkunstwerk geworden. Daran dachten die Mauerpicker und Zerstörer natürlich nicht und die Staatsorgane mussten an die enteigneten Eigentümer der Grundstücke denken. Allerdings kann ich mir vorstellen, dass einige längere Teile hätten erhalten werden können, wenn man die Grundstückseigener entsprechend entschädigt hätte.

Nirgendwo sonst habe ich so viele Graffiti fotografiert und gesehen, wie ich sie an der Mauer kennenlernte. Frappierend die Wiederholungen in Farbe und mit verschiedenem Geschick, die Kunstinhalte und die einfachen Schmierereien. Auf der Strecke zu fotografieren war auf dem Kreuzberger Abschnitt der Mauer nicht ganz ungefährlich, da die Bevölkerung dort nicht zulassen wollte, dass man fotografiert, mich mehrfach aufforderte, die Schandmauer nicht aufzunehmen. Ich fotografierte tätige Künstler, die sich dagegen verwahrten. Denn wenn sie die Mauer bemalten, befanden sie sich auf dem Gebiet der DDR, in Ost-Berlin! Kein Wunder, dass in der Nähe der Übergänge von West nach Ost keine Bepinselungen zu fotografieren waren.

Ansonsten sprechen die von mir gefertigten Fotografien für die Vielfalt der künstlerischen Einfälle der Graffiti-Maler. Die Fotografien sind für mich das Wichtigste und die Erinnerung an 30 Jahre der Mauer-Ewigkeit.

Kurz vor Beginn der Corona-Zeit und nach einem banalen Ereignis mit meinem Drucker, kam mir die Idee, die Mauerbilder einfach auszudrucken, da der Drucker streikte und die schwarze Patrone nicht mehr druckte sondern nur noch die drei Farbpatronen. Zum Glück konnte ich die Druckstärke herabmindern, so dass lediglich schemen-hafte Ausdrucke erfolgten. Als Folge davon machte ich mich an die Arbeit und restaurierte die Mauerbilder mit Farbstiften. Von den entstandenen DIN A4-Blättern und Ausschnitten von den Bildern verwendete ich 54 Blätter, um daraus kurz vor Beginn des Ukraine-Krieges die Acrylbilder zu konzipieren und in viermaligen Überarbeitungen Ende 2022 fertigzustellen.

Bei meinem letzten Aufenthalt wanderte ich die Mauerstrecke vom Berliner Ostbahnhof bis zum Gropius-Bau ab, um einen letzten Eindruck von dem Aussehen dieser Strecke zu gewinnen. Neben meinen Mauerbildern sind die Bilder von der letzten Berlin-Wanderung ausschnittsweise im letzten Abschnitt zu sehen.

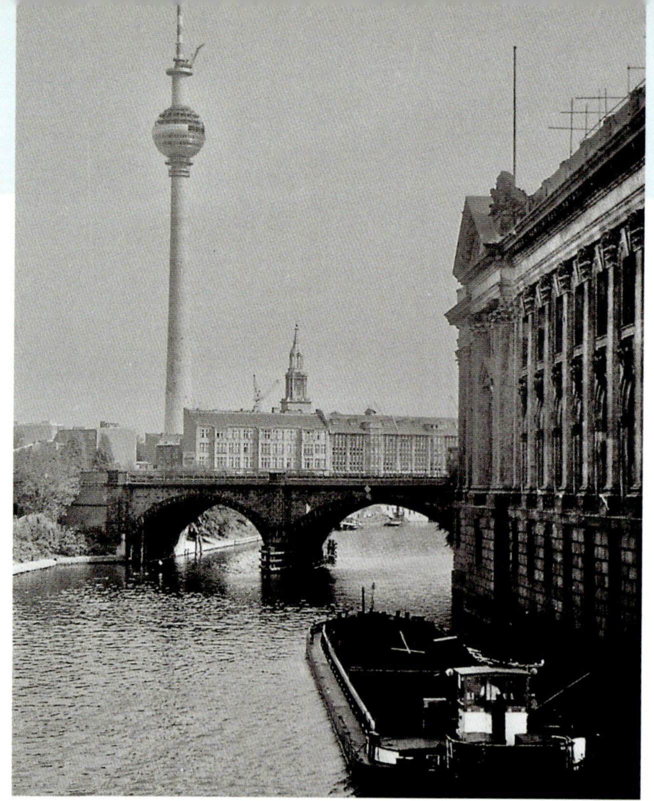
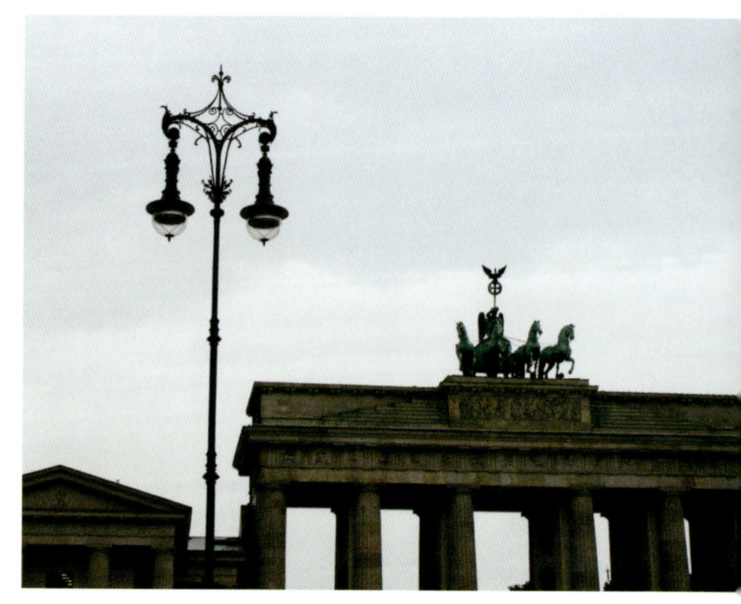
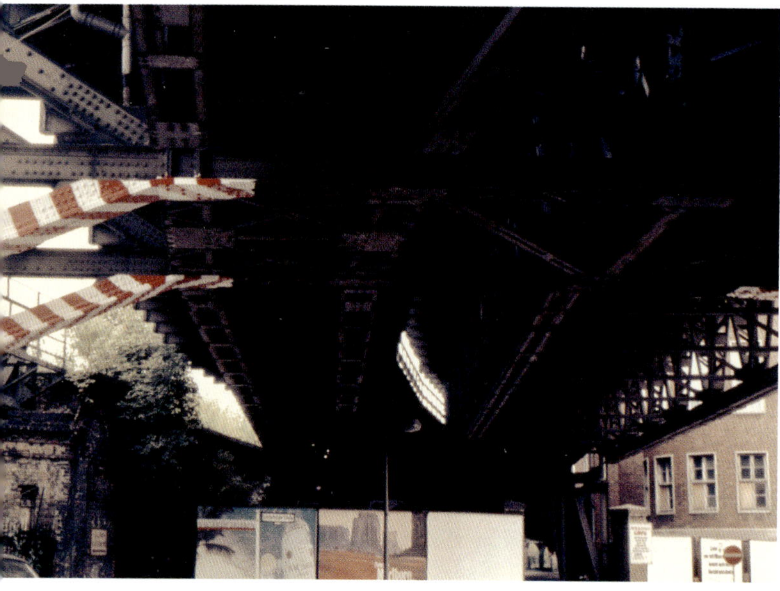
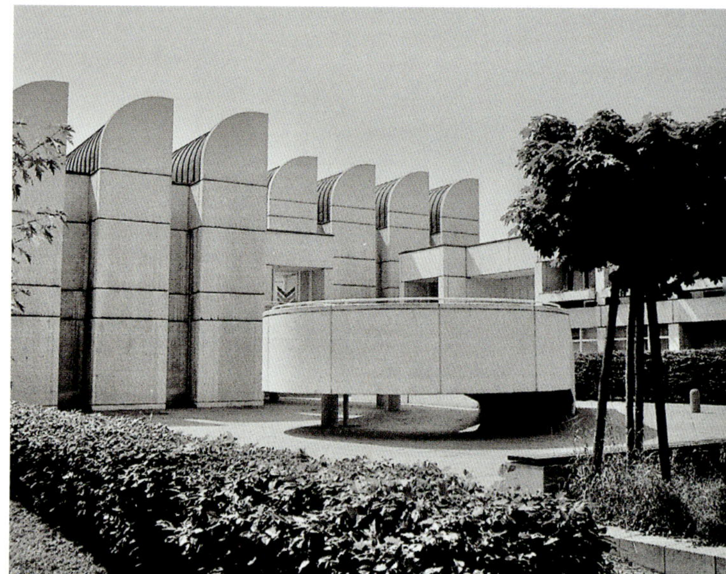
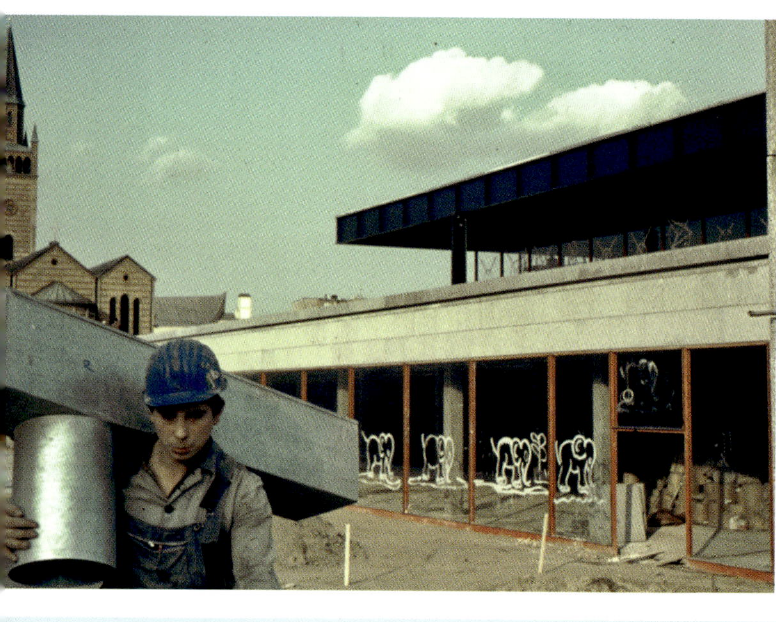
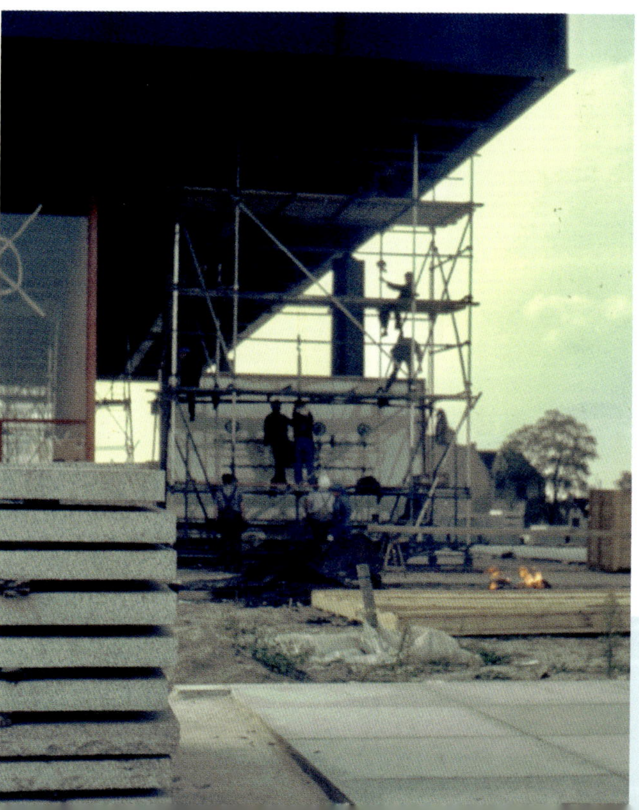

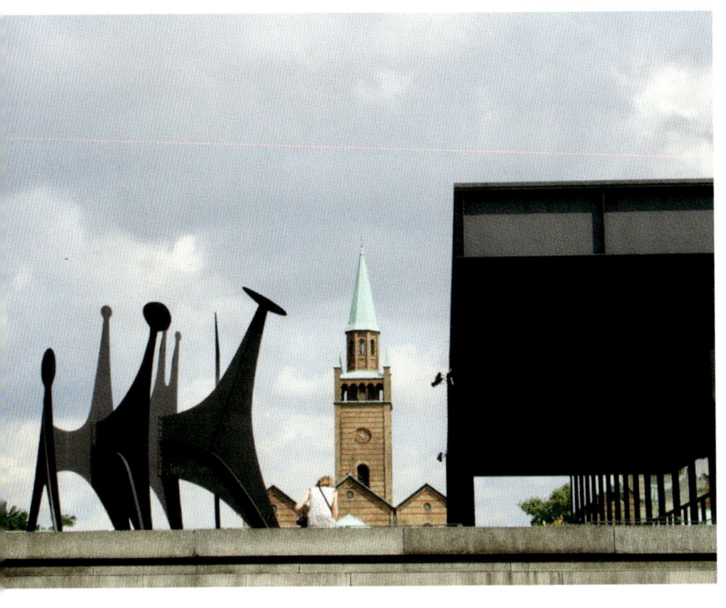

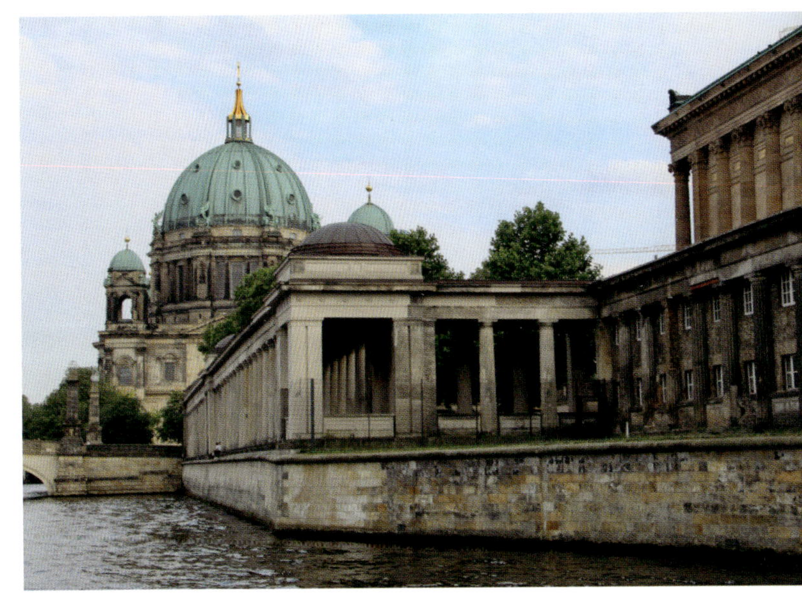

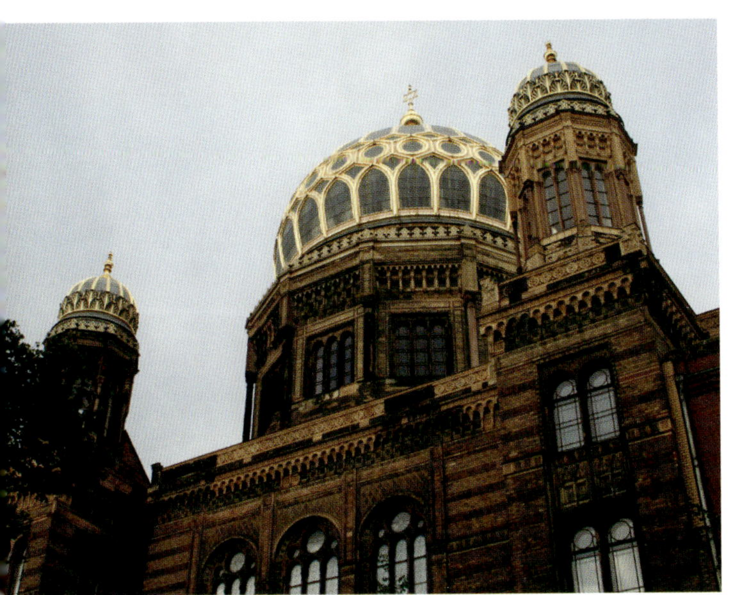

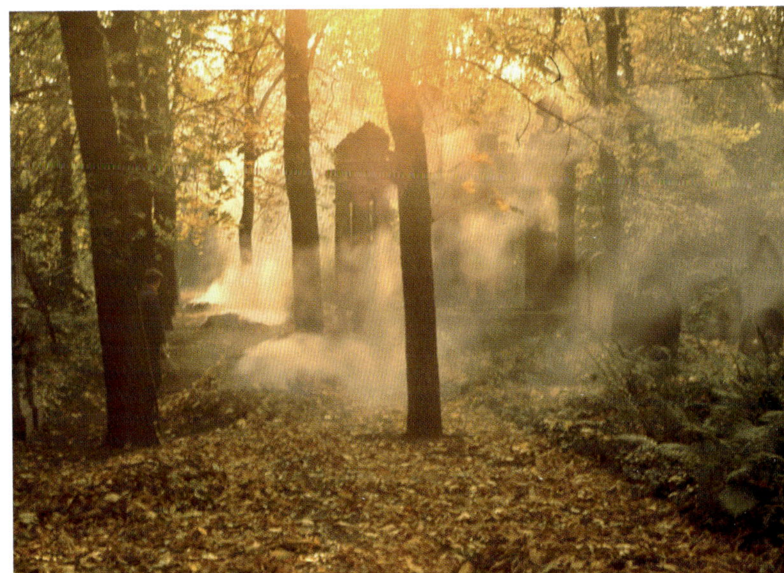

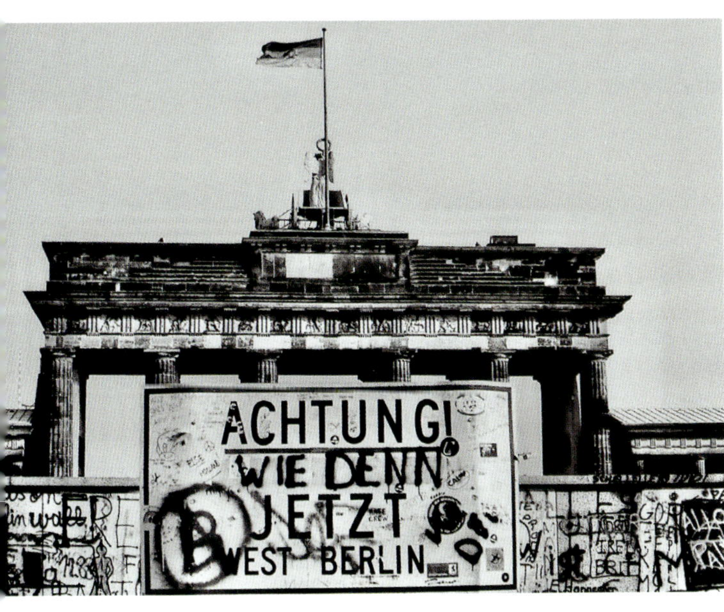
ACHTUNG!
WIE DENN
JETZT
WEST BERLIN

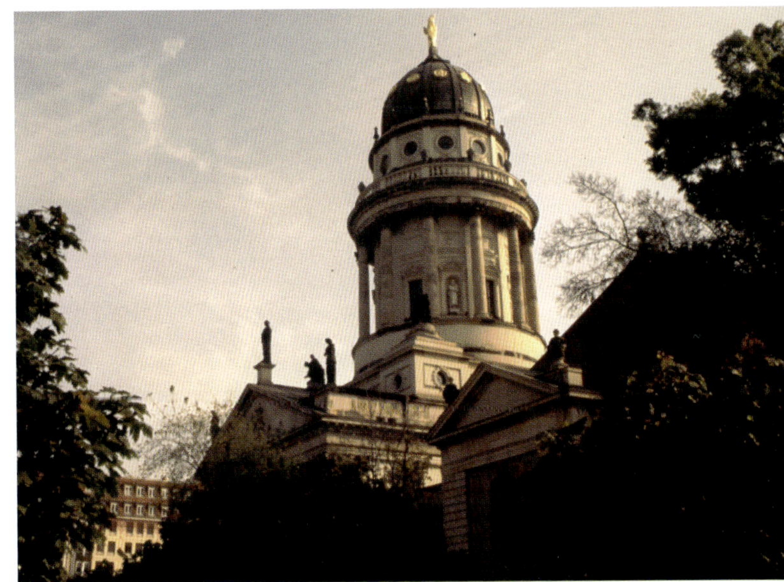

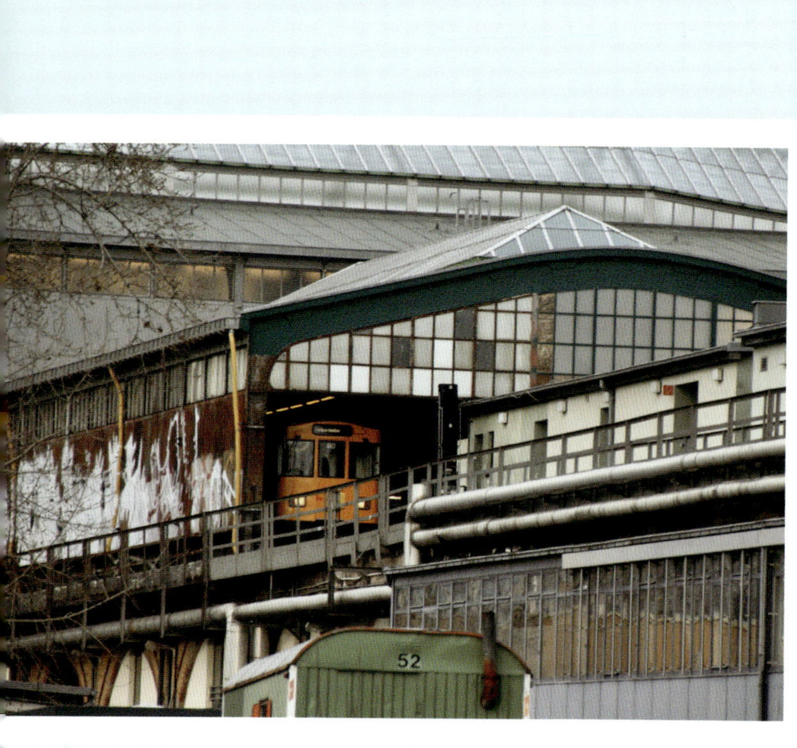
52

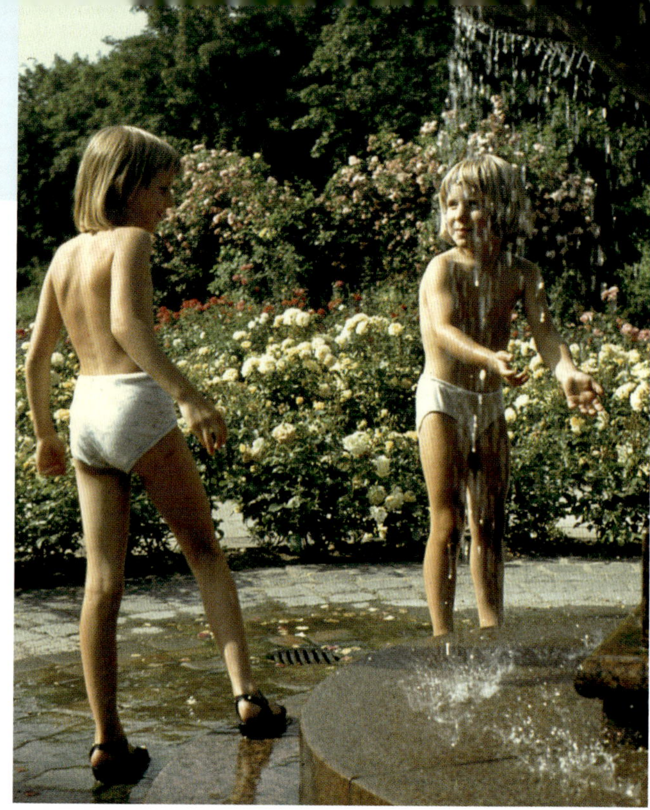

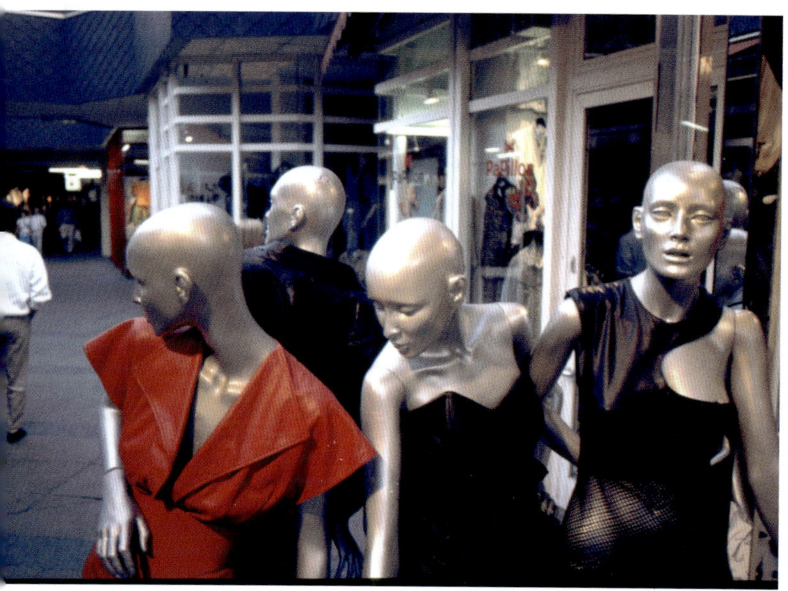

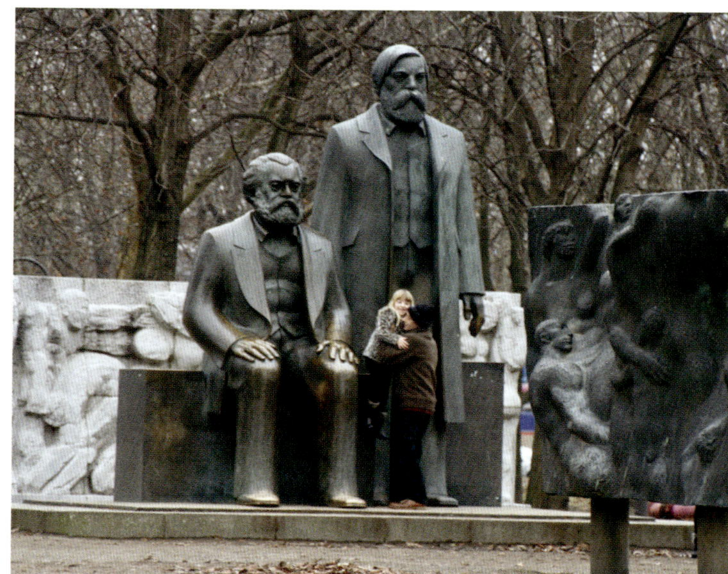

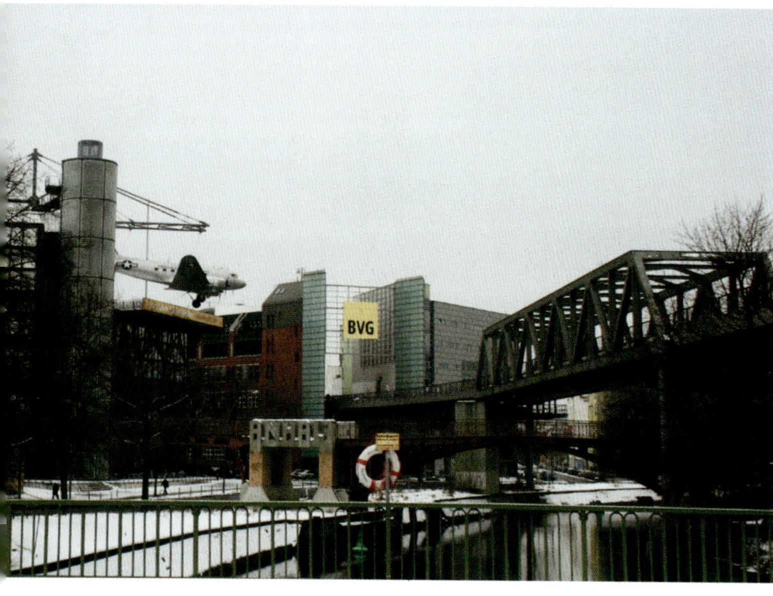
BVG

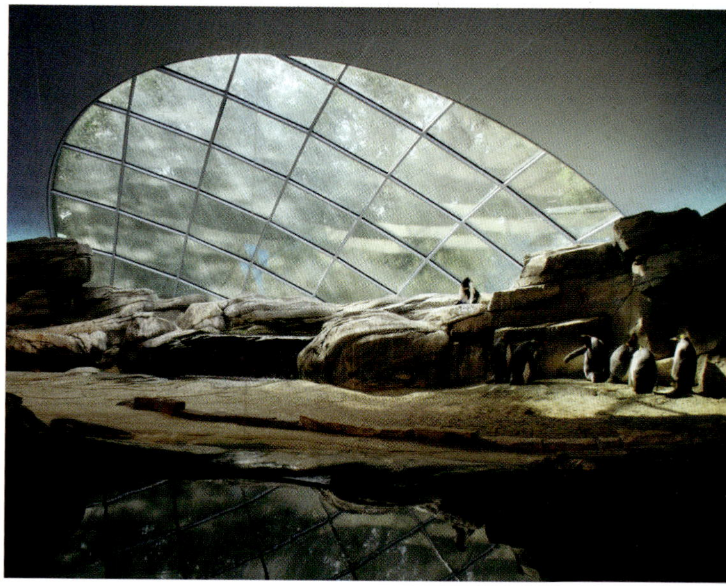

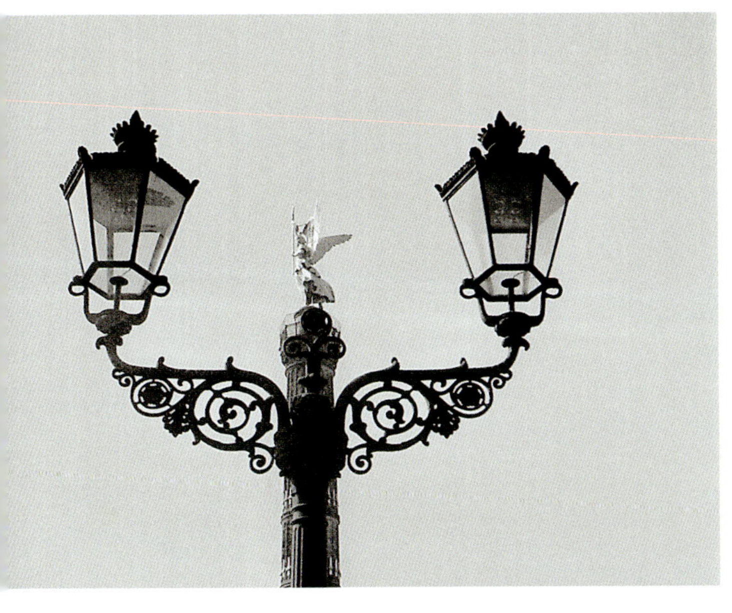

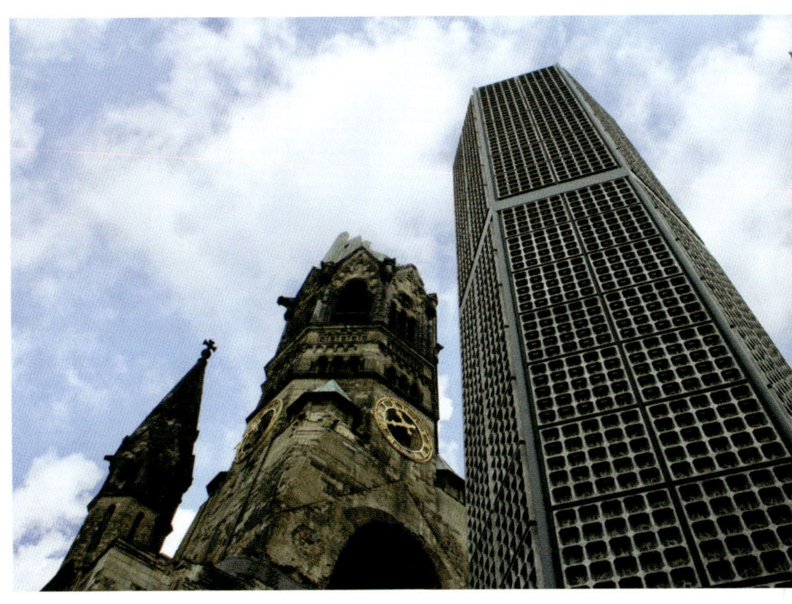

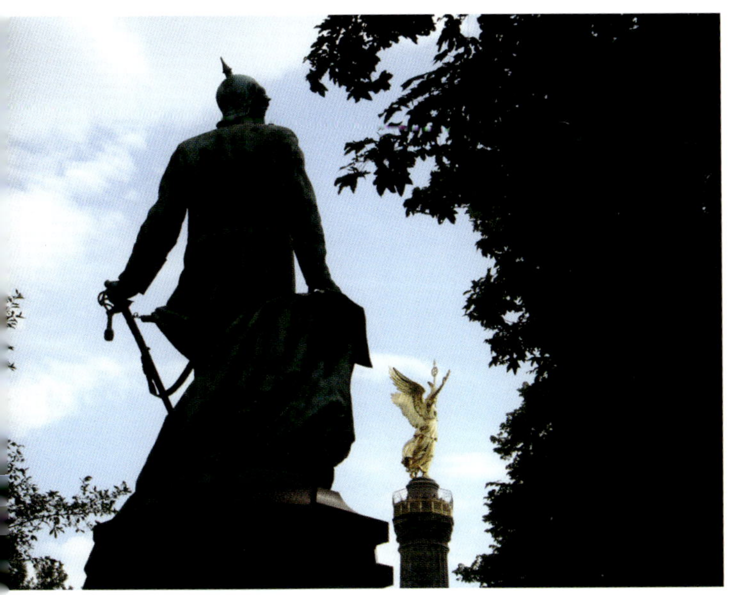

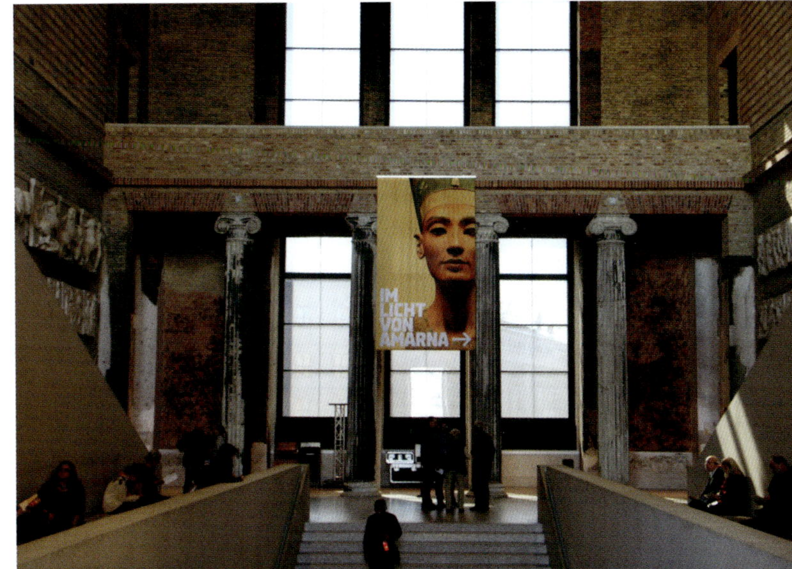
IM LICHT VON AMARNA

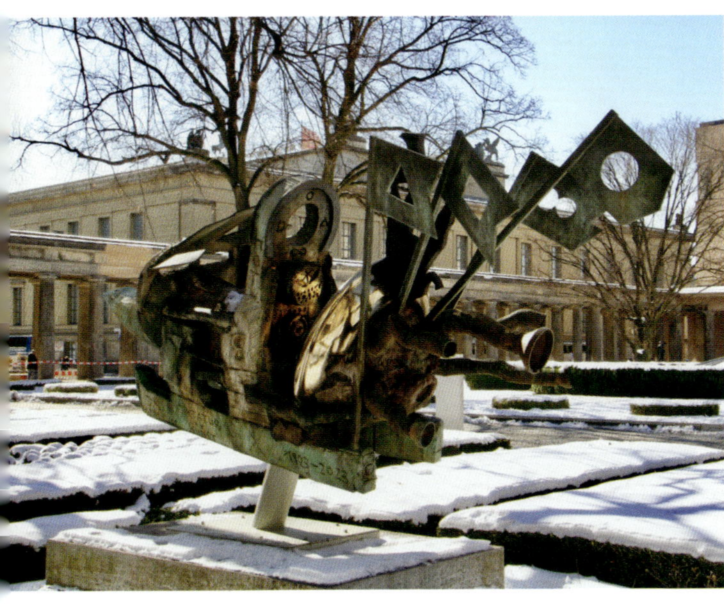

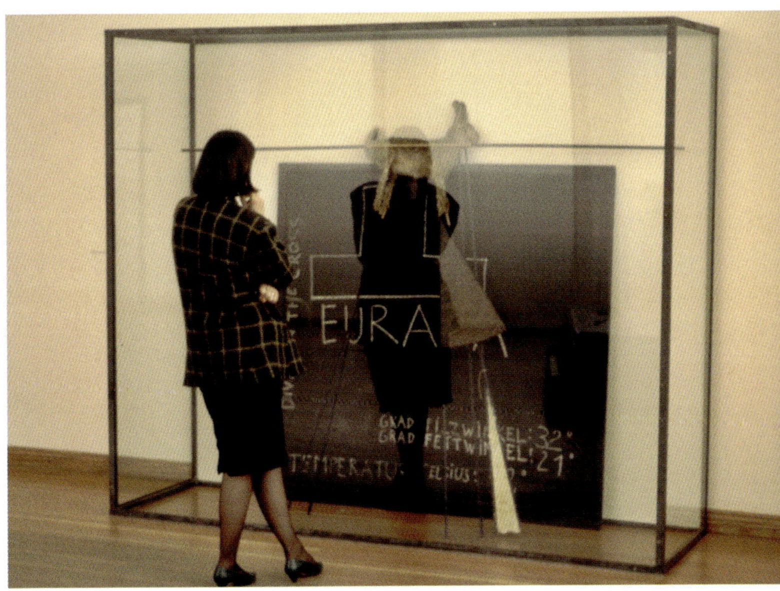
EURA

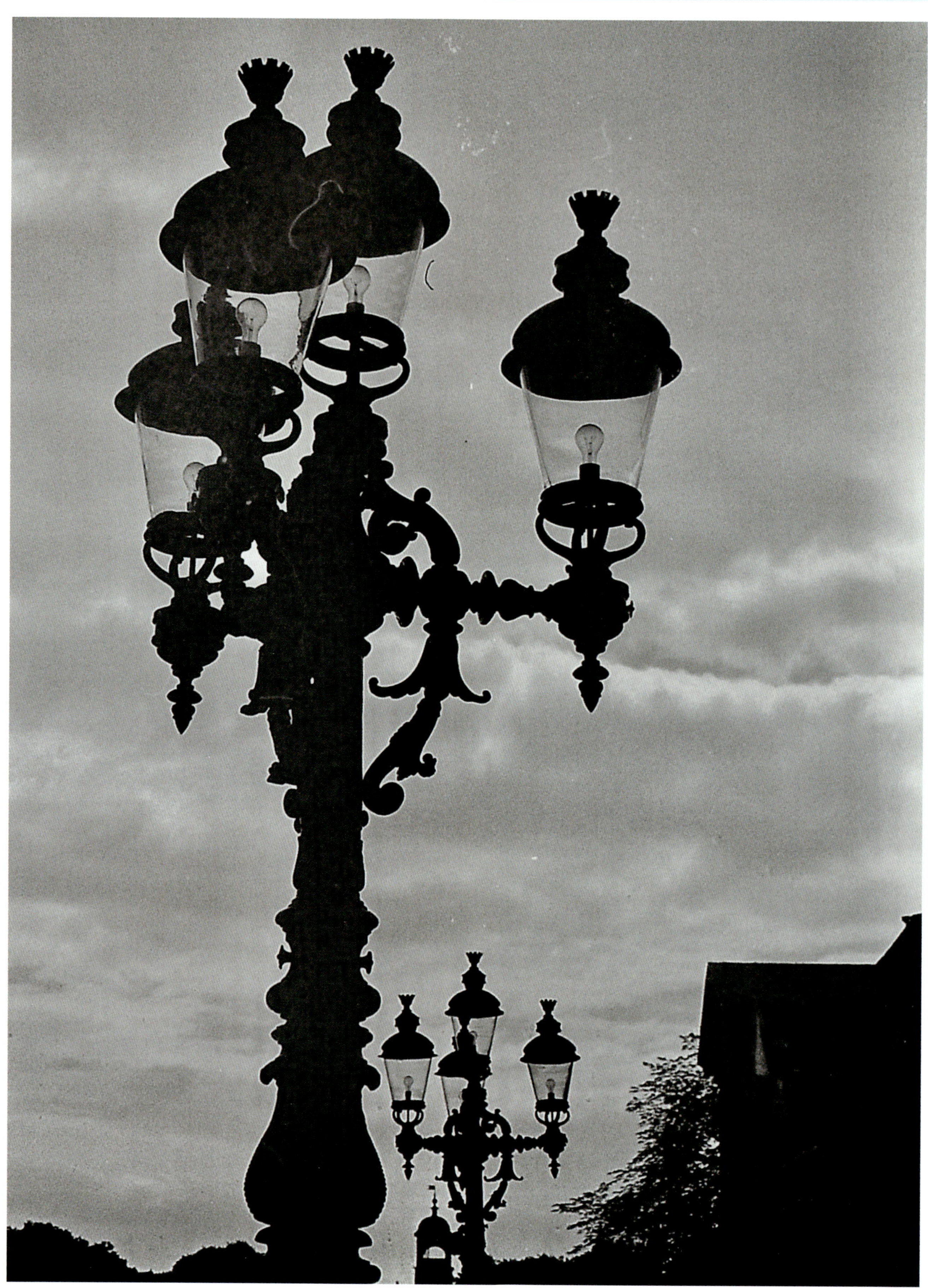

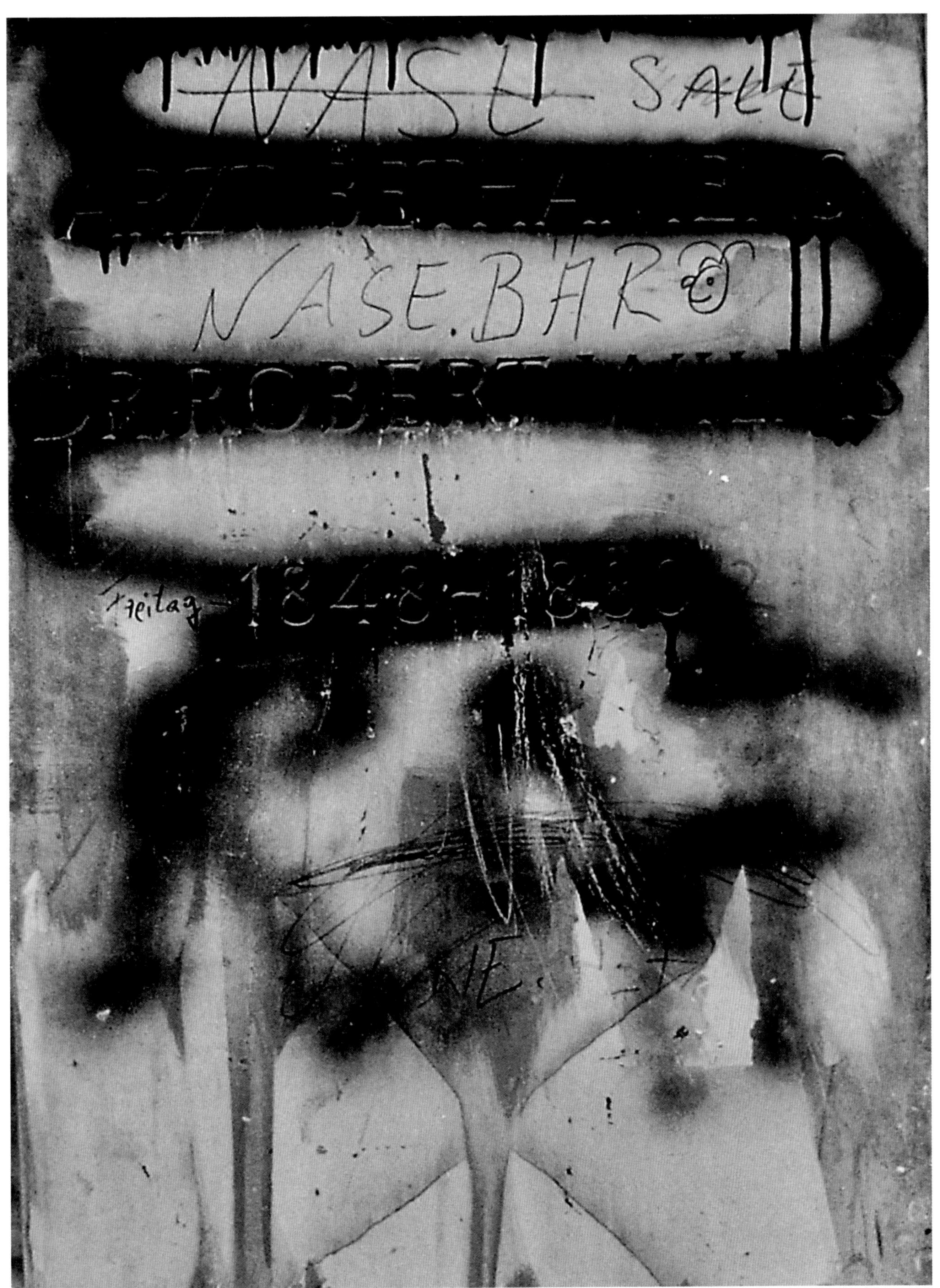
SALÜ
NASE.BÄR
Freitag

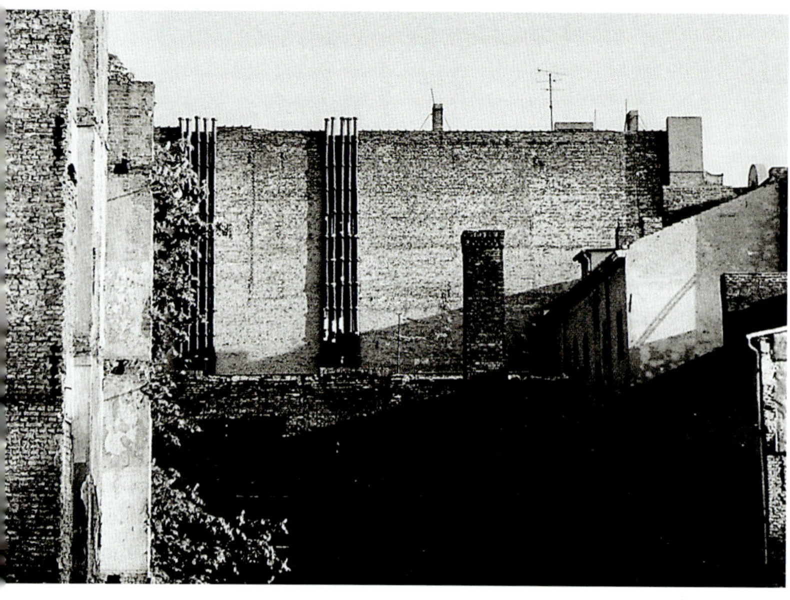

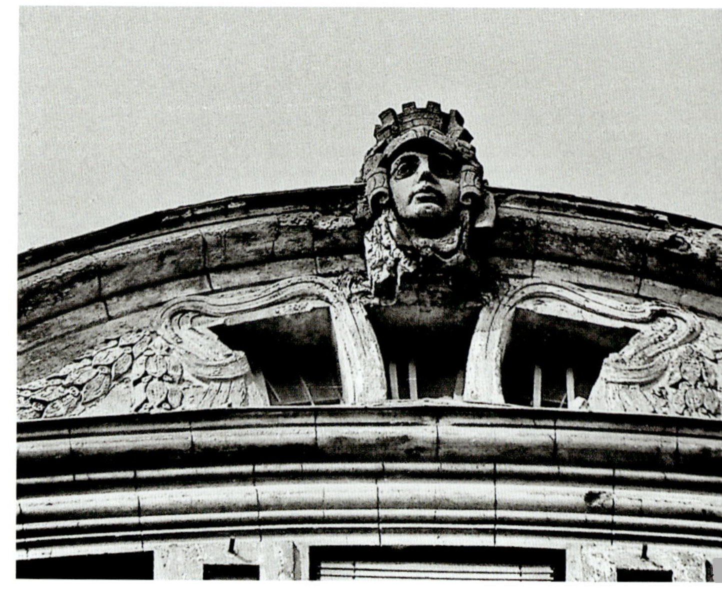

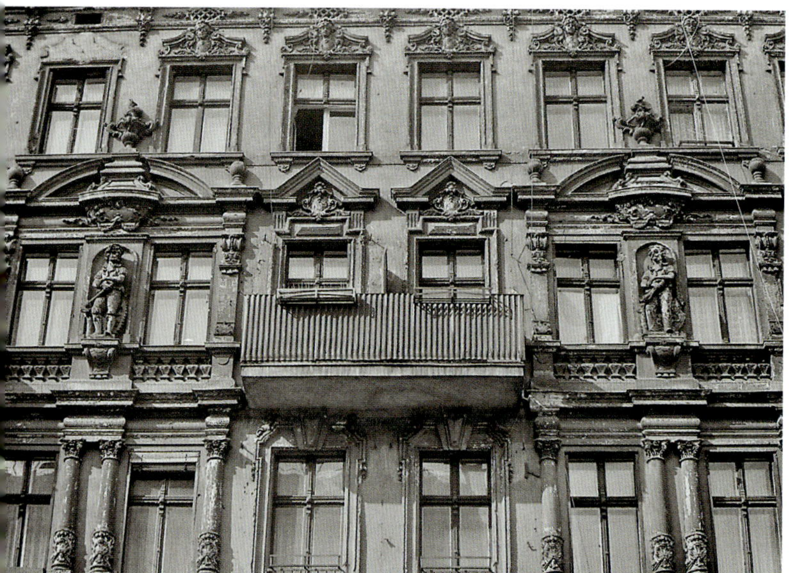

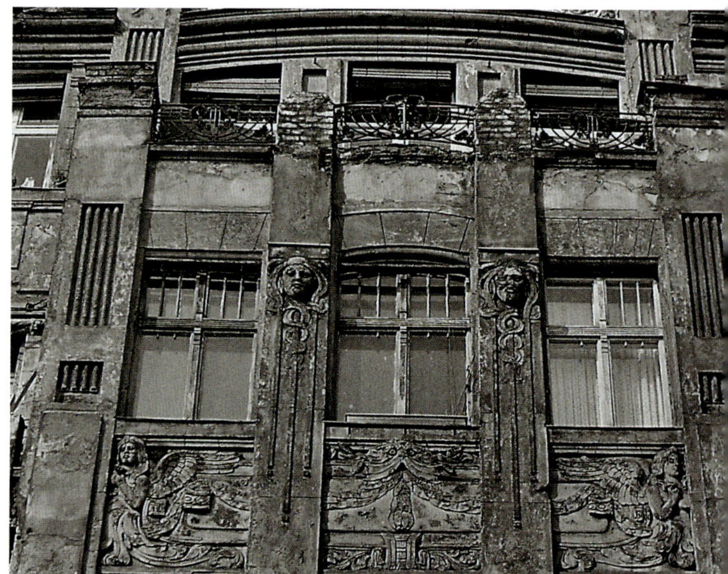

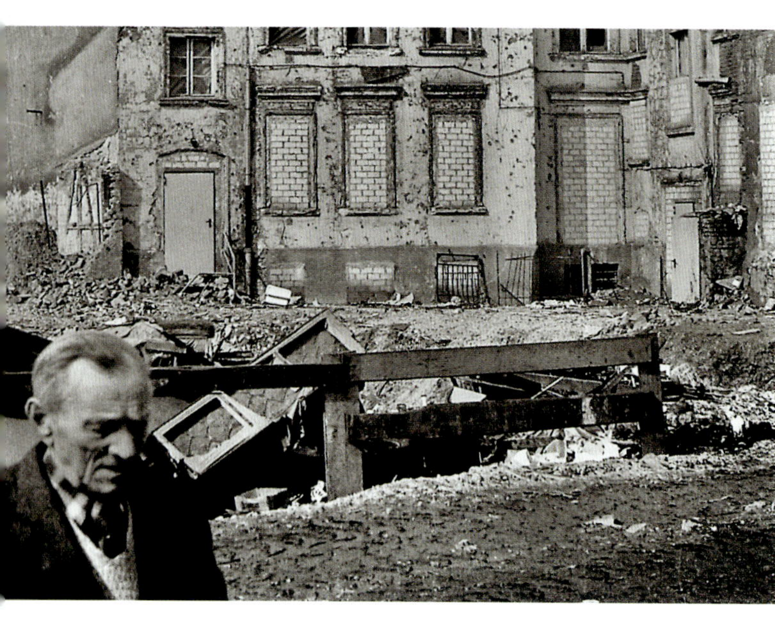

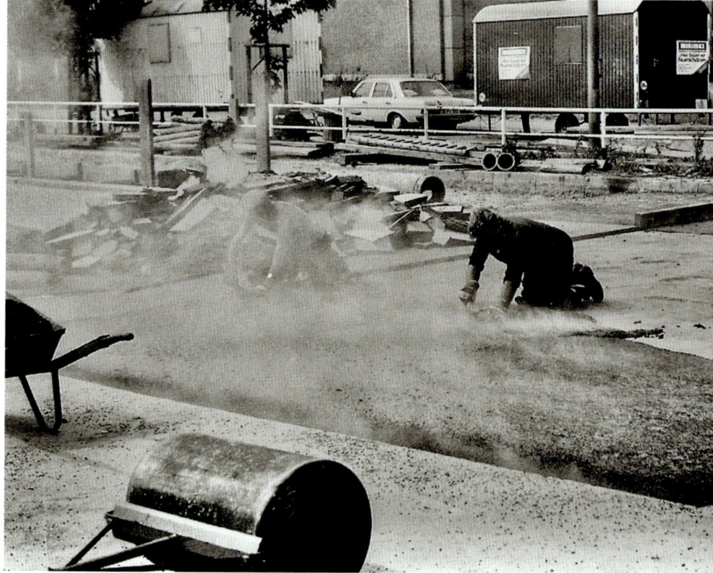

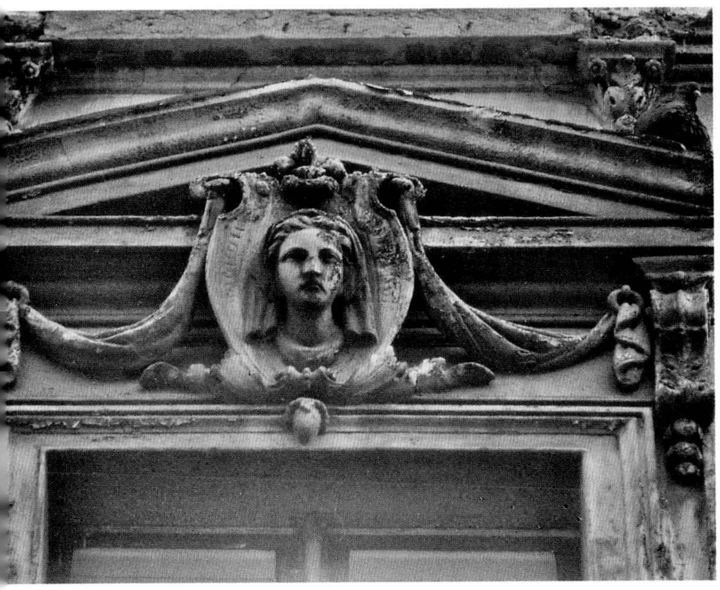

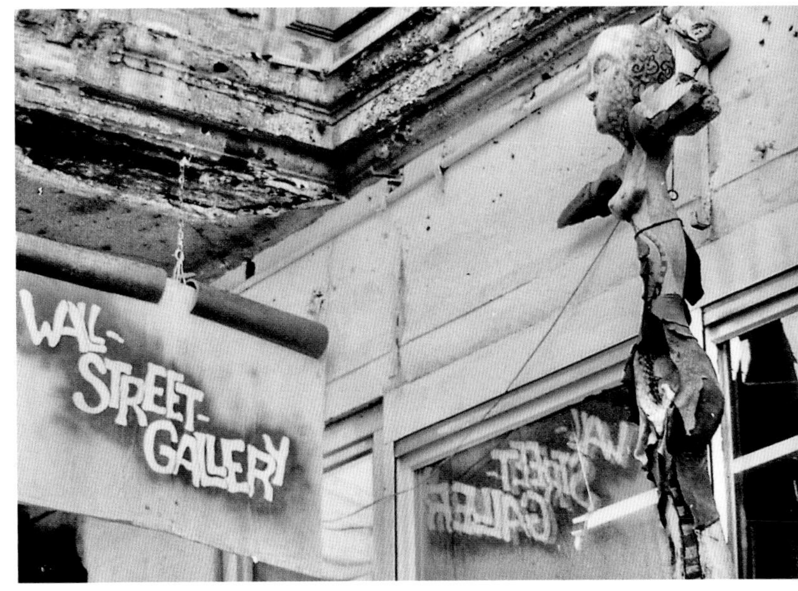
WAL-
STREET-
GALLERY

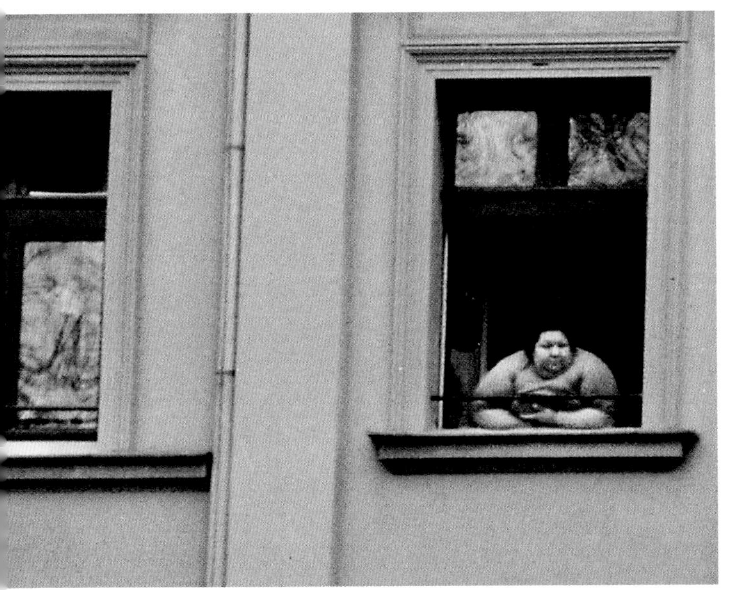

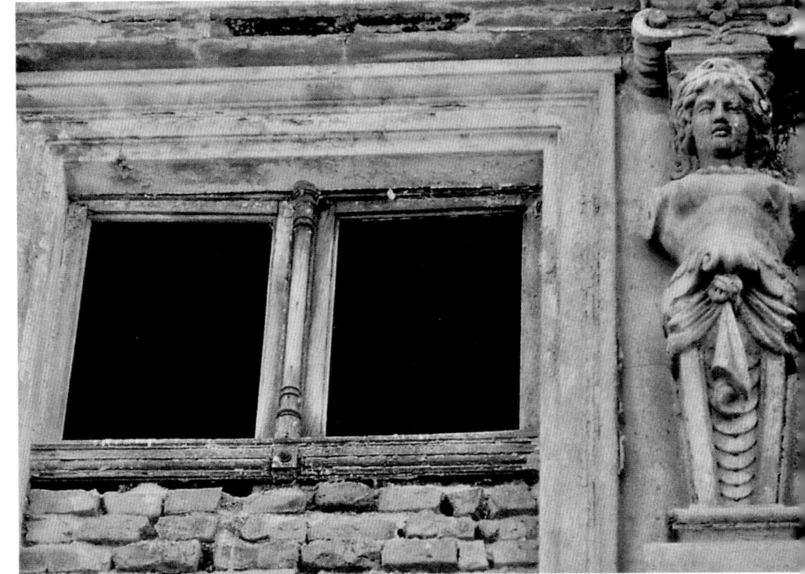

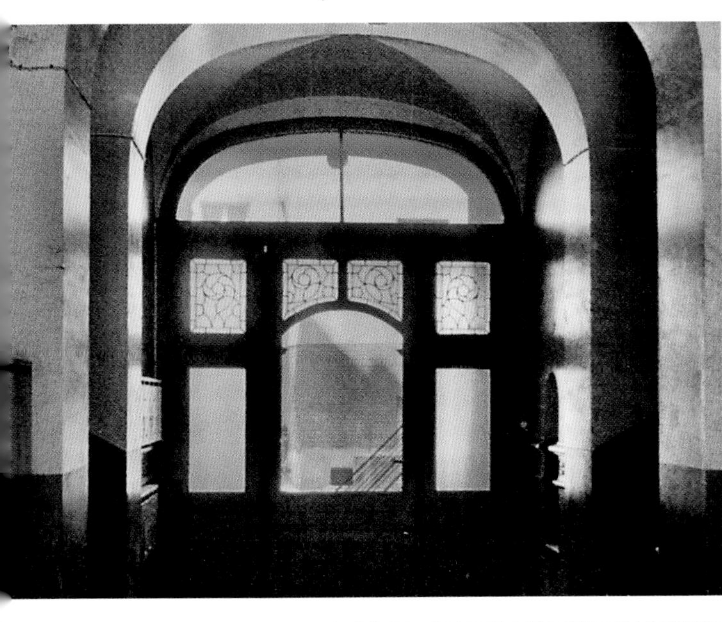

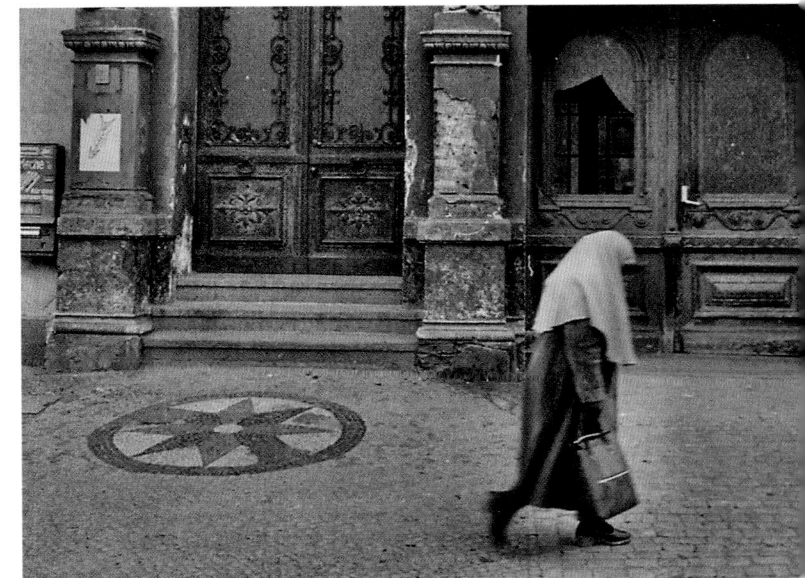

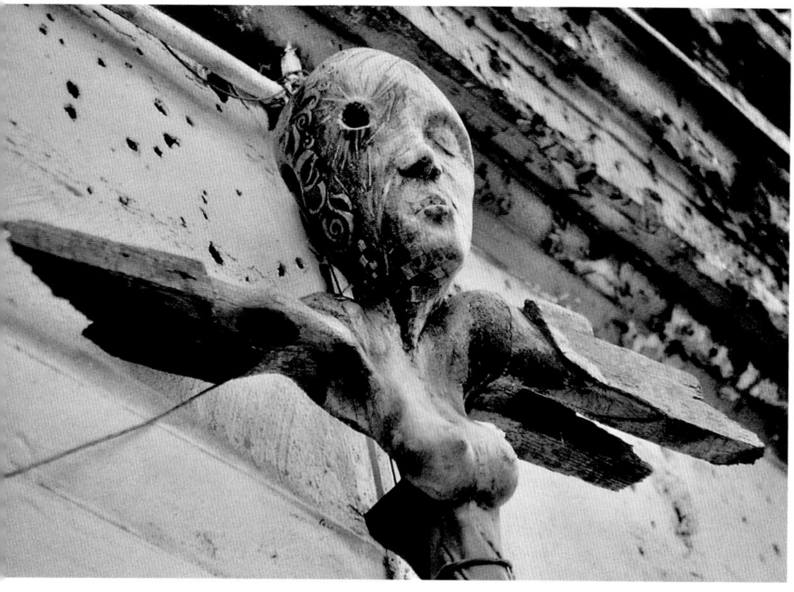

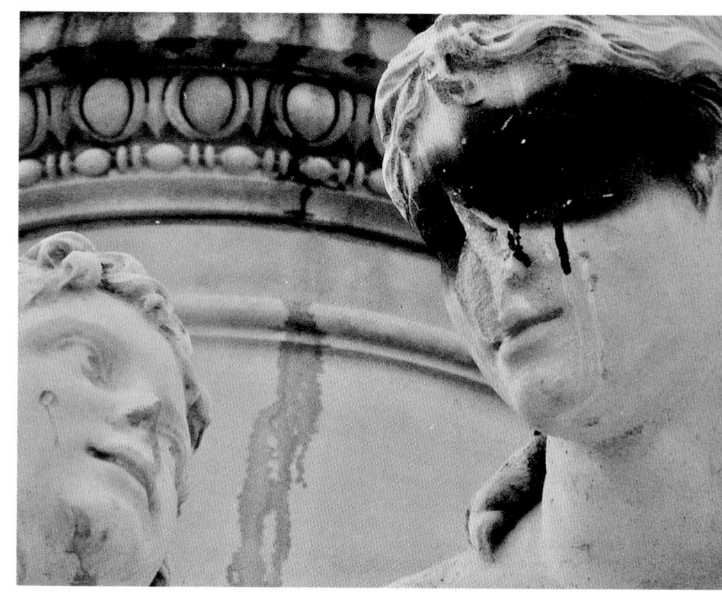

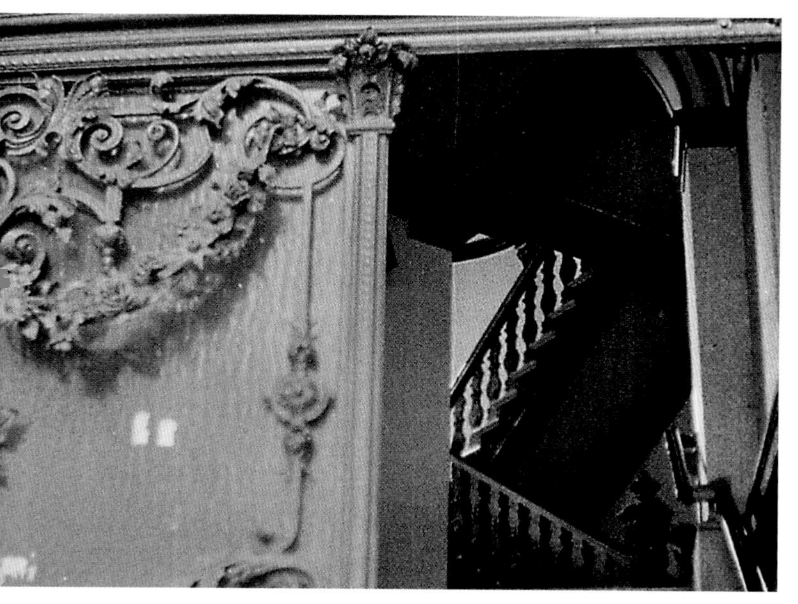

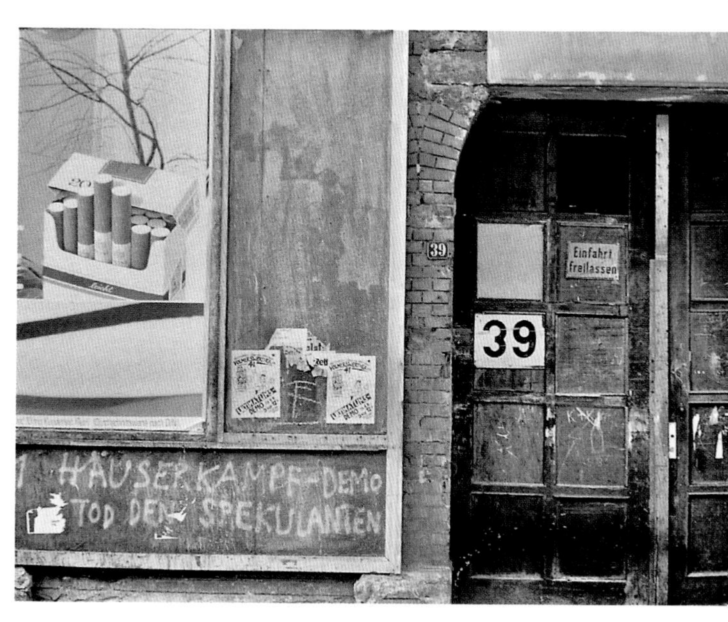
Einfahrt freilassen
39
HÄUSERKAMPF-DEMO
TOD DEN SPEKULANTEN

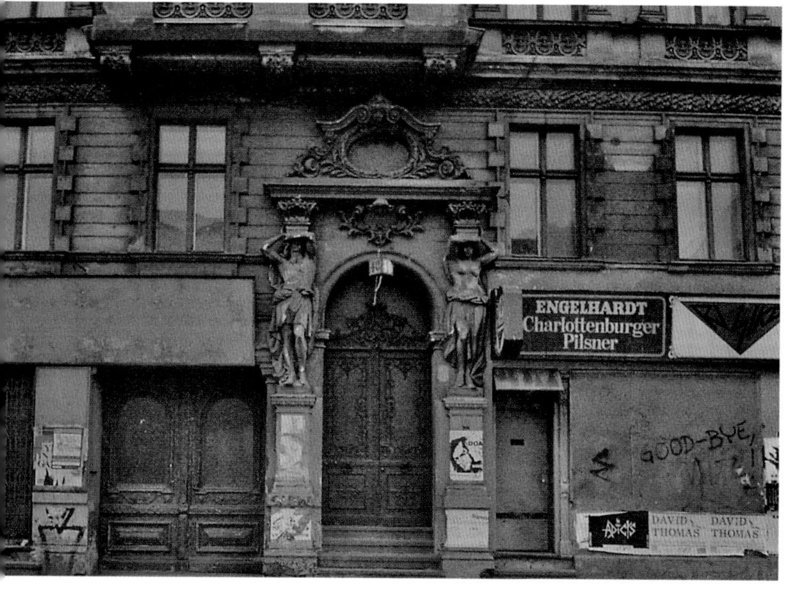
ENGELHARDT
Charlottenburger
Pilsner
GOOD-BYE
DAVID THOMAS
DAVID THOMAS

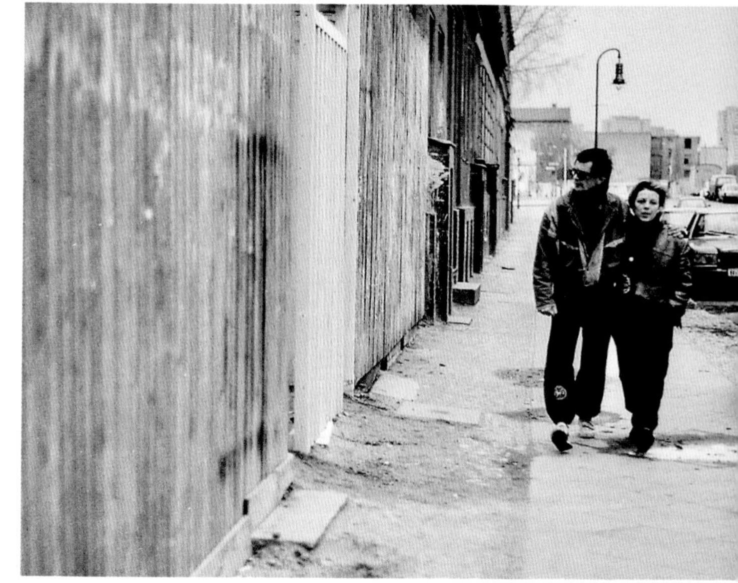

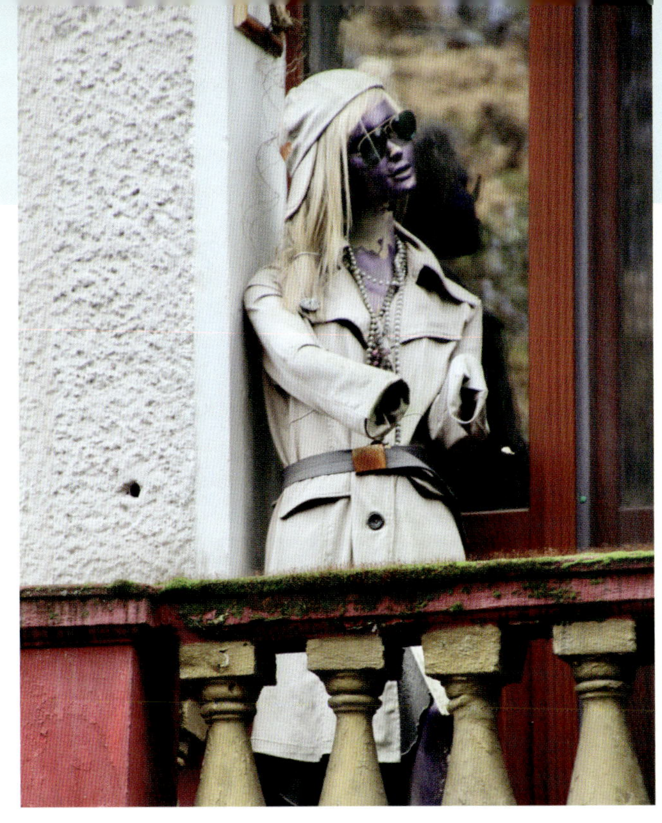

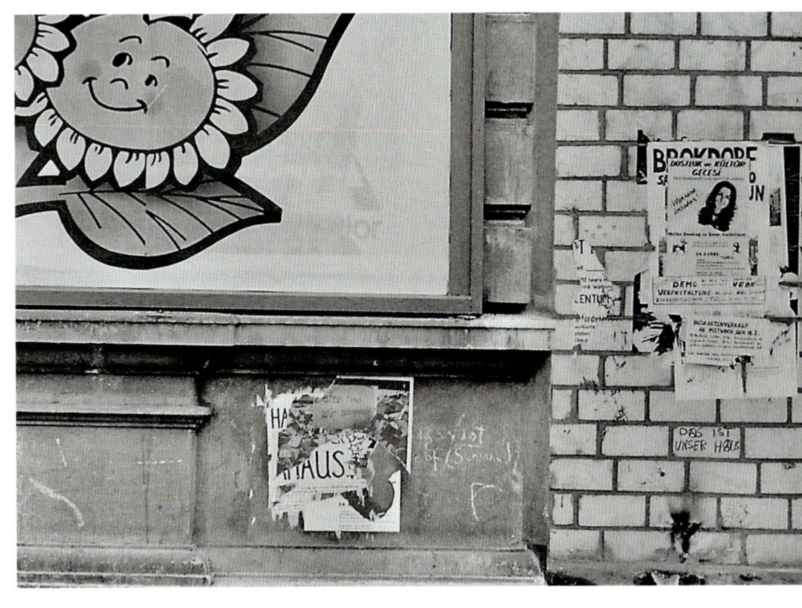

DOSTLUK ve KÜLTÜR
GECESI
DEMO
BUSKARTENVERKAUF
AB MITTWOCH, DEN 18.2.
DAS IST
UNSER HAUS

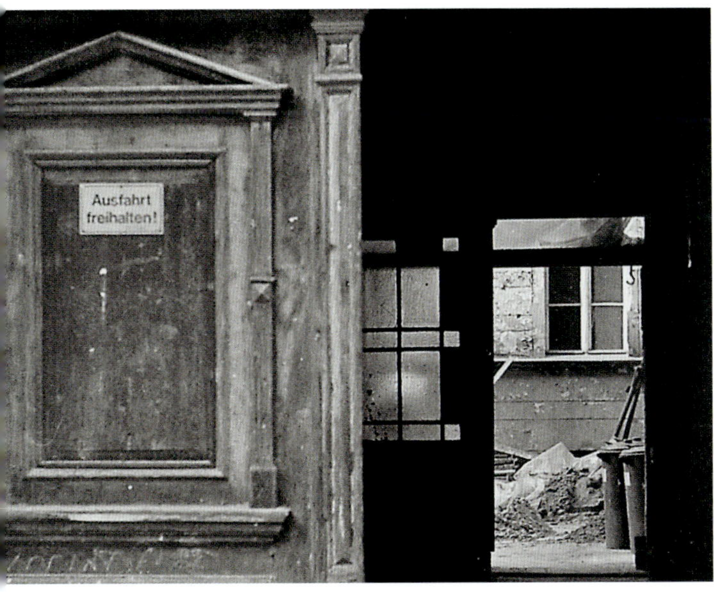

Ausfahrt
freihalten!

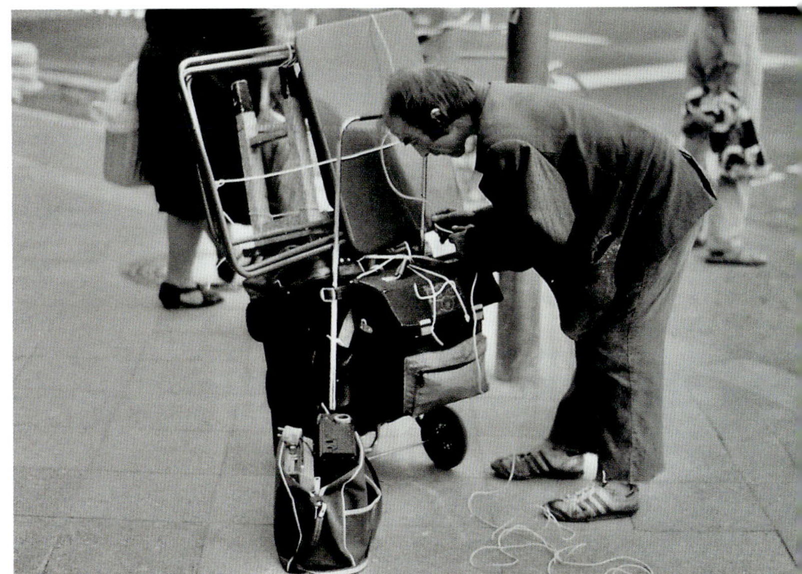

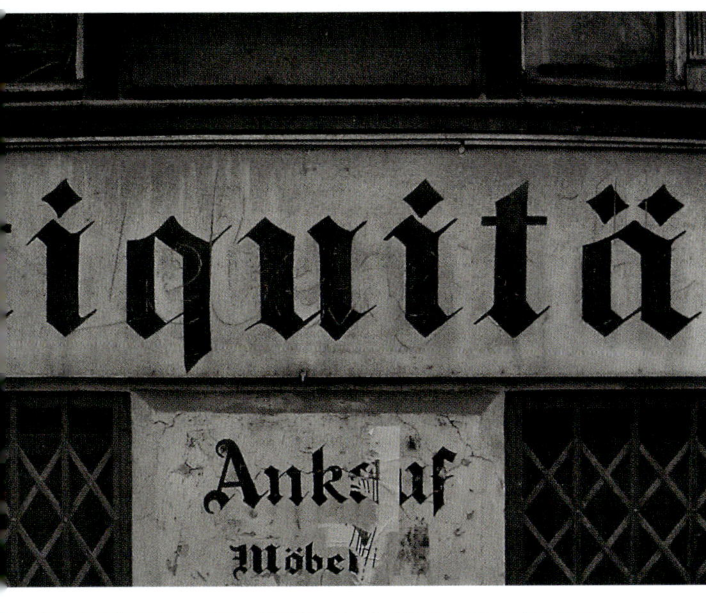

iquitä

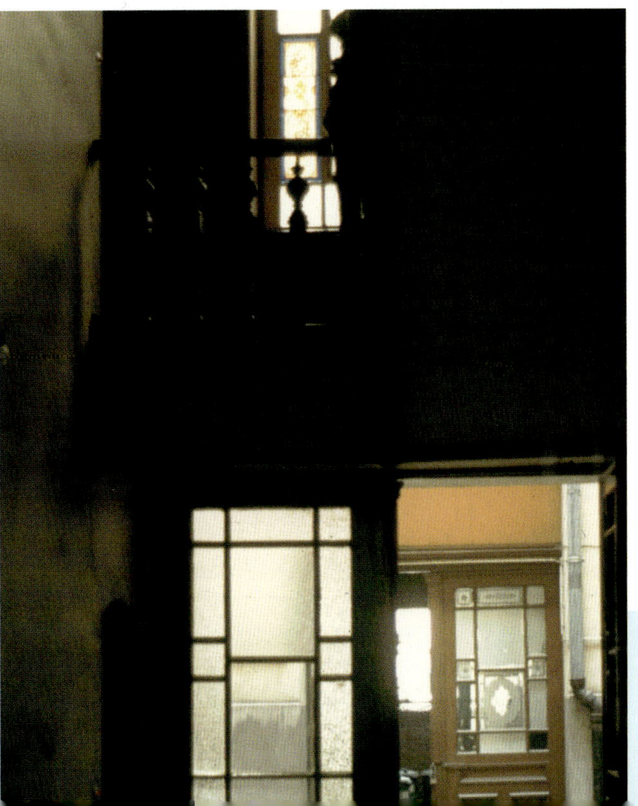

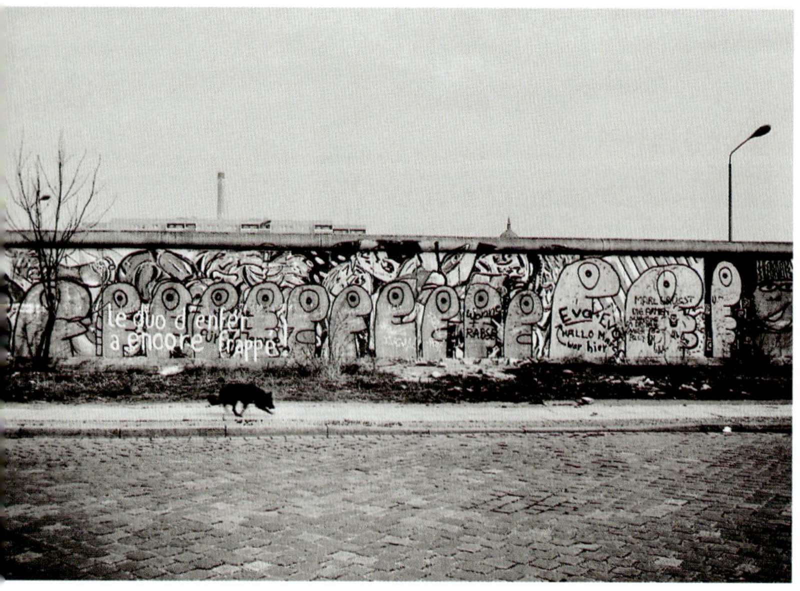
le duo d'enfer
a encore frappé

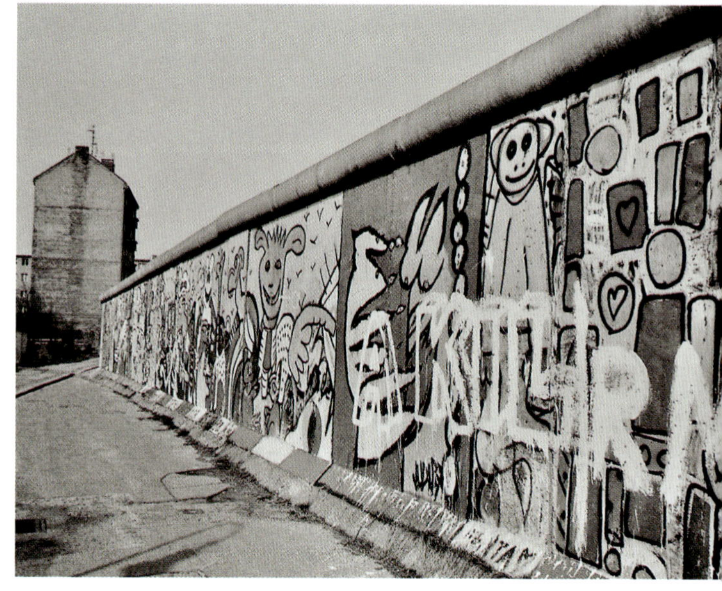

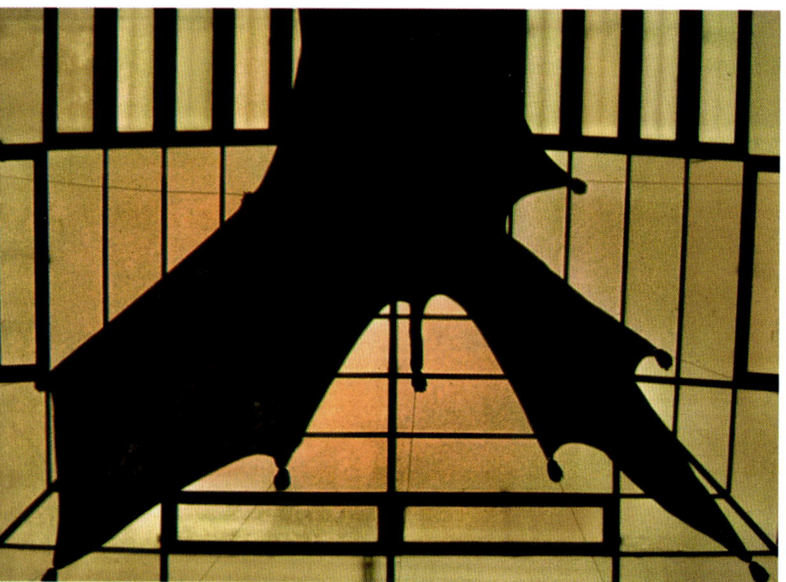

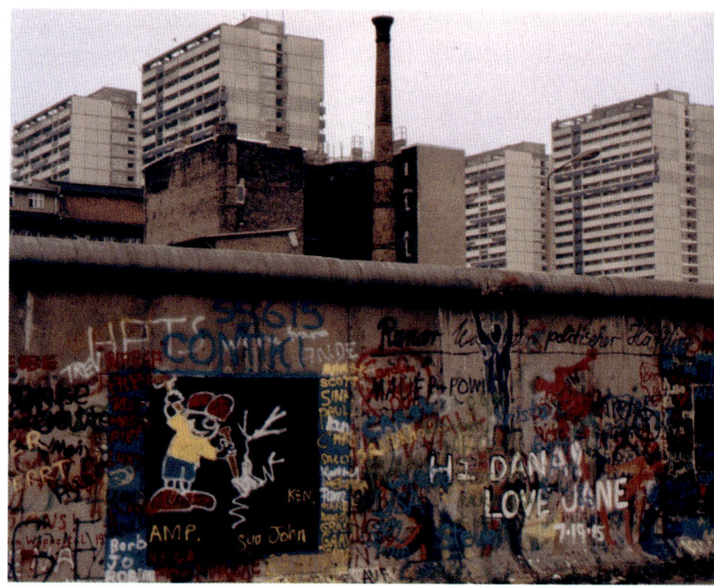
HI DANA
LOVE JANE
AMP.
Sue John

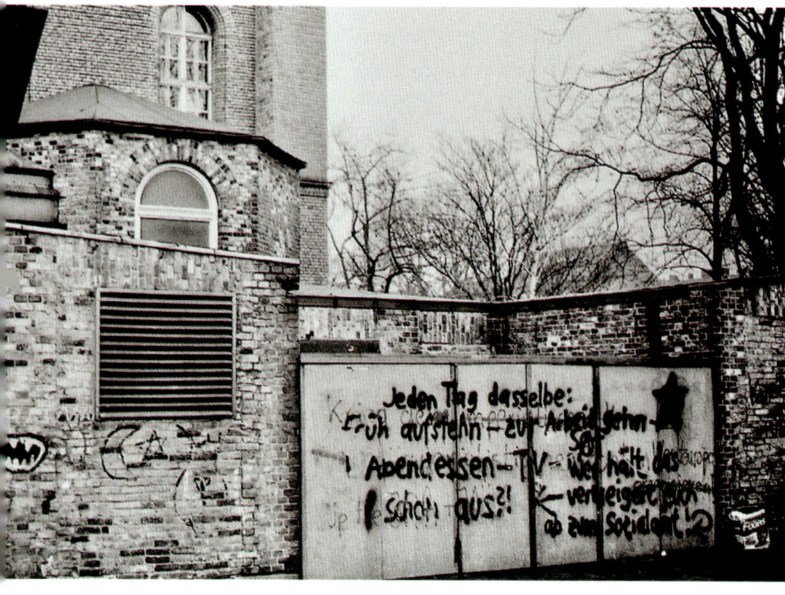
Jeden Tag dasselbe:
Früh aufstehn – zur
Abendessen – TV –
schon aus?!

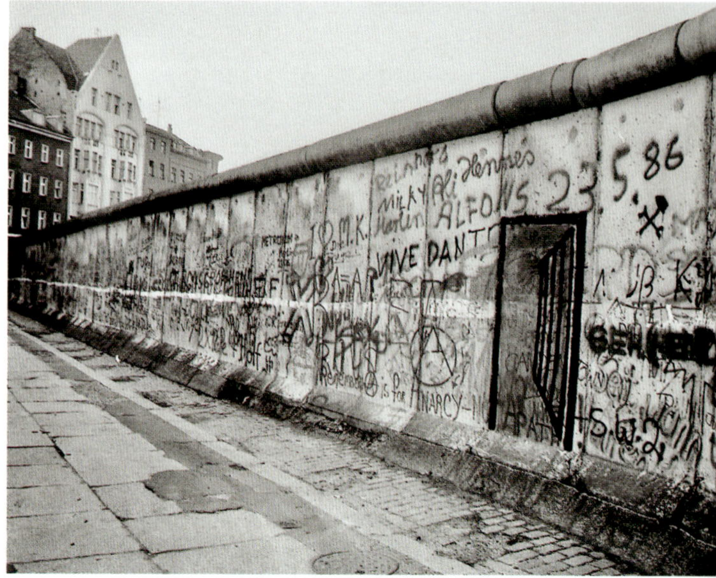
ALFONS
VIVE DANT

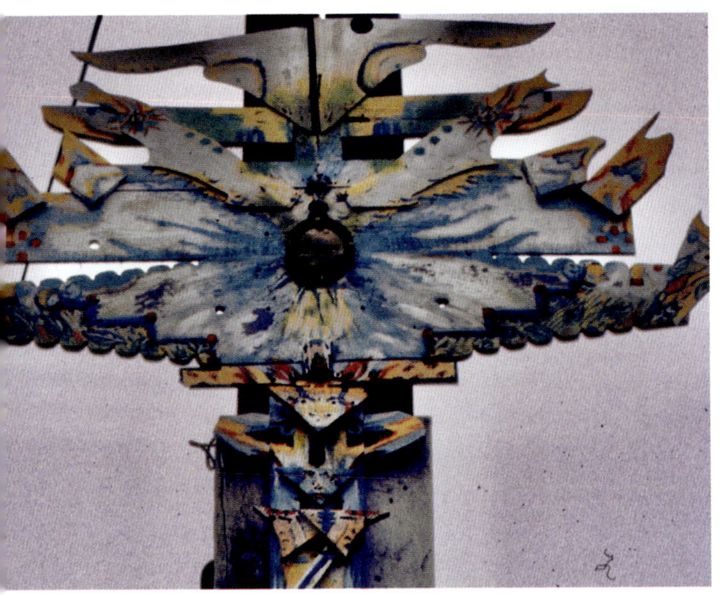

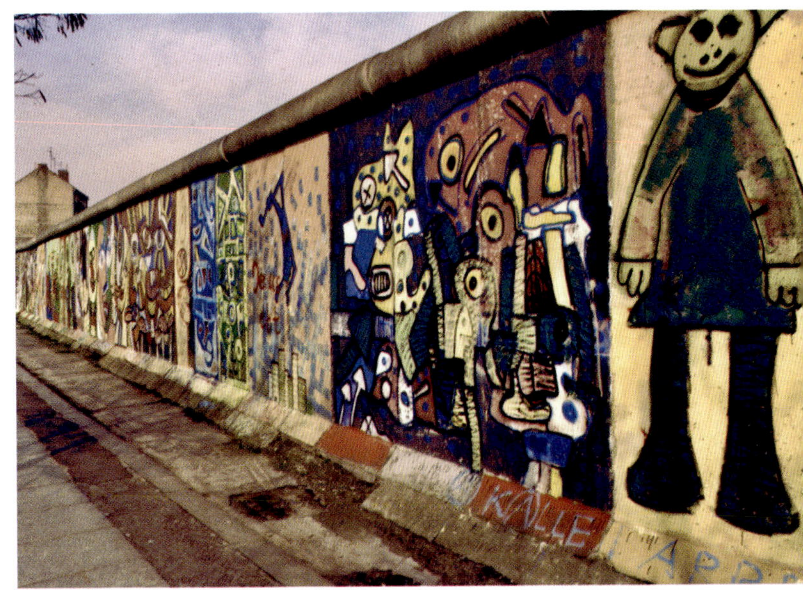
KALLE

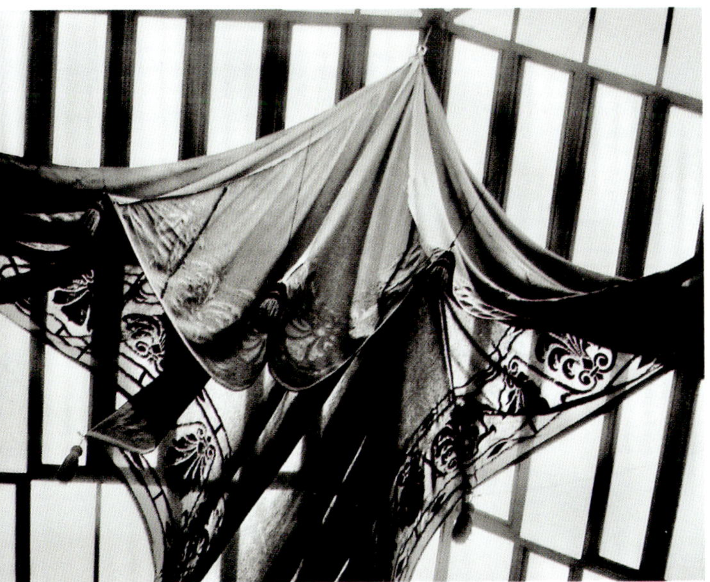

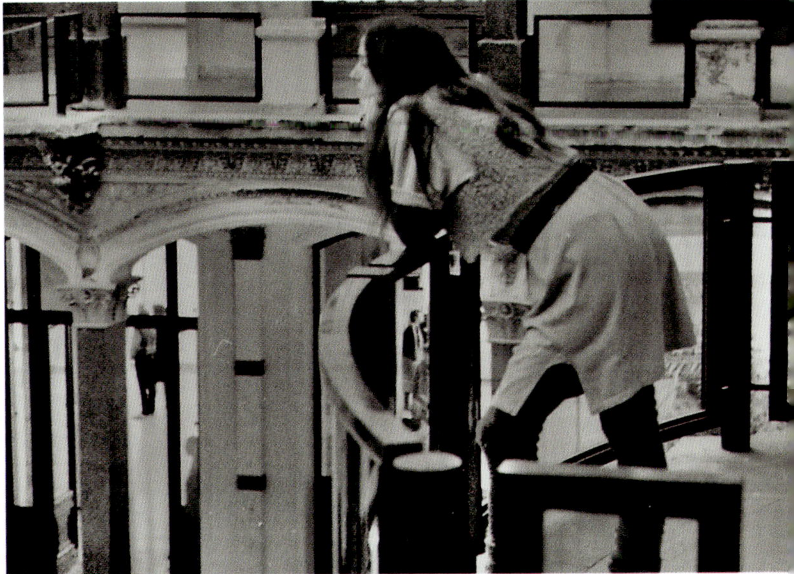

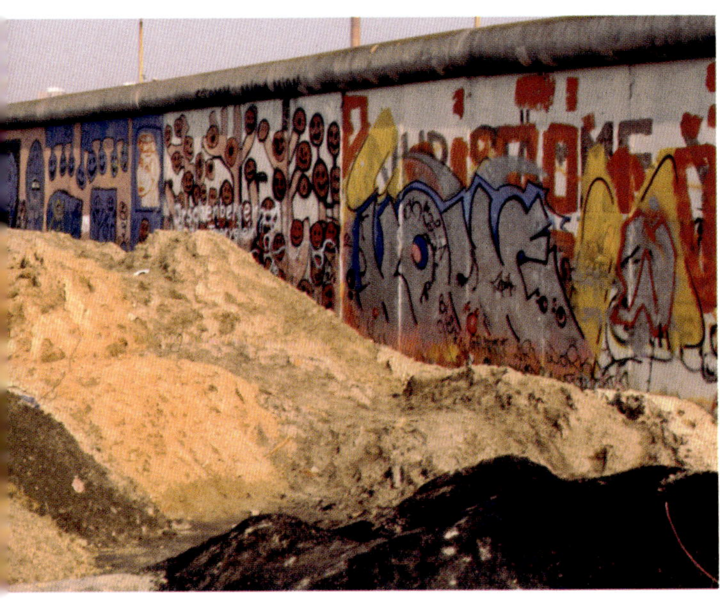

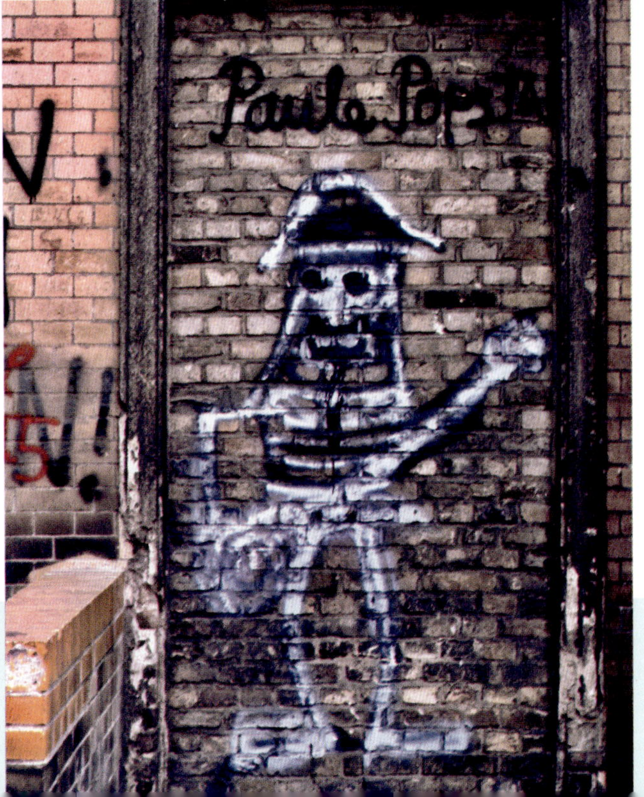

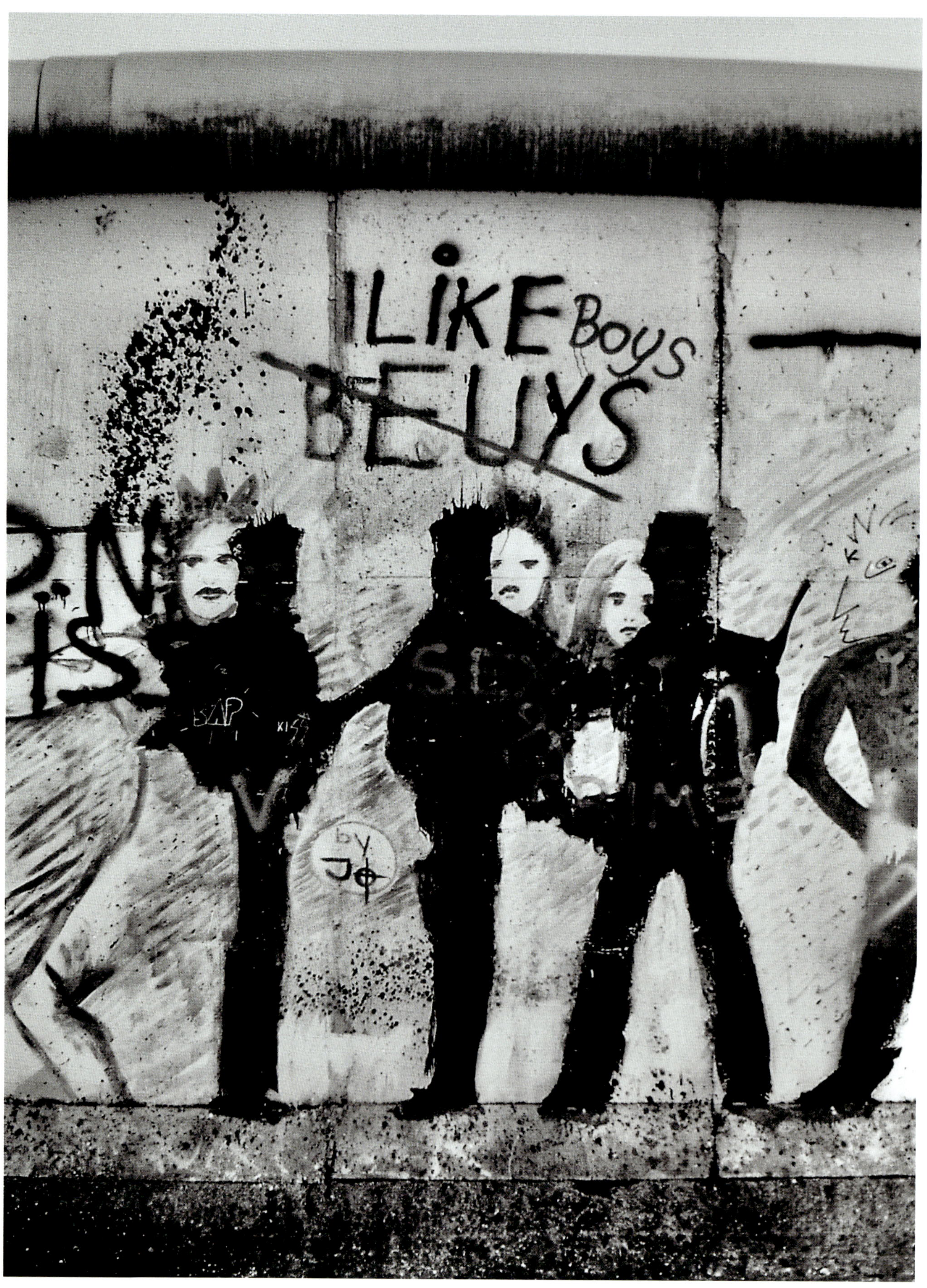
ILIKE Boys
BEUYS

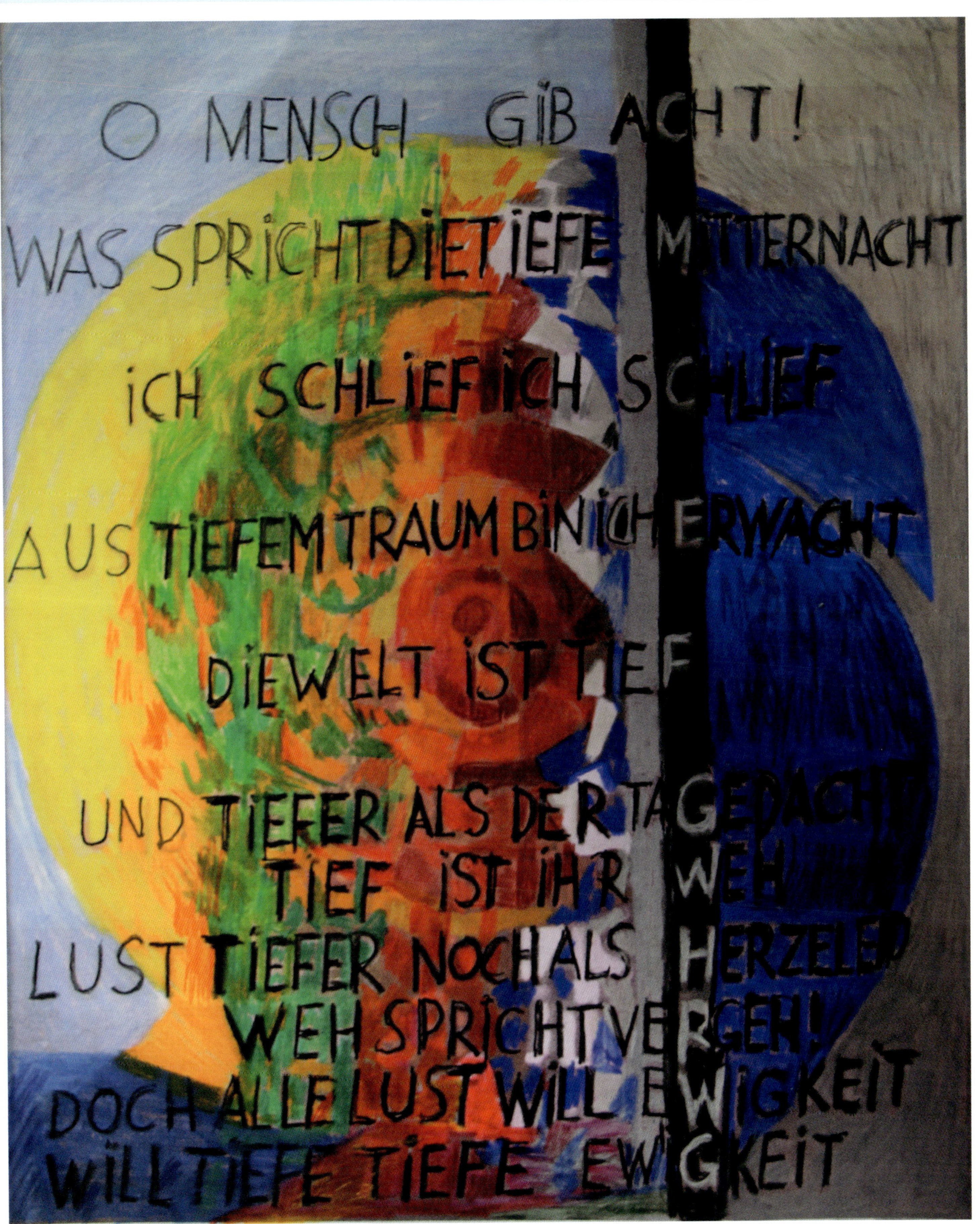
O MENSCH GIB ACHT!
WAS SPRICHT DIE TIEFE MITTERNACHT
ICH SCHLIEF ICH SCHLIEF
AUS TIEFEM TRAUM BIN ICH ERWACHT
DIE WELT IST TIEF
UND TIEFER ALS DER TAGEDACHT
TIEF IST IHR WEH
LUST TIEFER NOCH ALS HERZELEID
WEH SPRICHT VERGEH!
DOCH ALLE LUST WILL EWIGKEIT
WILL TIEFE TIEFE EWIGKEIT

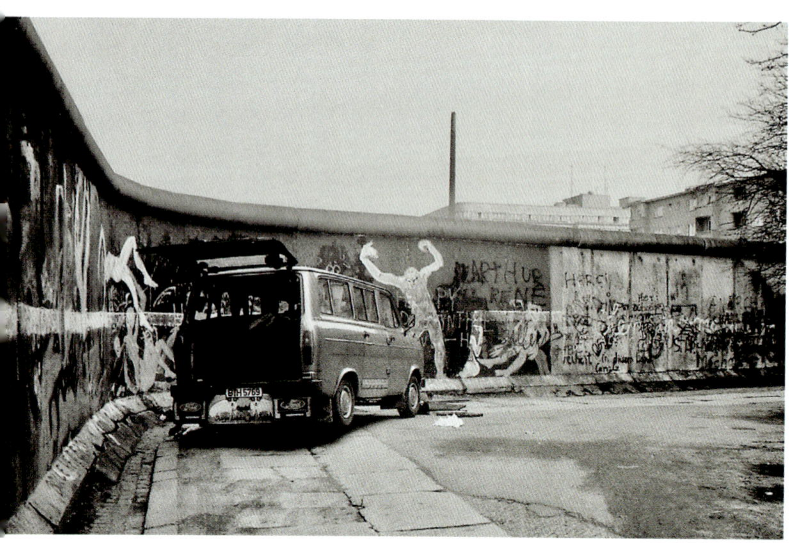

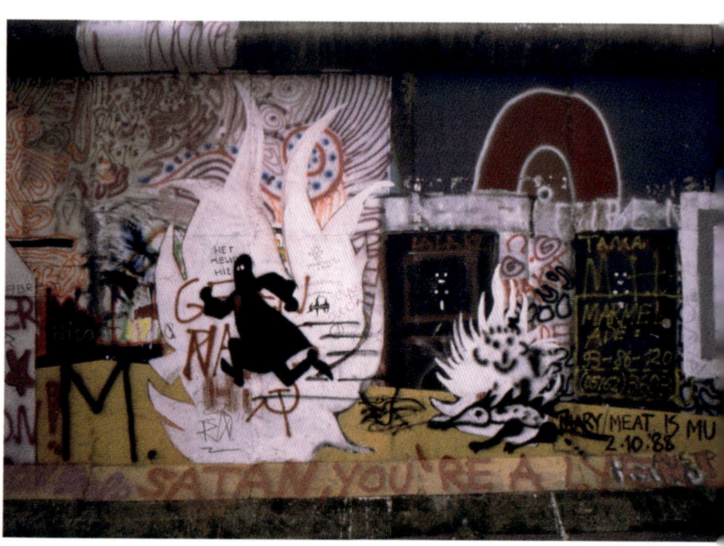

MEAT IS MU
2.10.88
SATAN, YOU'RE A

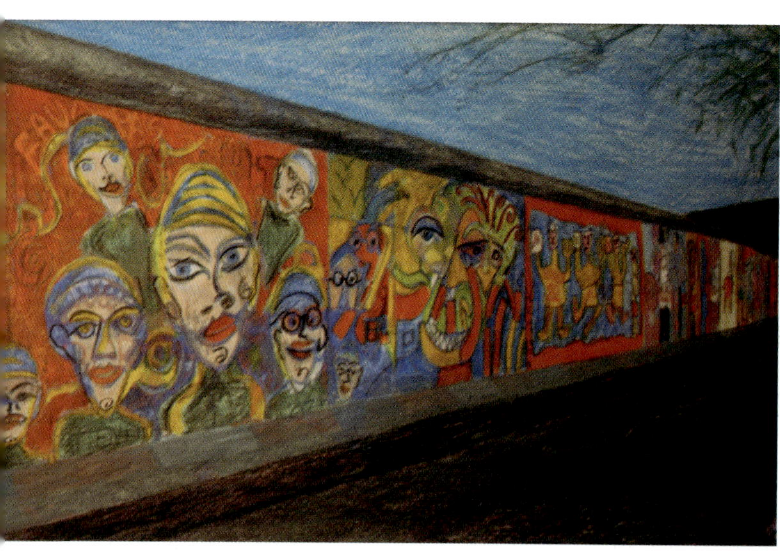

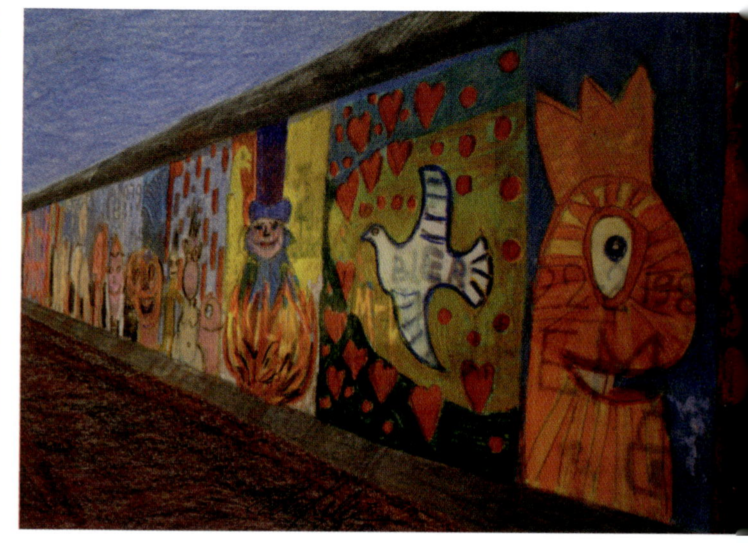

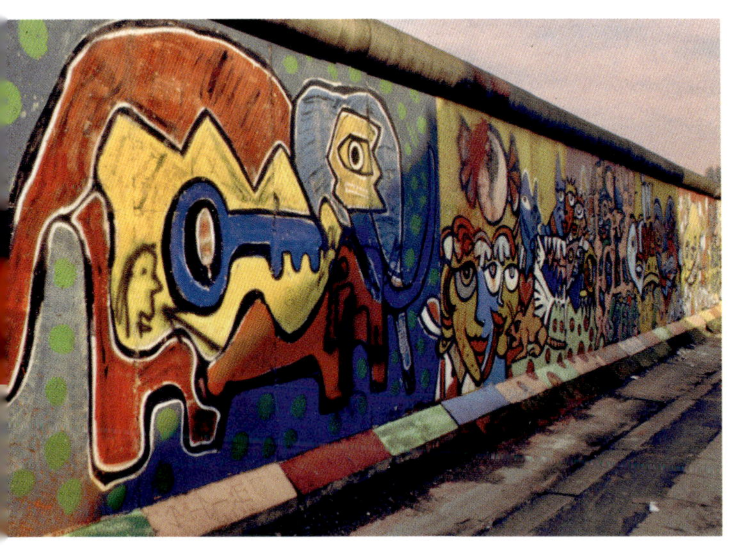

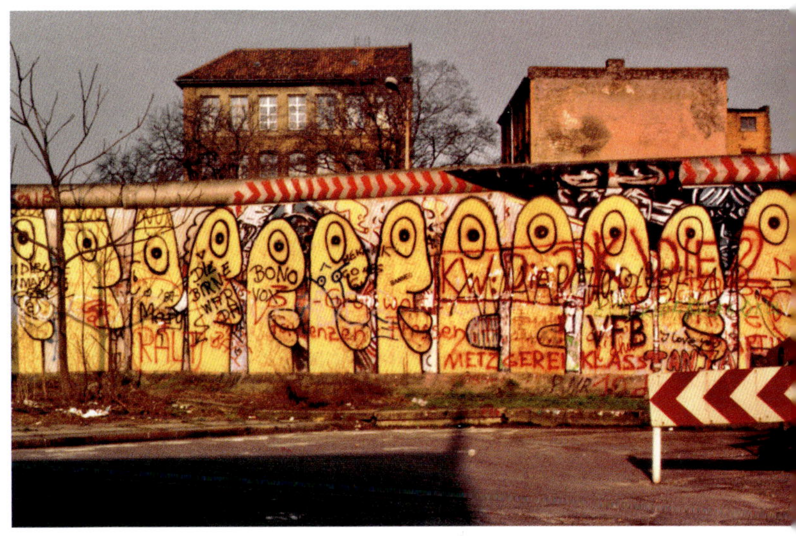
BONO
VFB

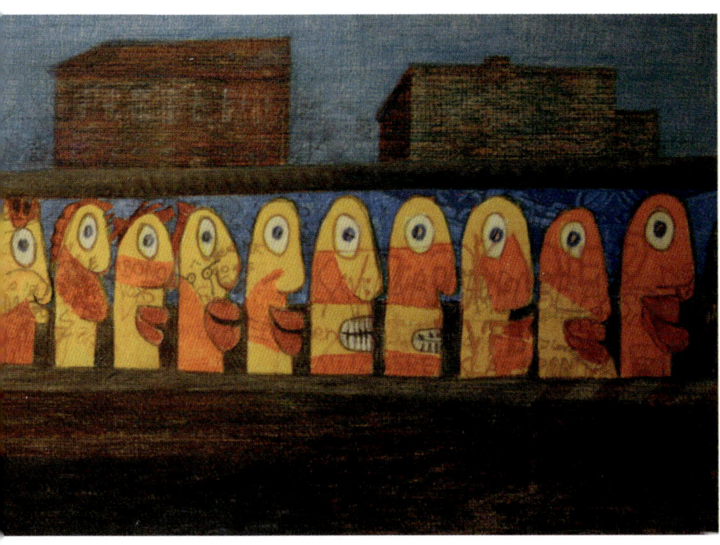

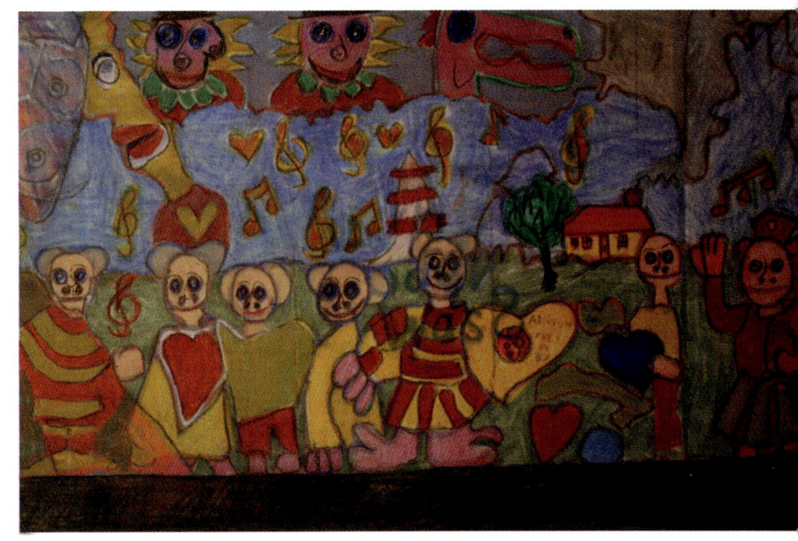

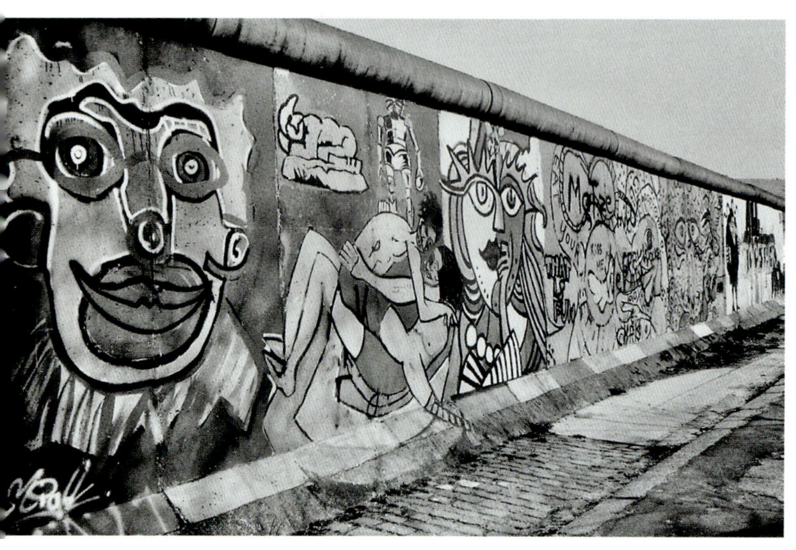

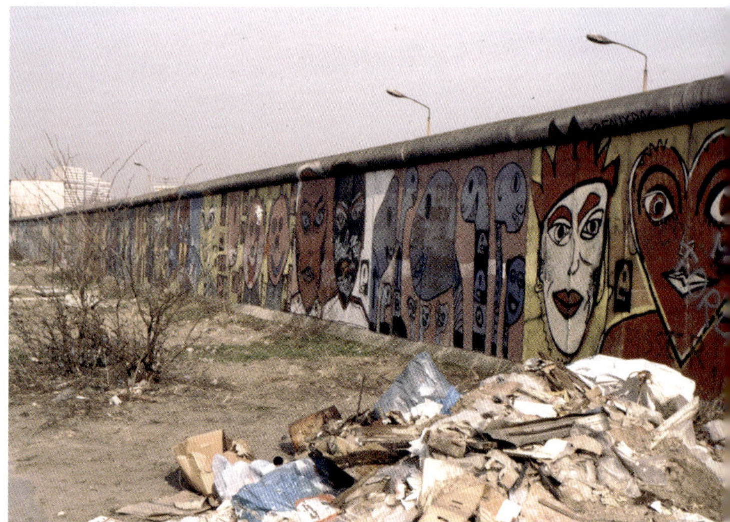

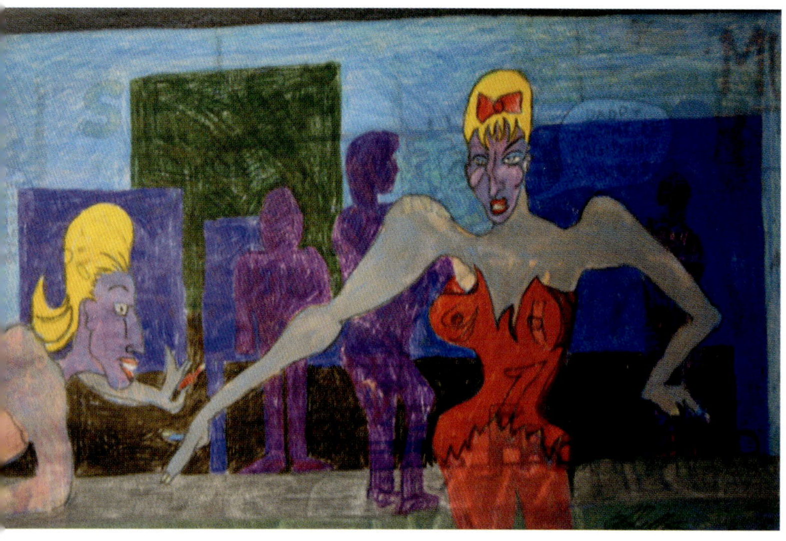

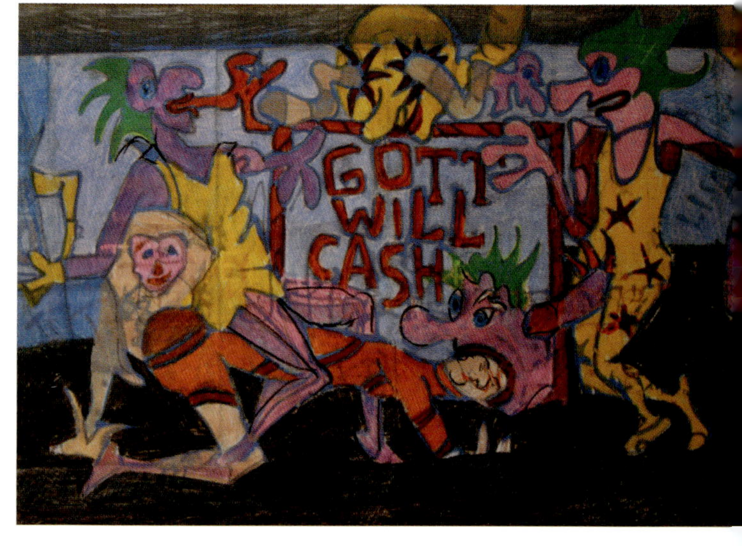
GOTT
WILL
CASH

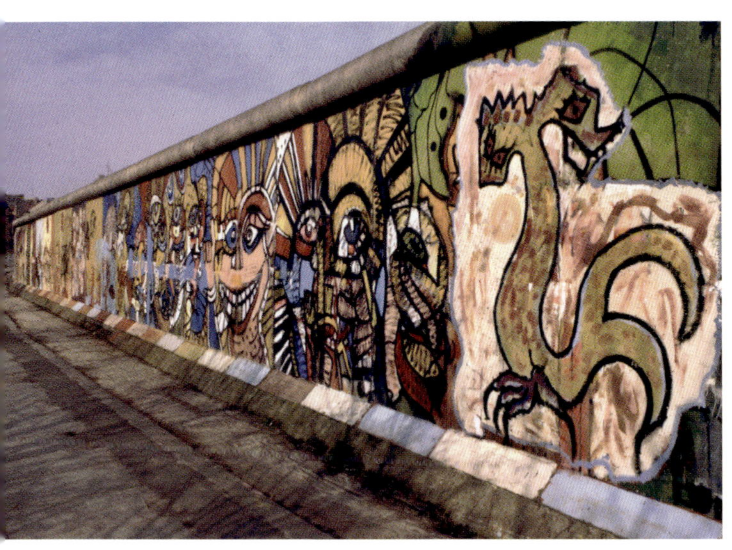

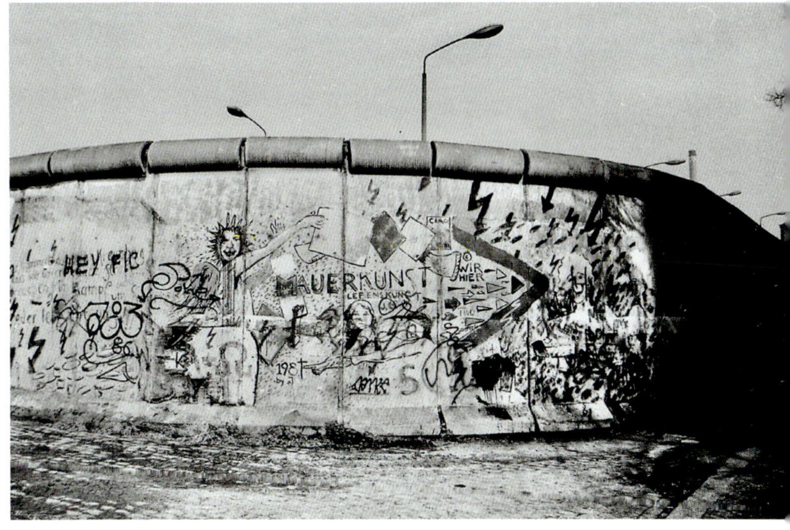
HEY FIC
MAUERKUNST

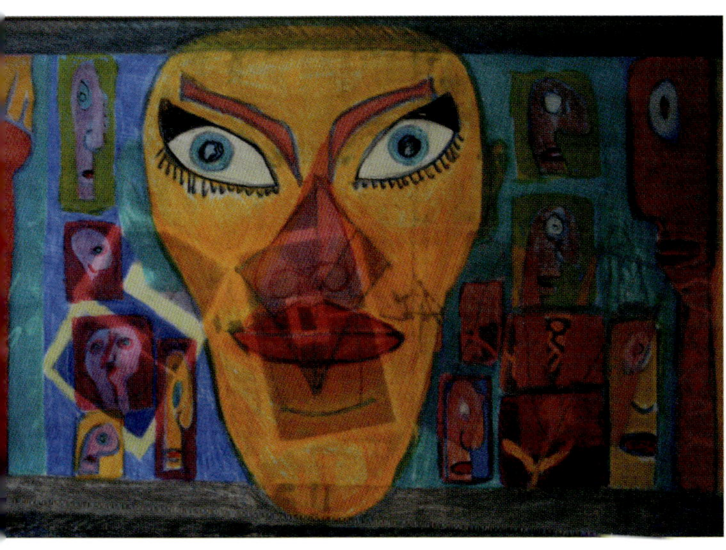

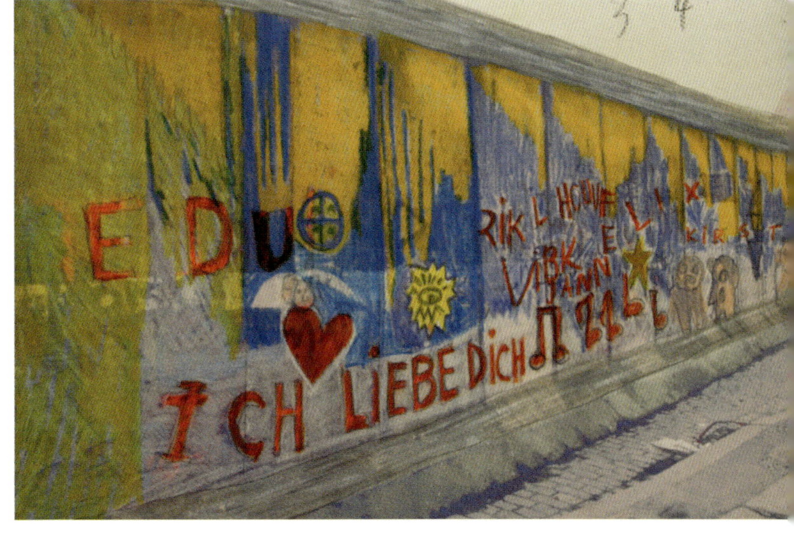
E D
ICH LIEBE DICH

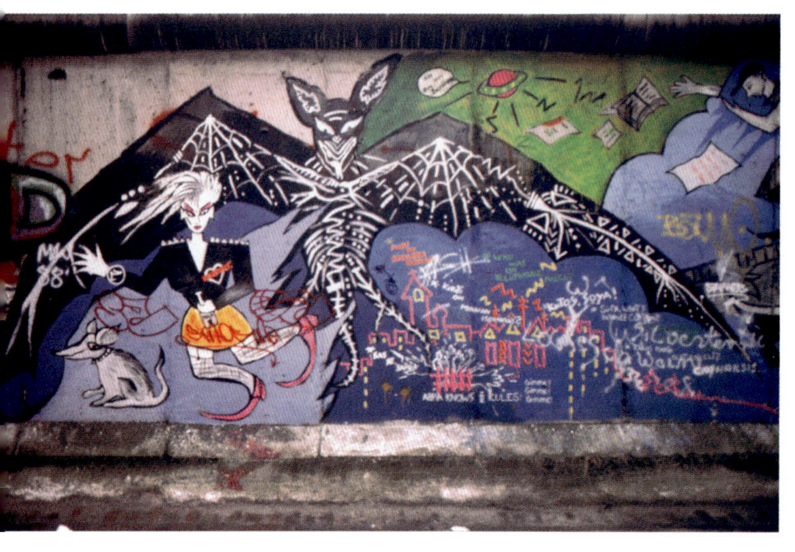

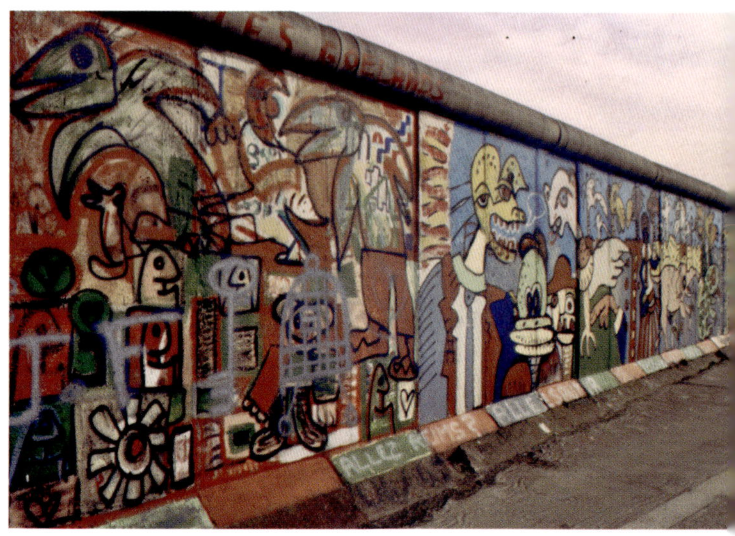

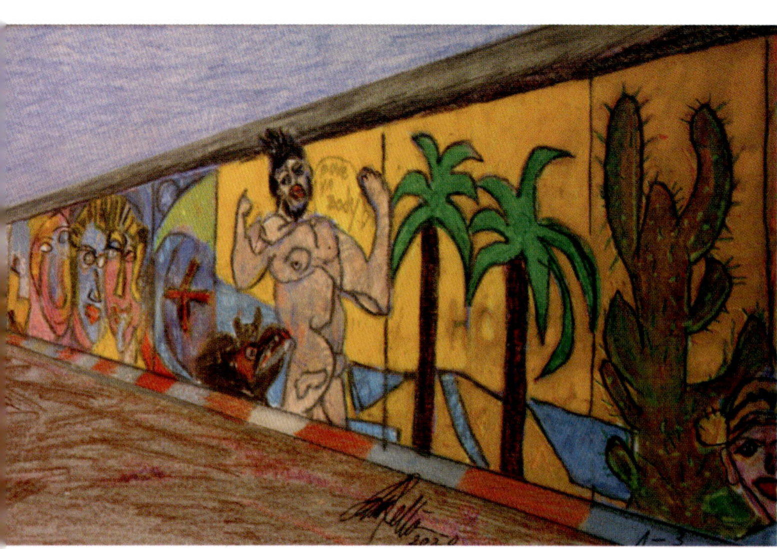

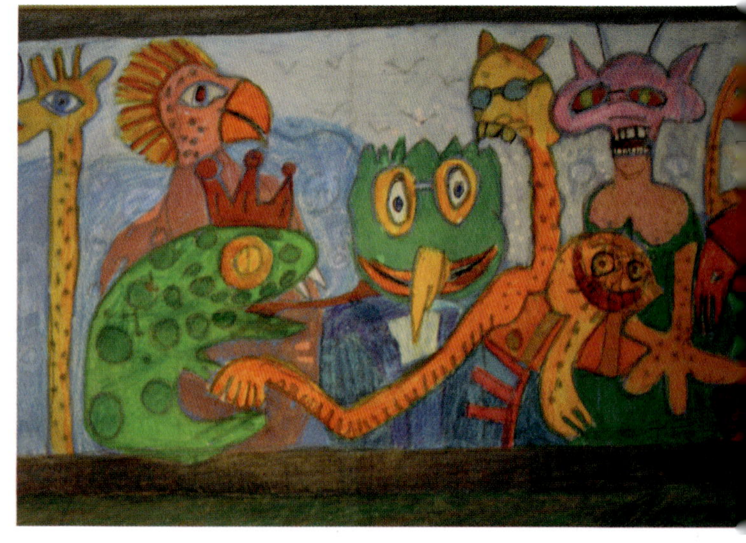

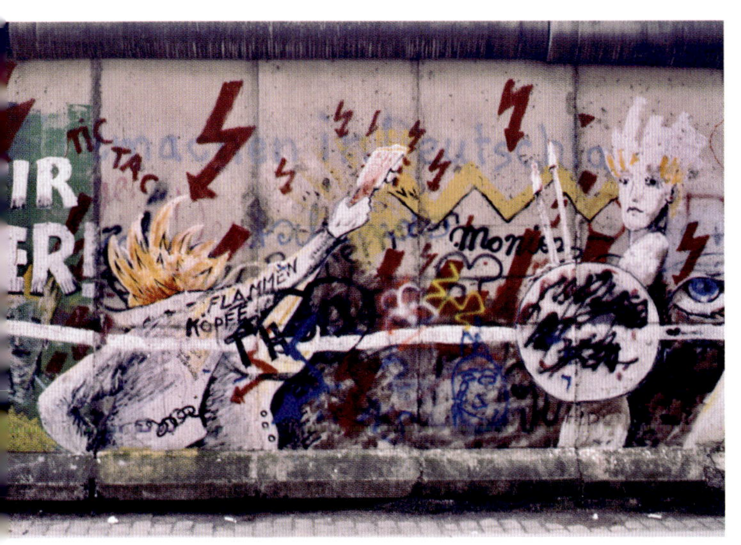
TIC TAC
FLAMMEN
KÖPFE

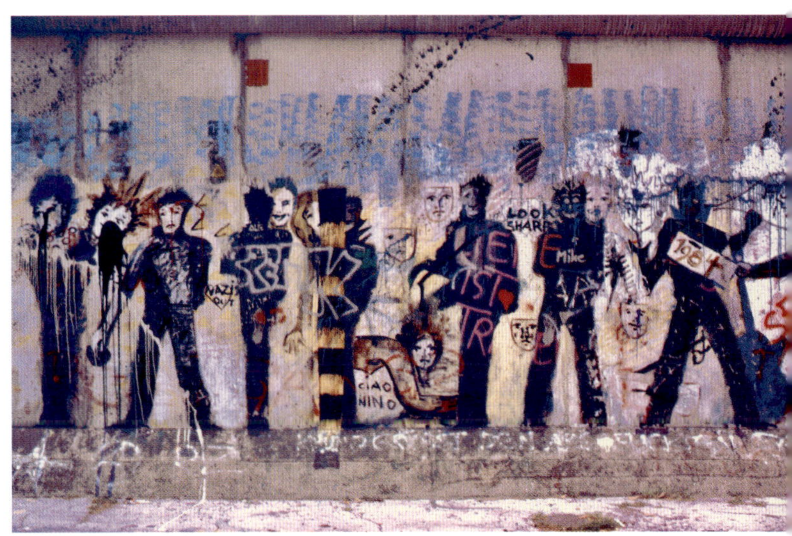
LOOK
SHARP
Mike
CIAO
NINO

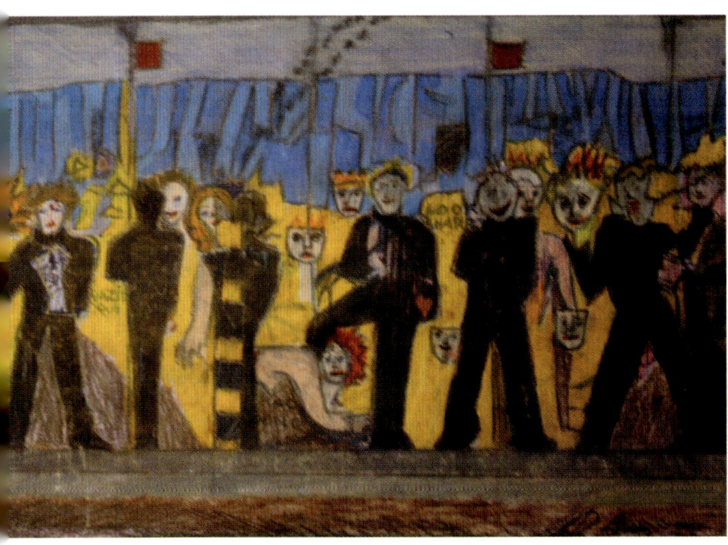

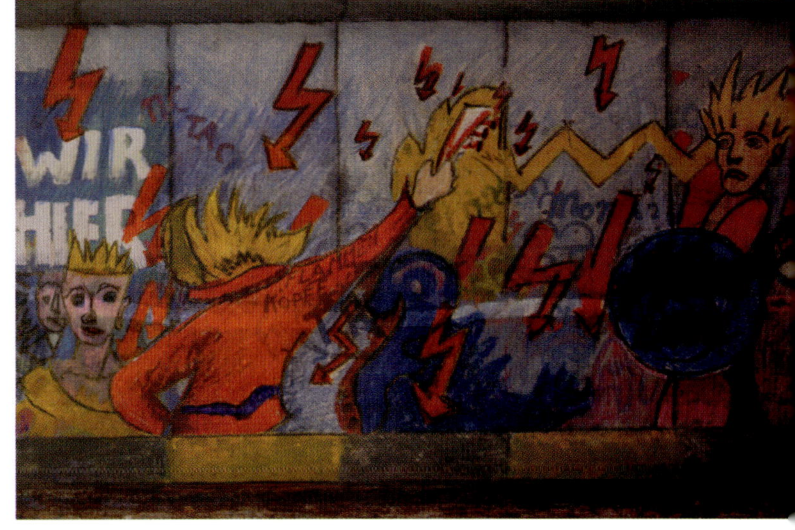
WIR

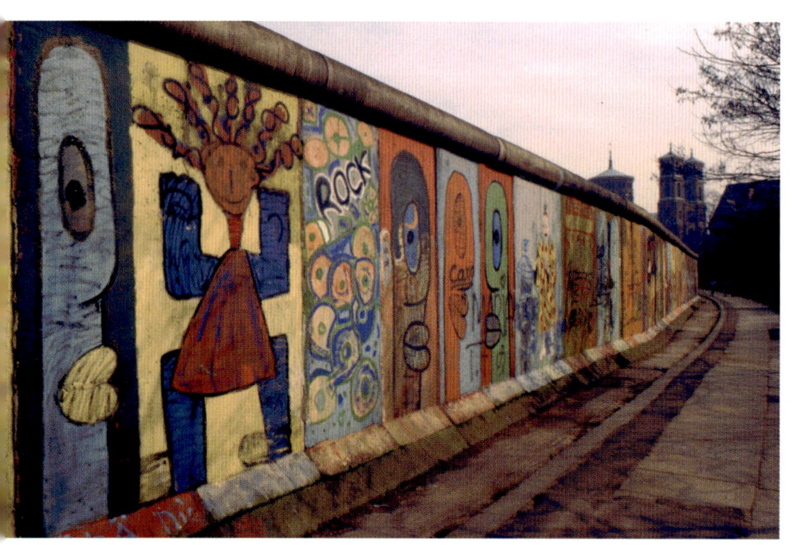
ROCK

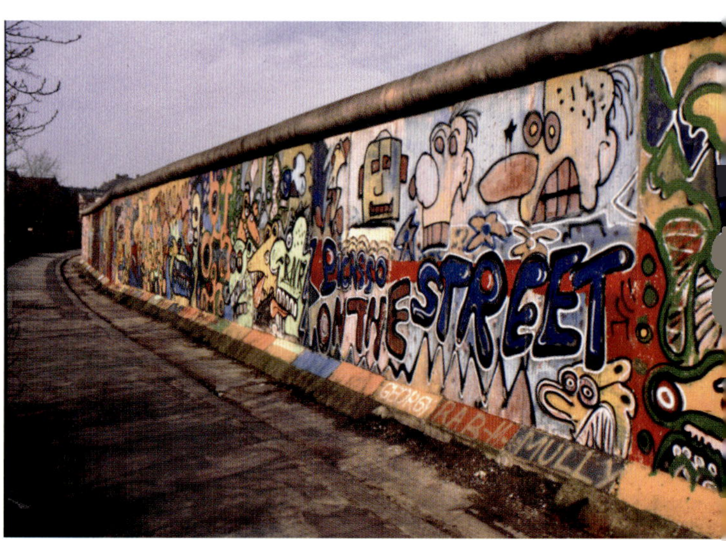
ON THE STREET

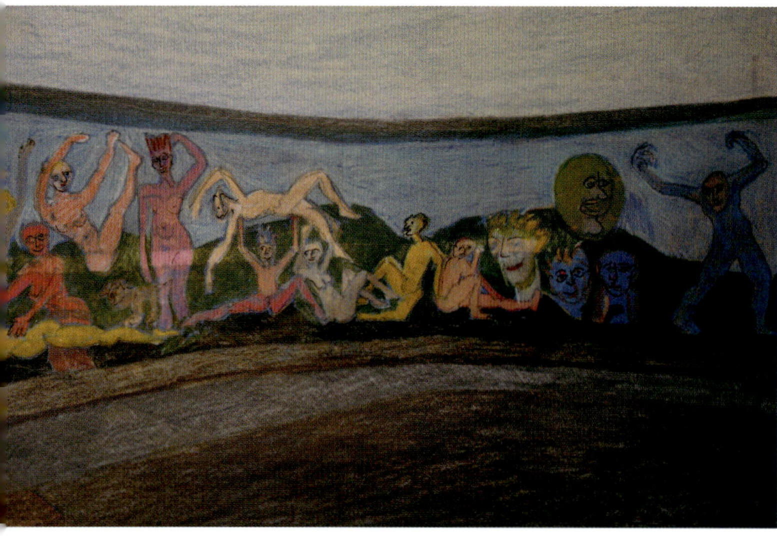

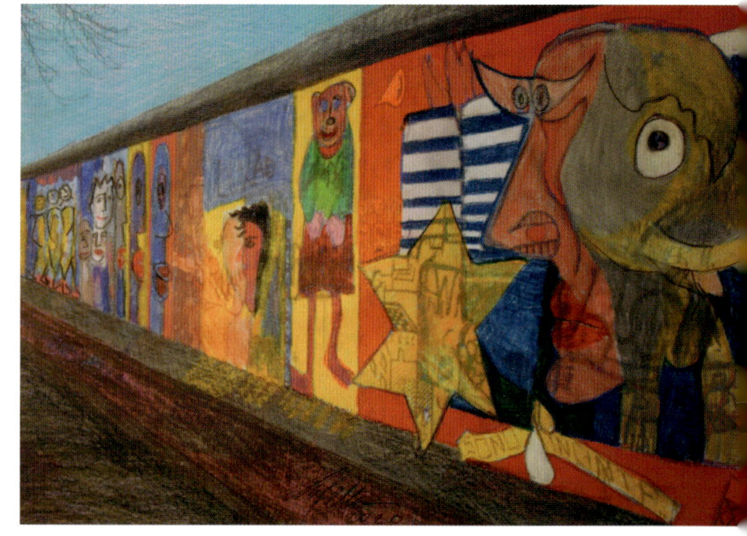

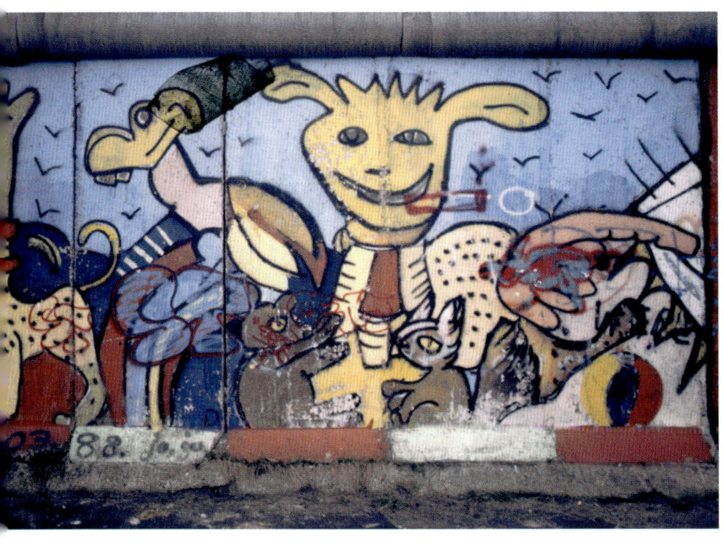

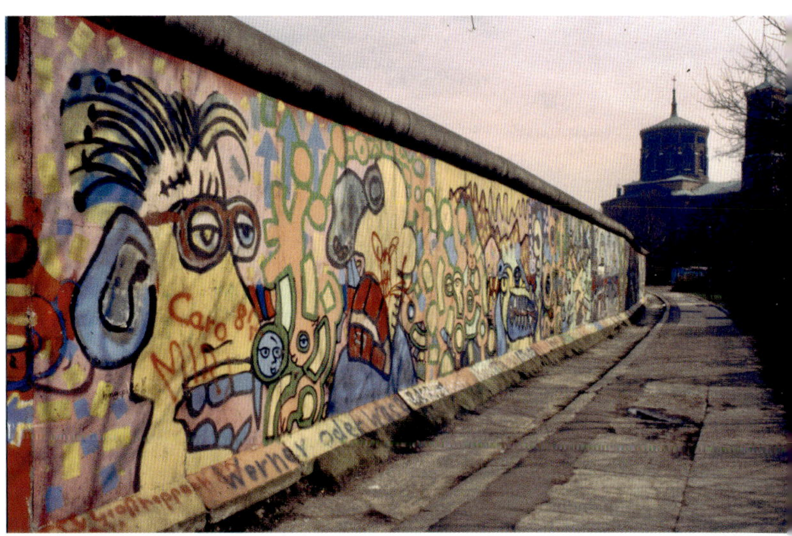
Werner

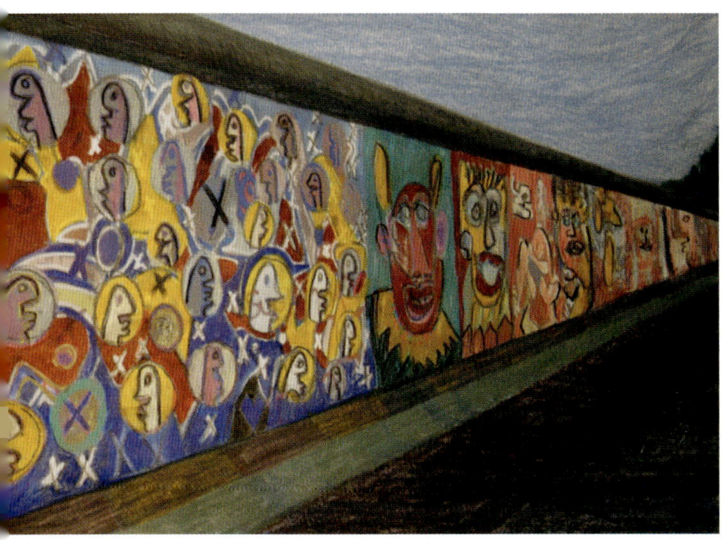

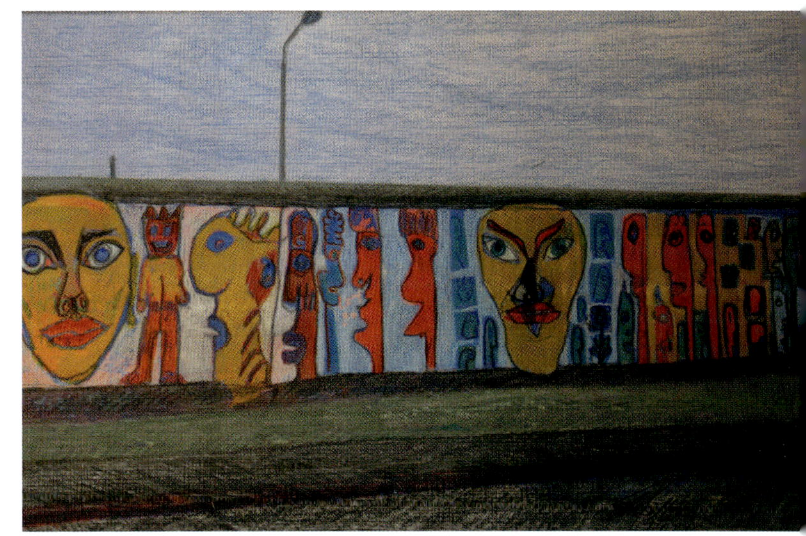

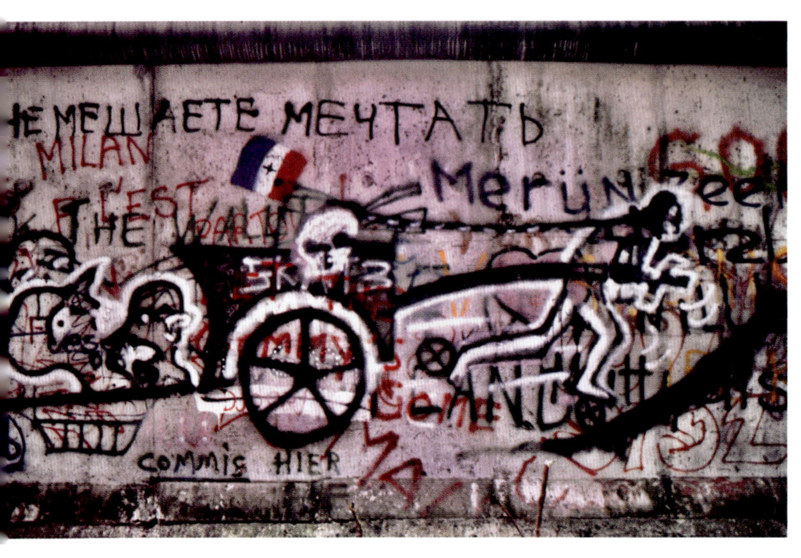
MILAN
commis HIER

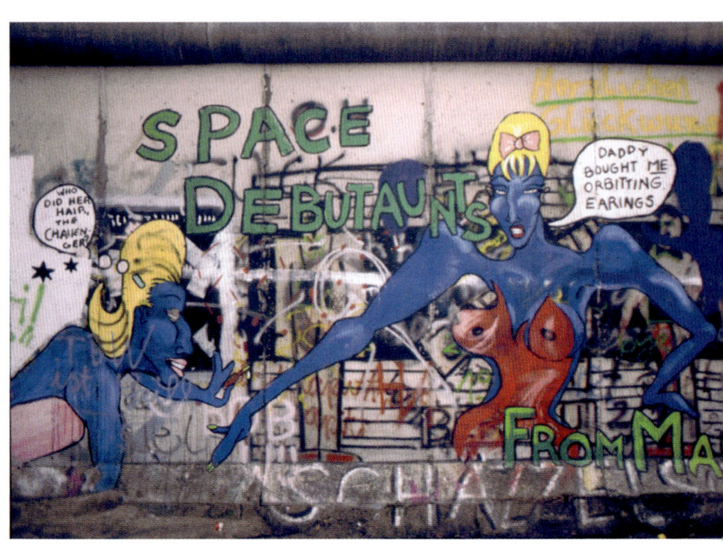
SPACE DEBUTAUNTS
WHO DID HER HAIR, THE CHALLENGER
DADDY BOUGHT ME ORBITTING EARINGS
FROM MA

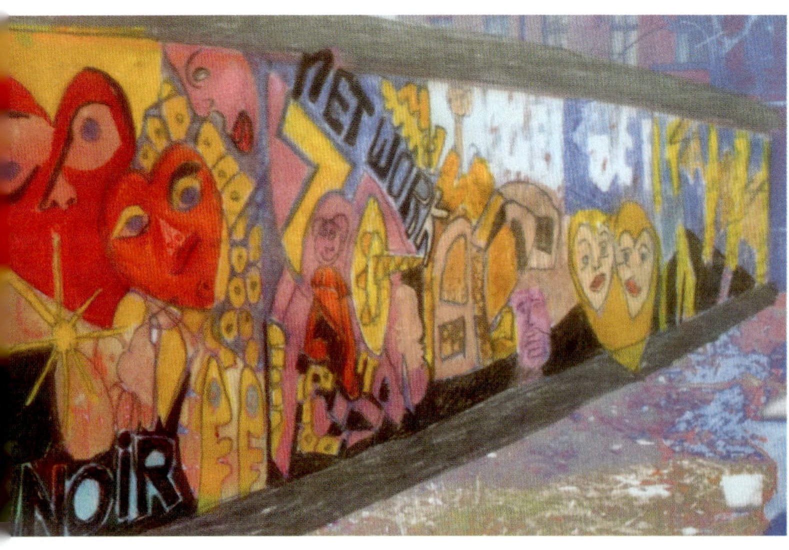
NET WORK
NOIR

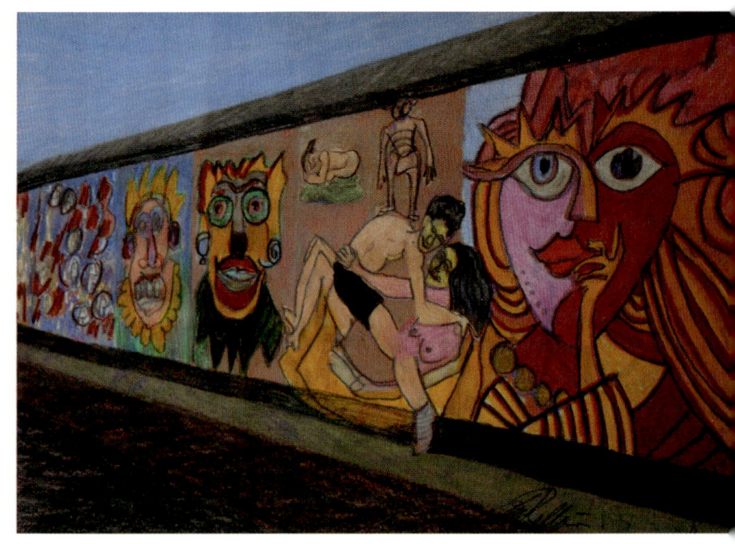

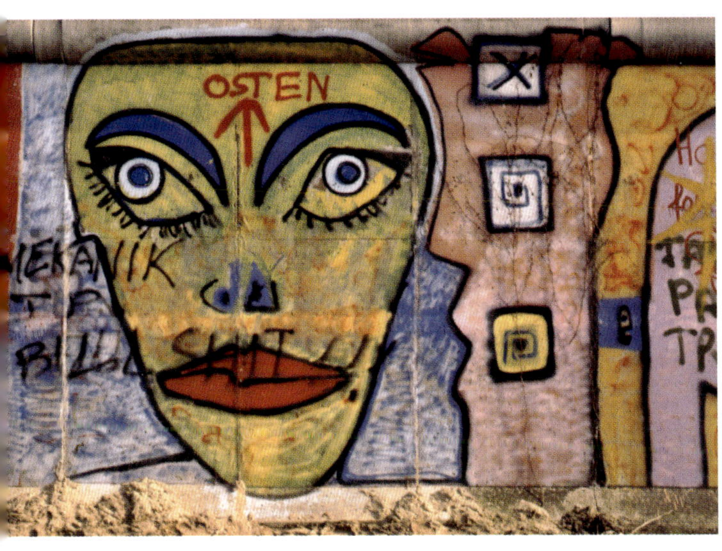
OSTEN

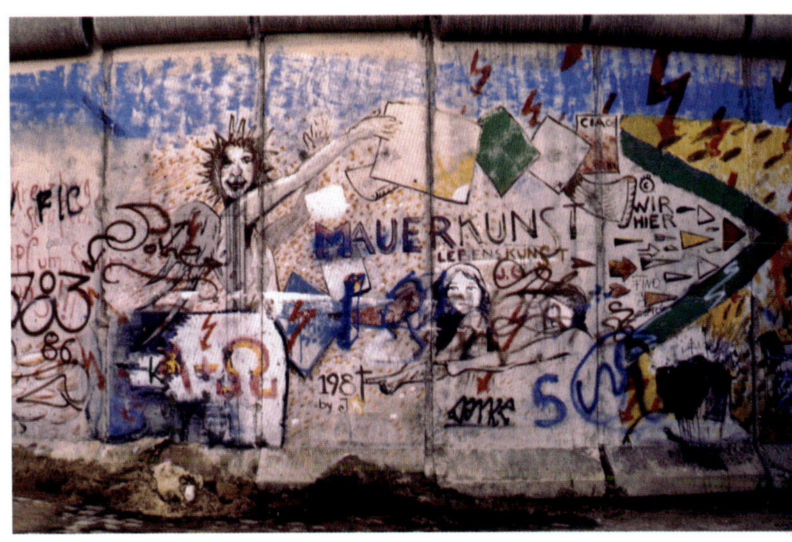
MAUERKUNST

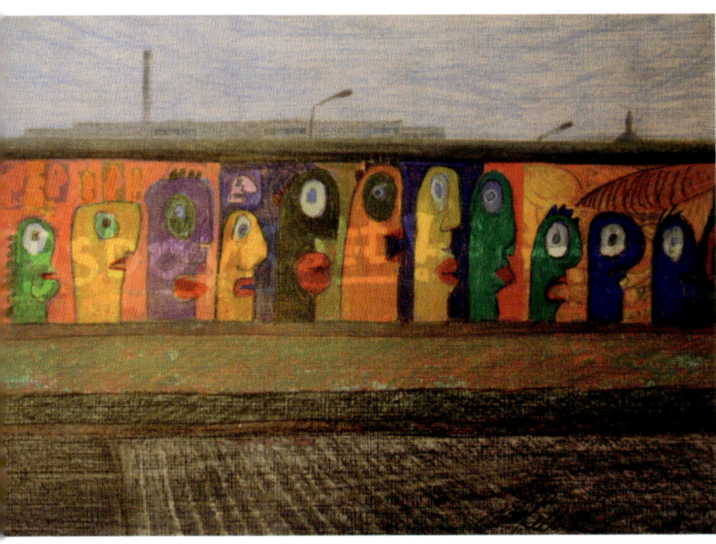

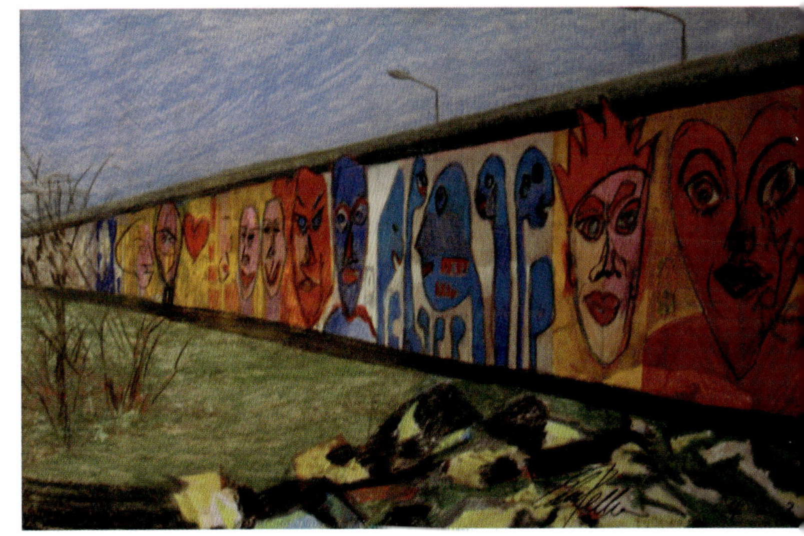

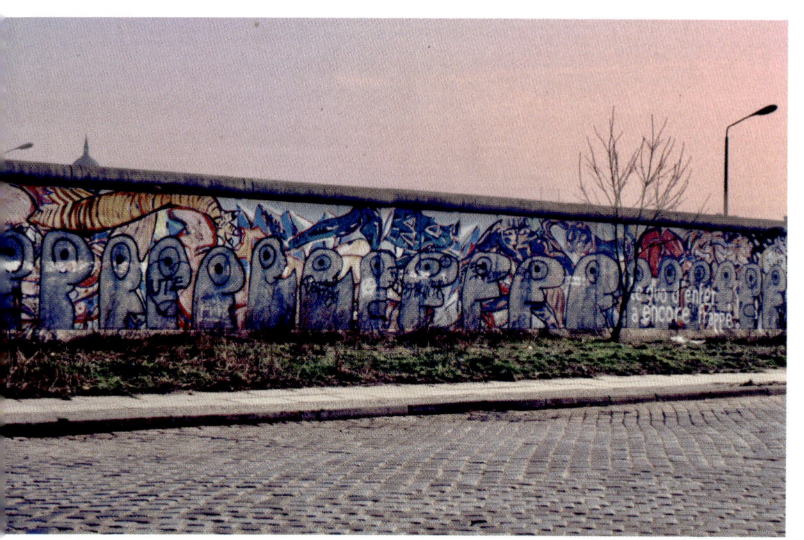

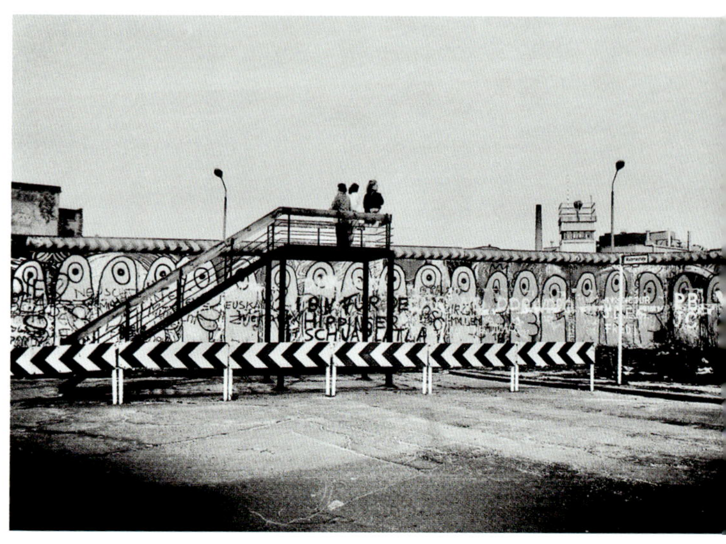

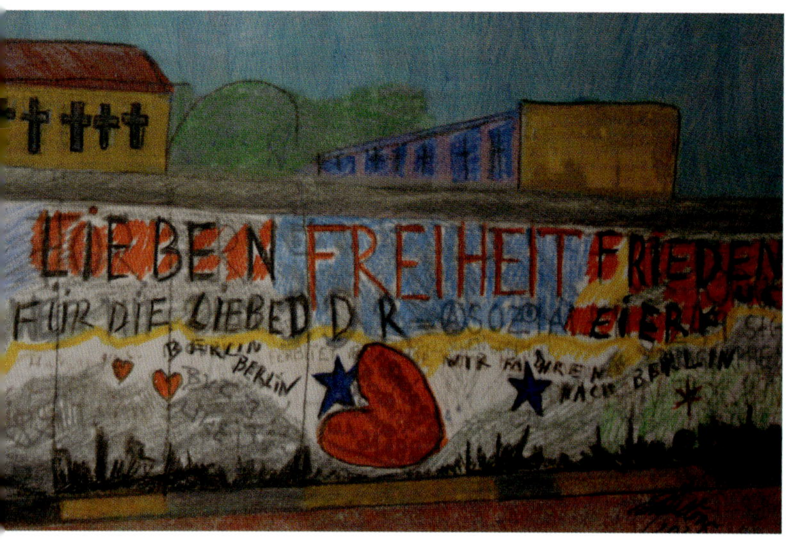
LIEBEN
FREIHEIT
BERLIN
WIR FAHREN NACH BERLIN

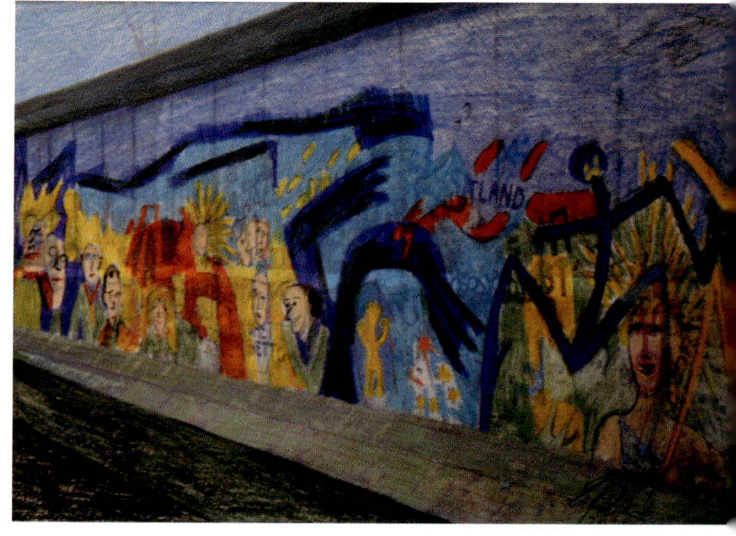

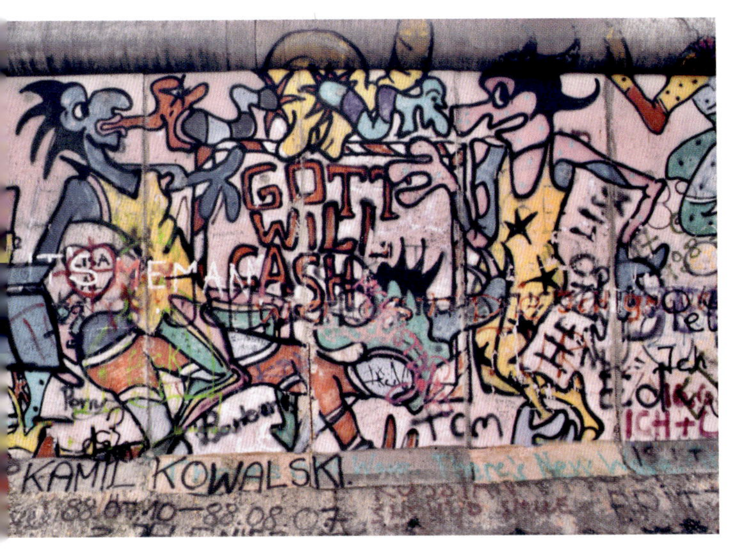
KAMIL KOWALSKI

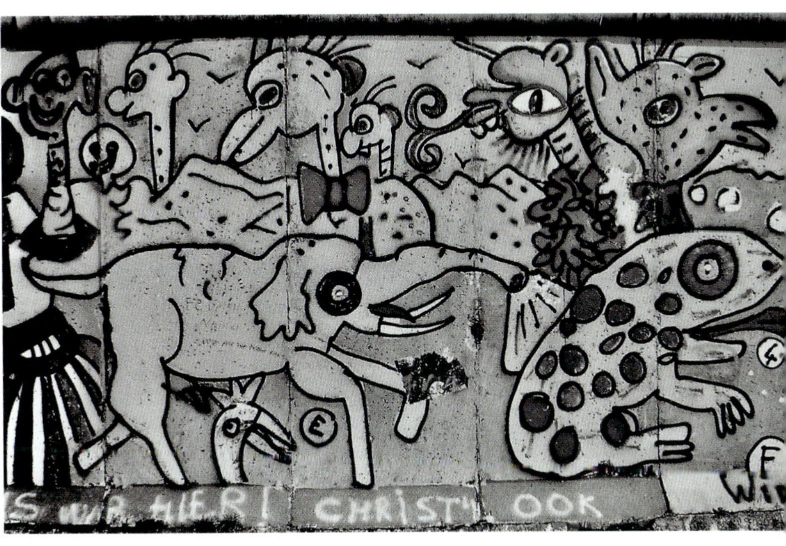
WIR HIER!

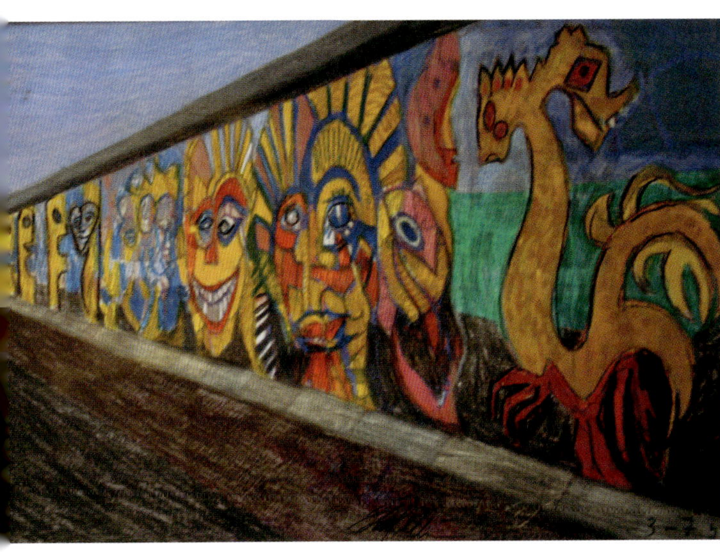

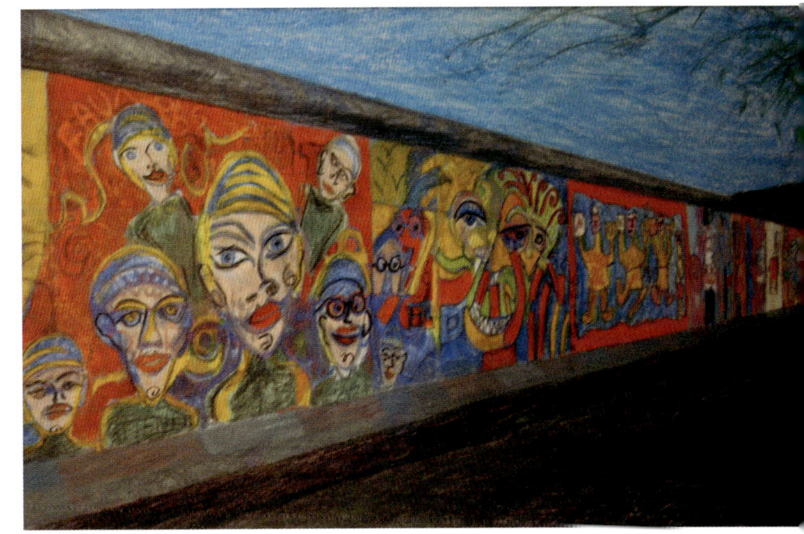

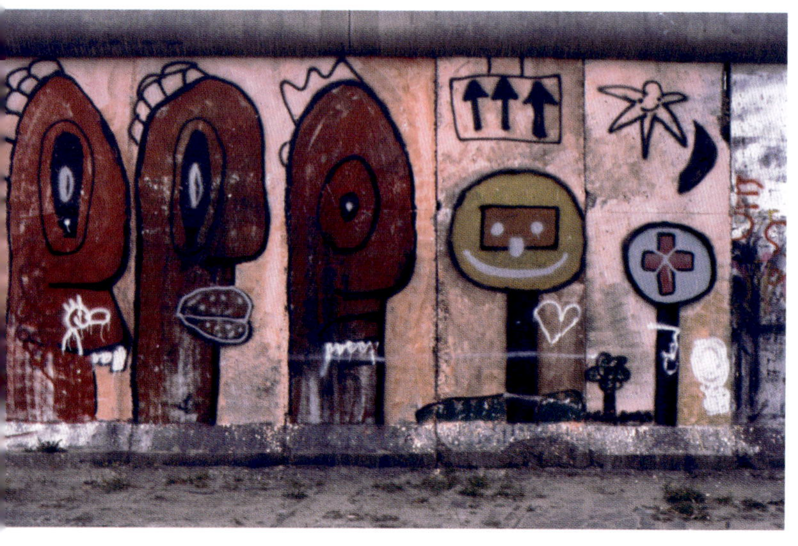

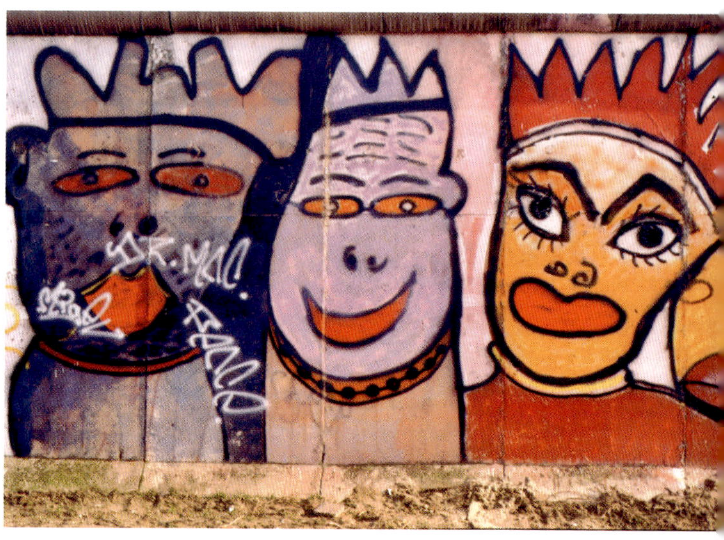

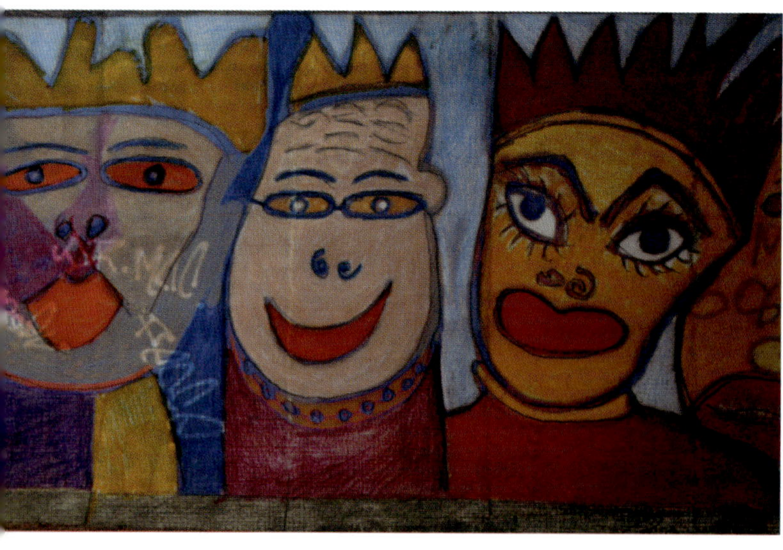

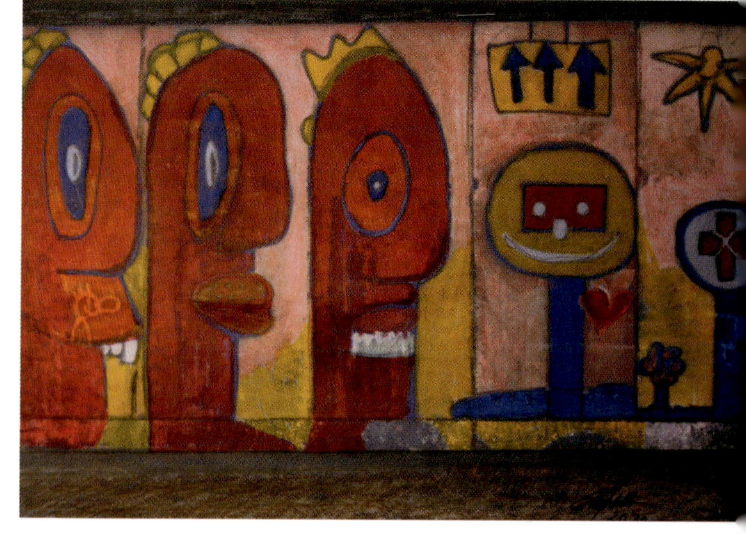

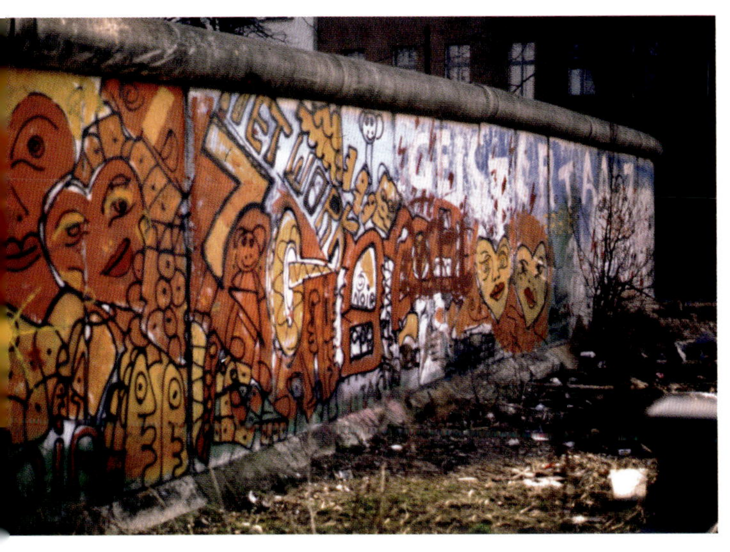

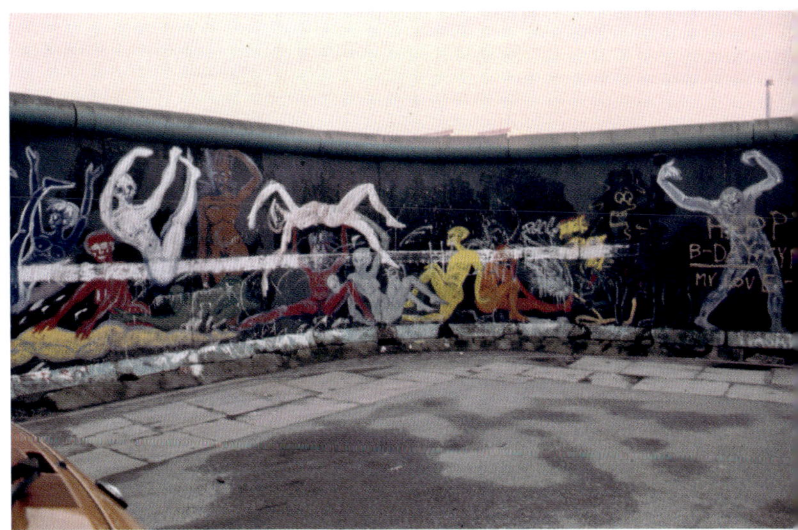

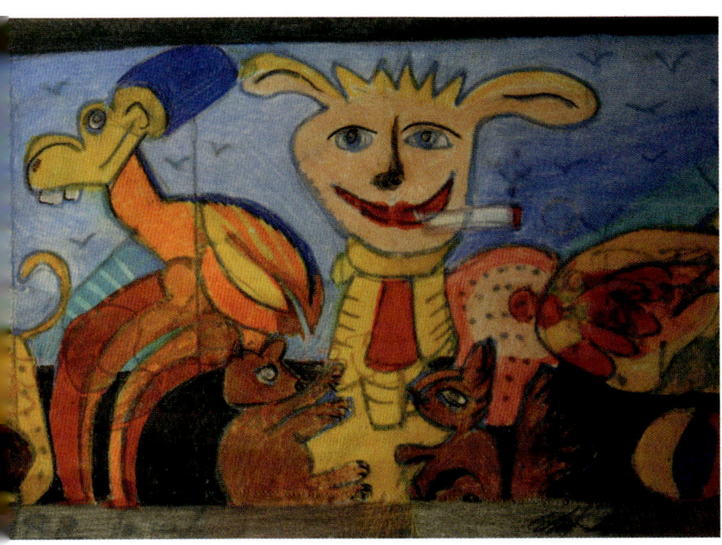

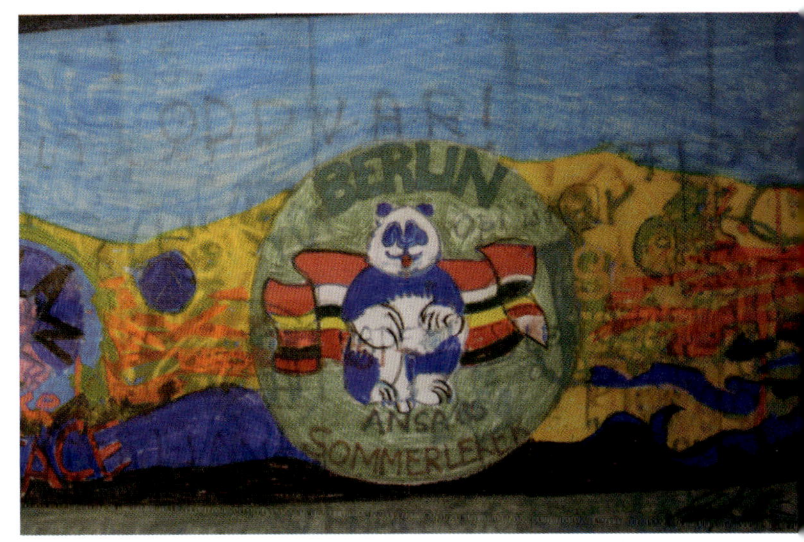
SOMMERLEKER

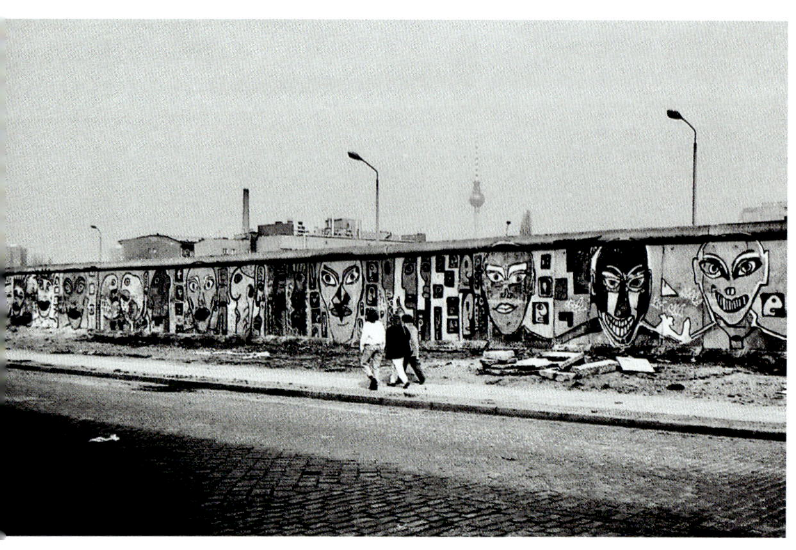

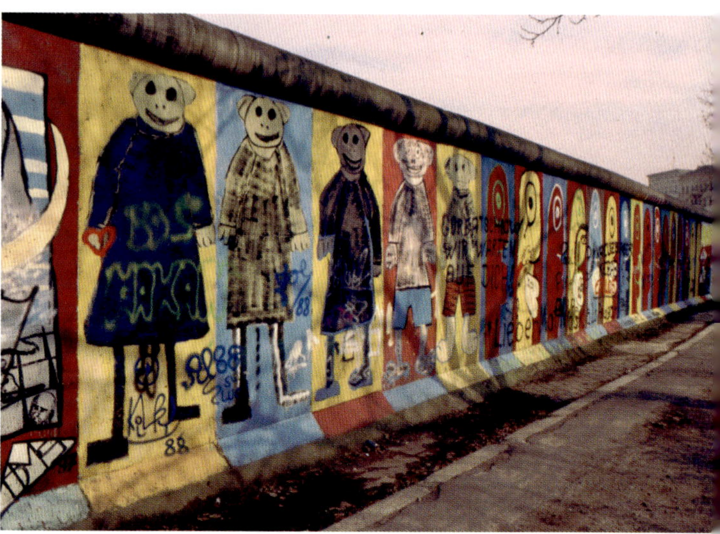

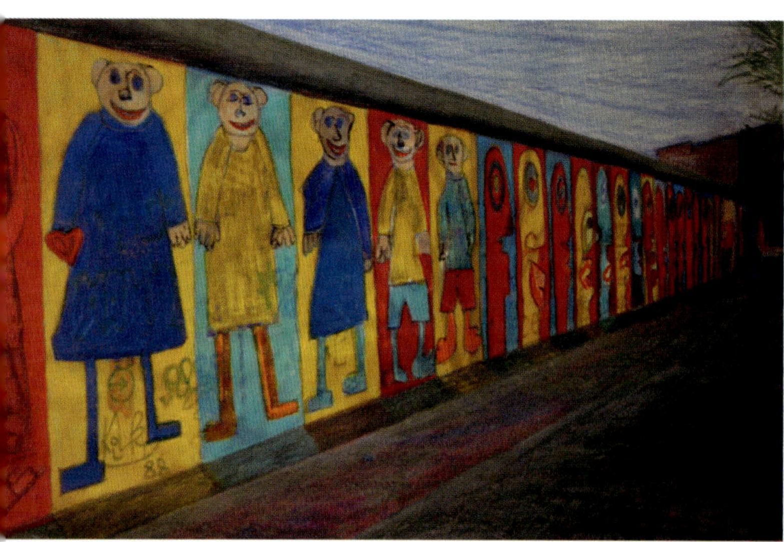

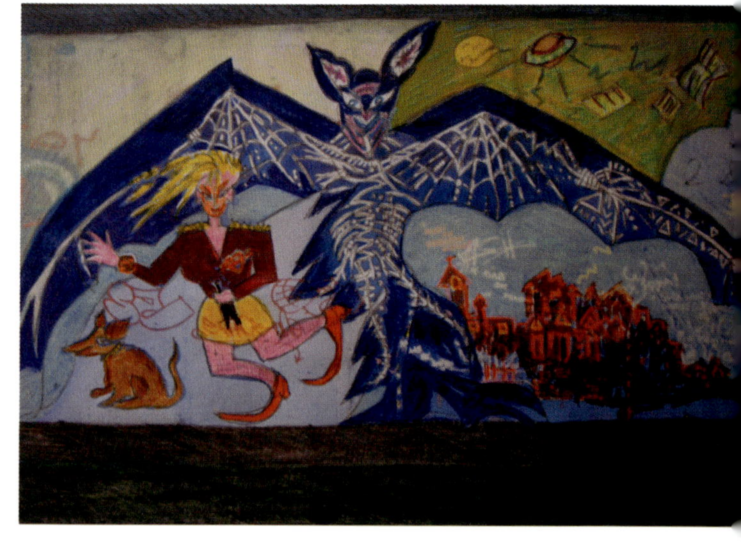

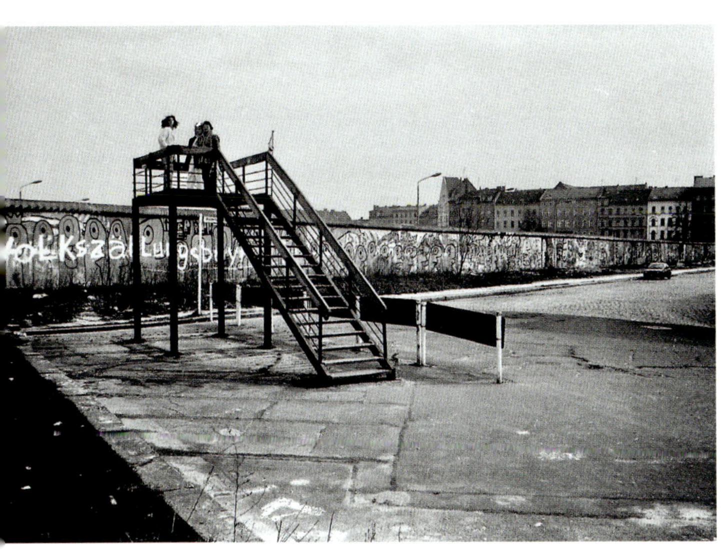

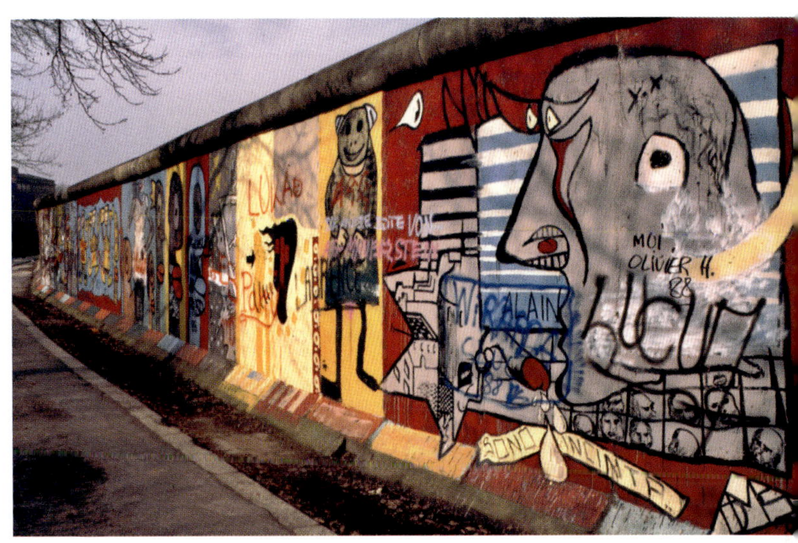

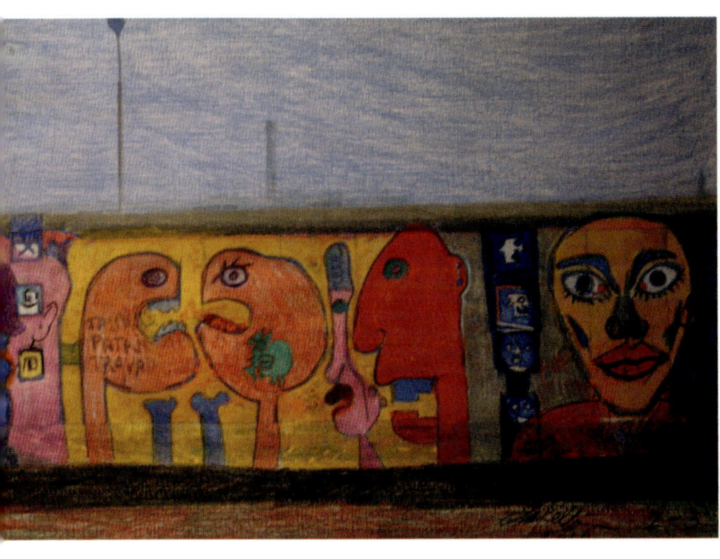

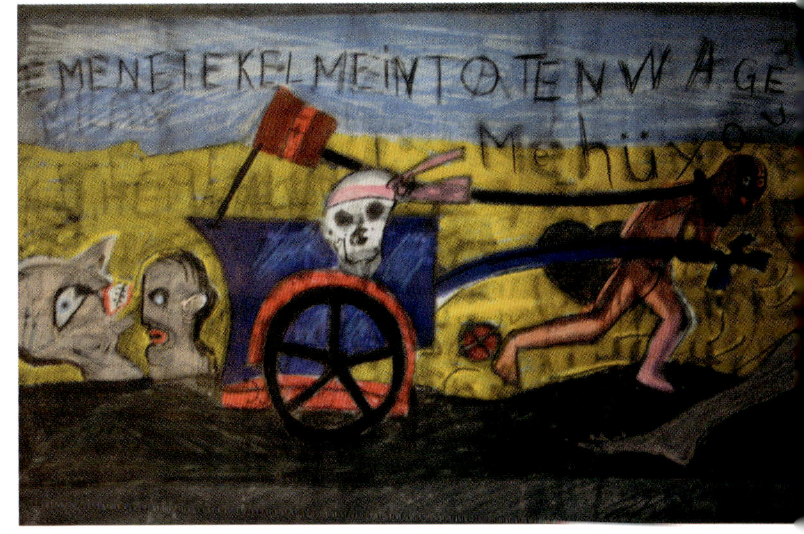
MENETEKELMEINTOTENWAGE

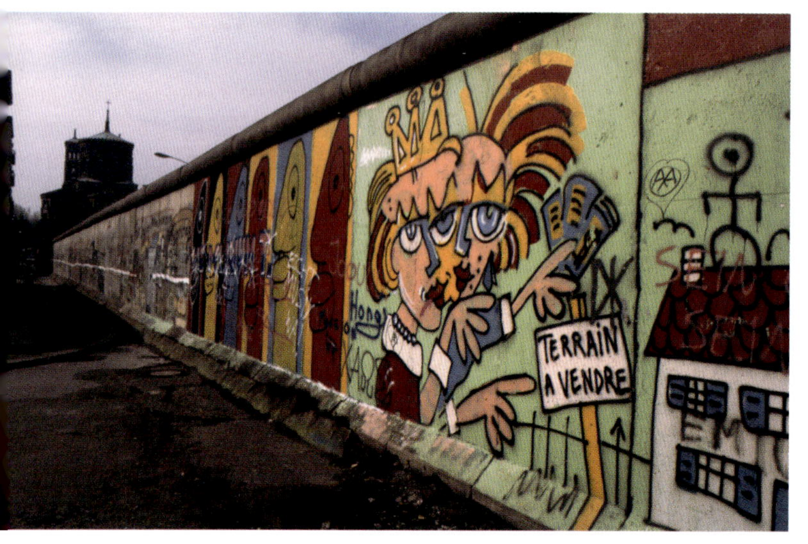
TERRAIN
A VENDRE

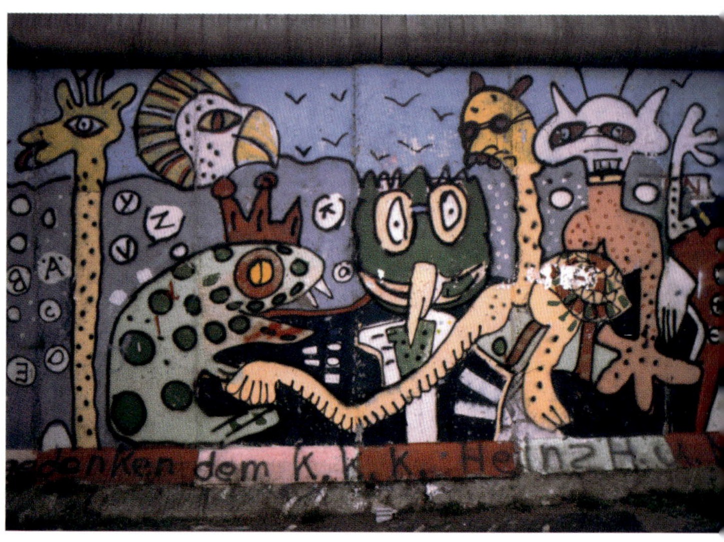
dem K.K.K.

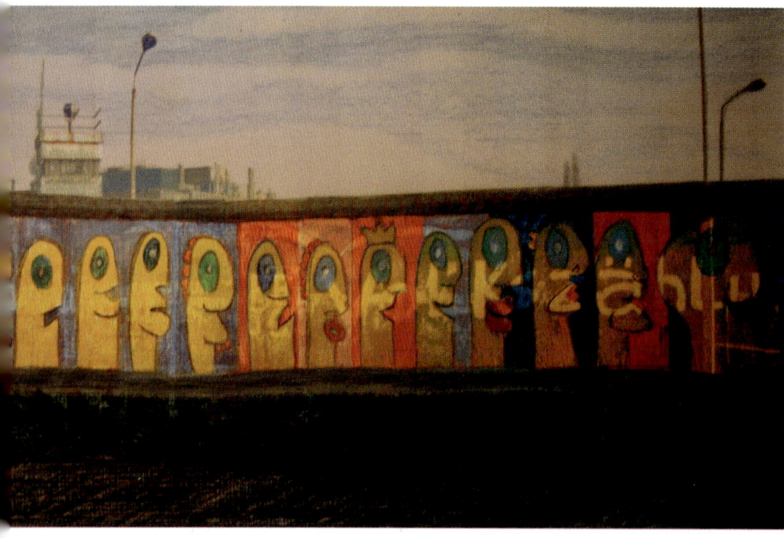

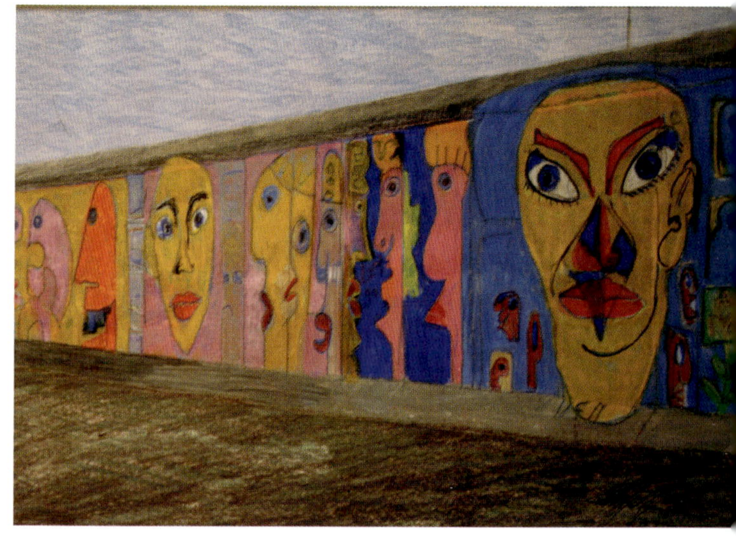

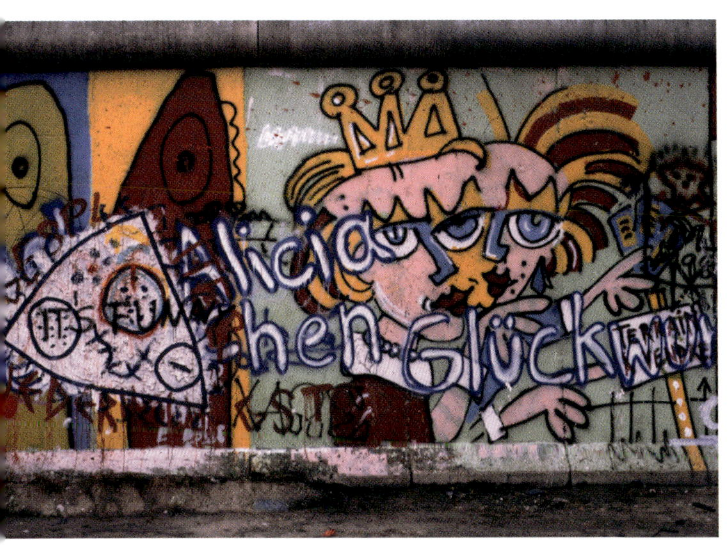
Alicia
hen Glück

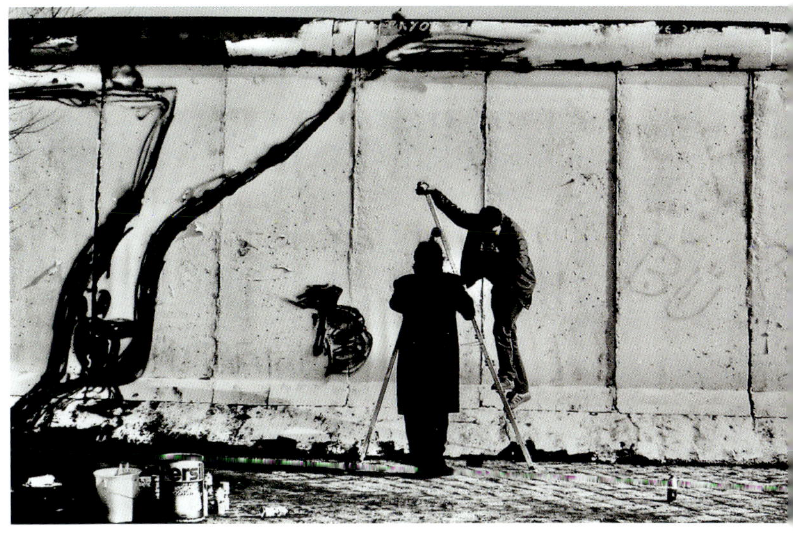

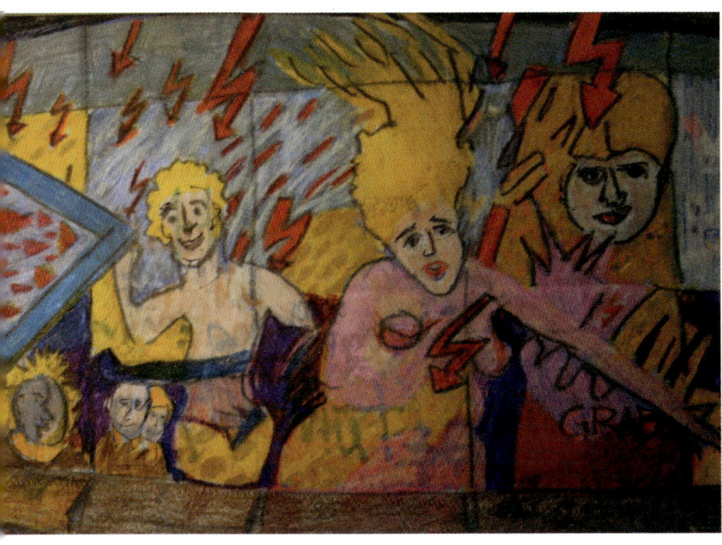

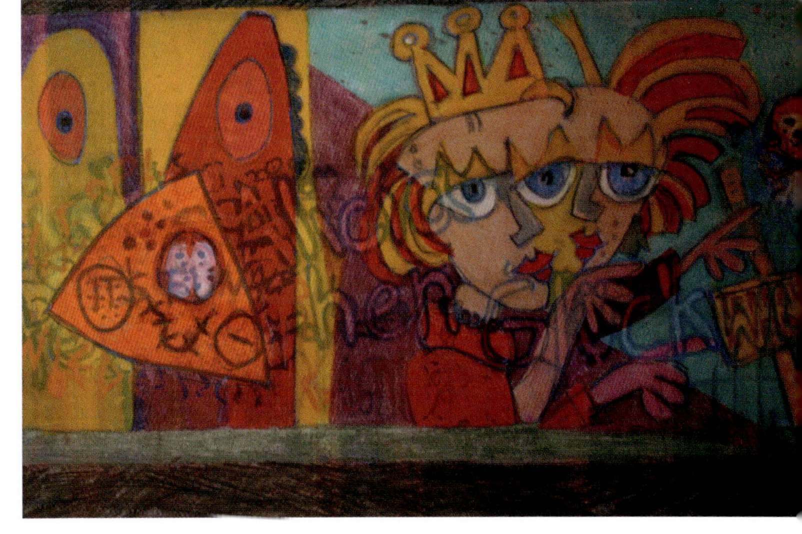

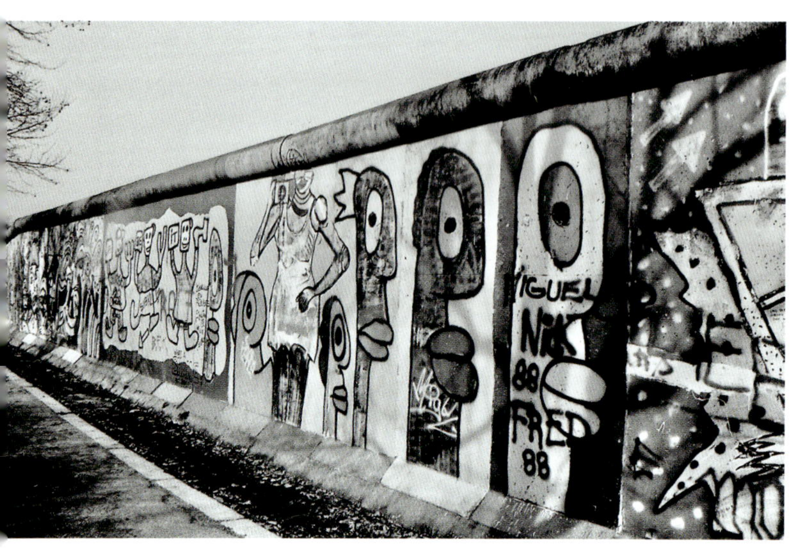
FRED
88

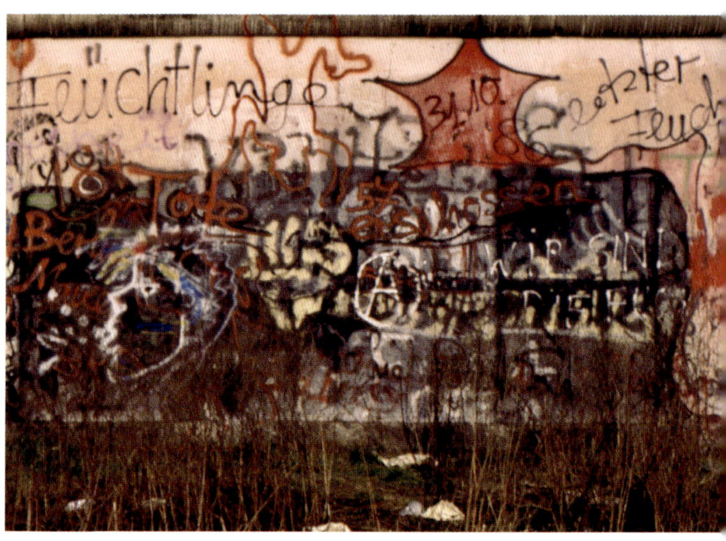

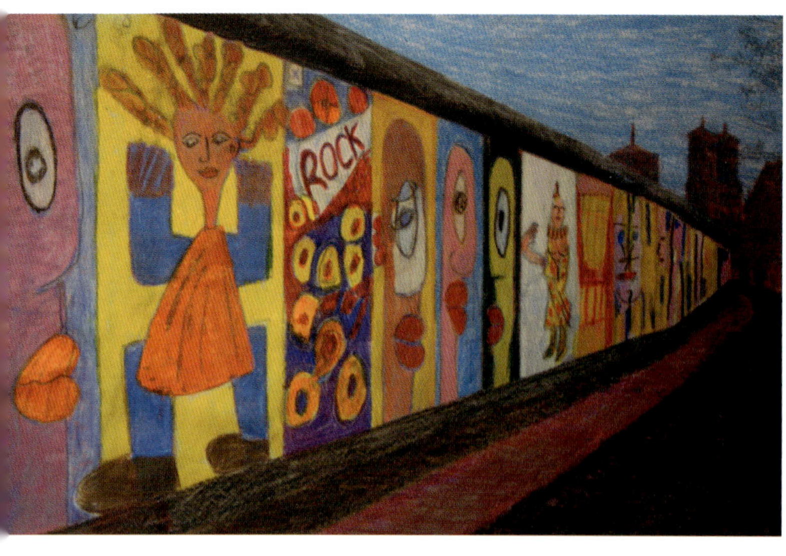
ROCK

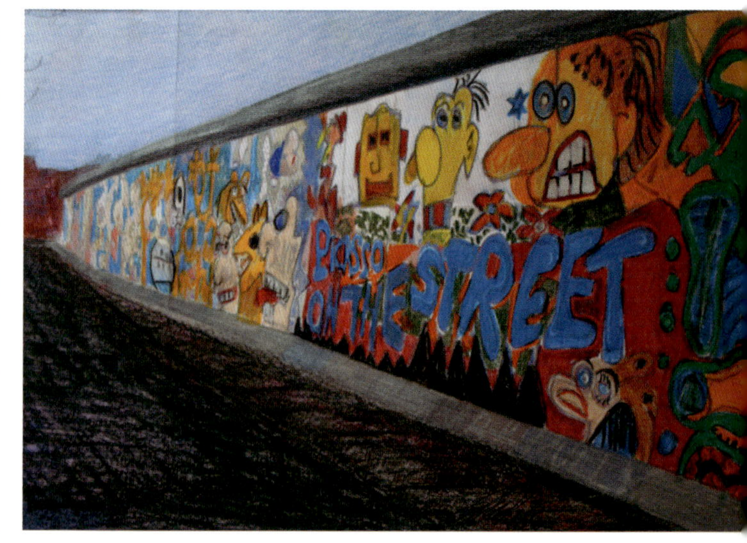
ON THE STREET

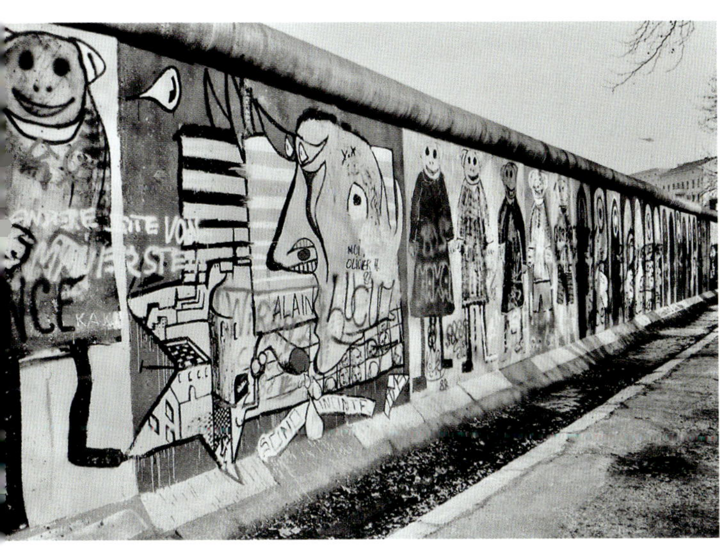

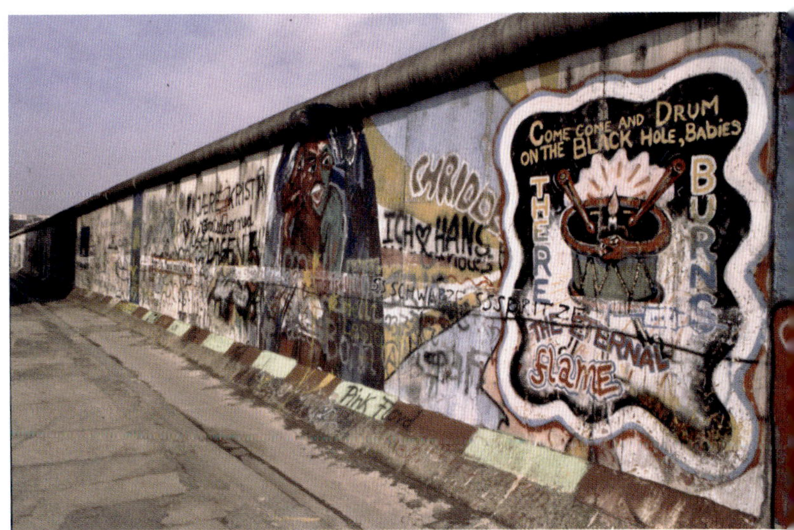
COME COME AND DRUM
ON THE BLACK HOLE, BABIES
THERE
BURNS
THE ETERNAL
flame
ICH ♡ HANS

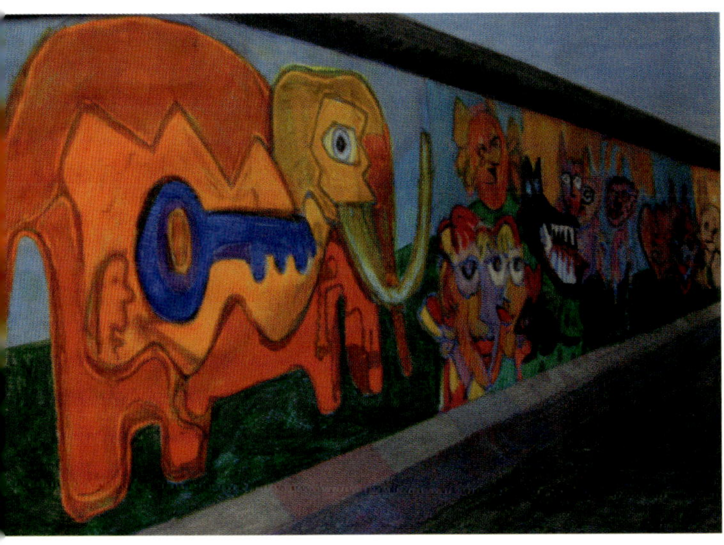

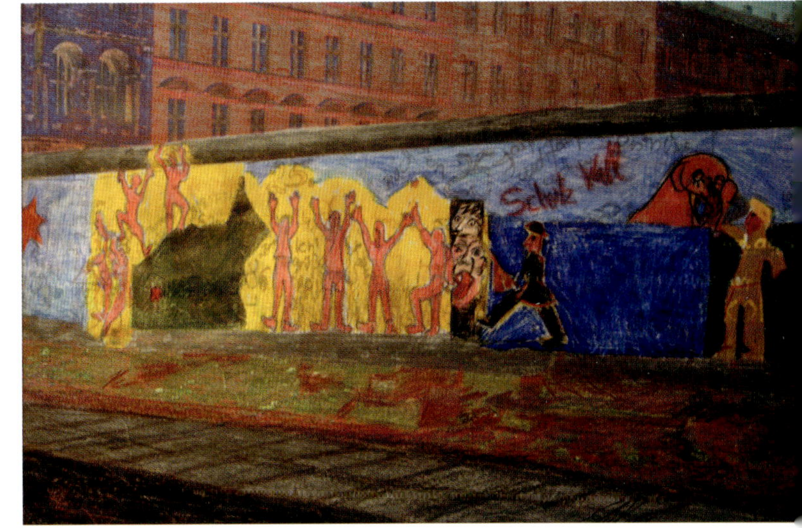

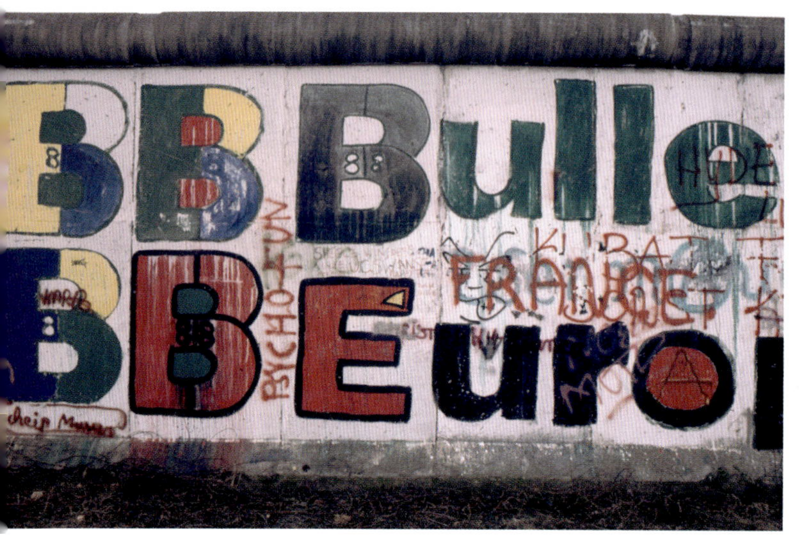
Bulle
Euro

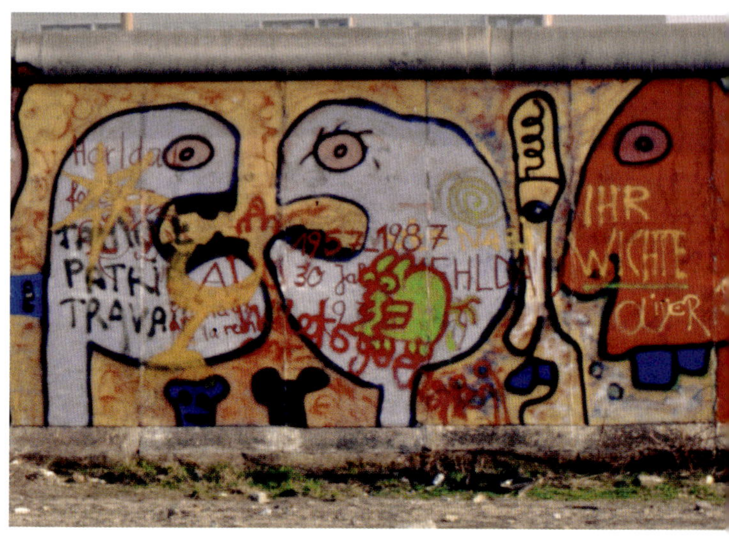
IHR
WICHTE

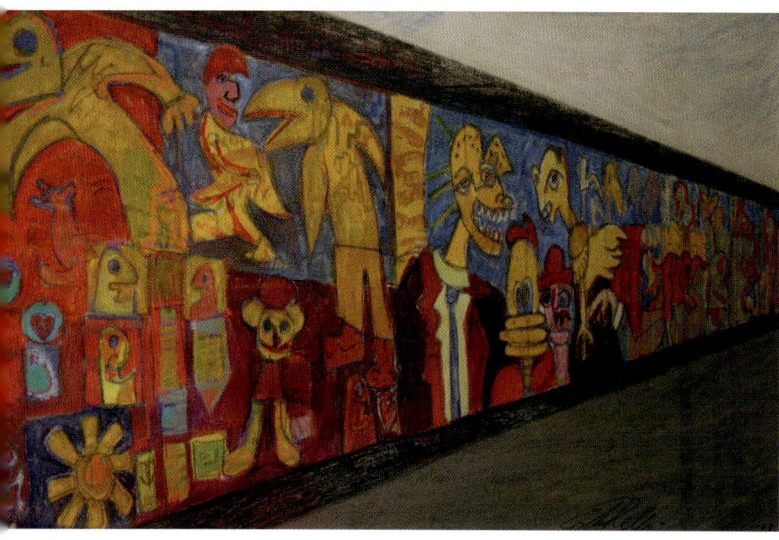

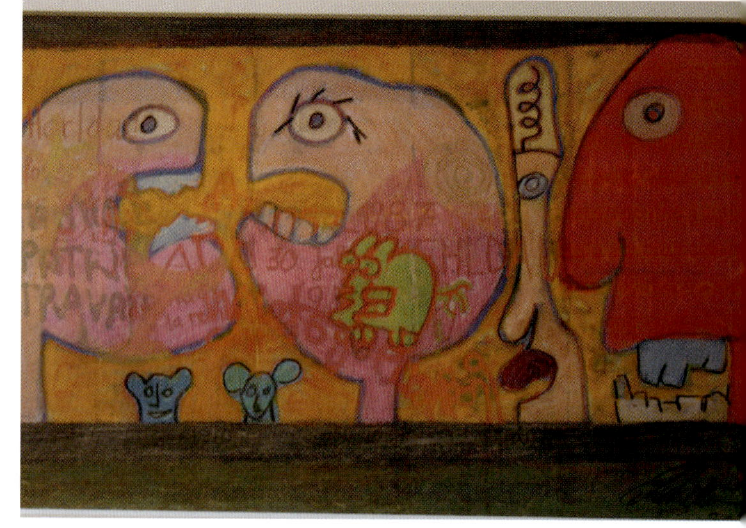

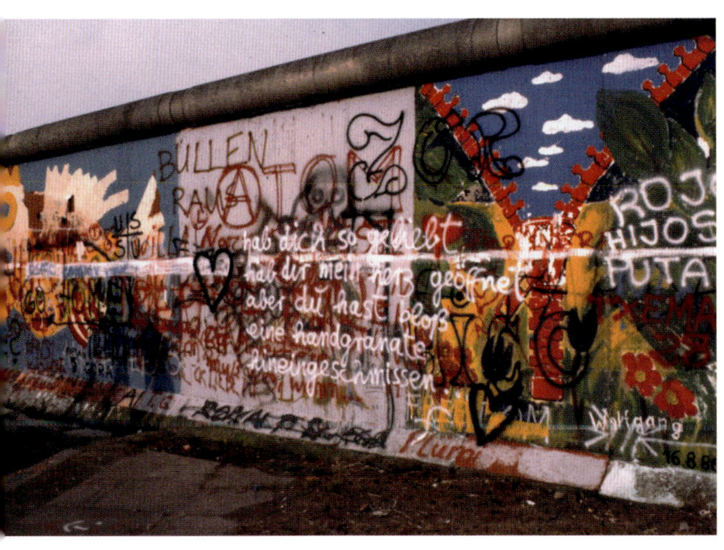
BULLEN
hab dich so geliebt
hab dir mein herz geöffnet
aber du hast bloß
eine handgranate
hineingeschmissen
HIJOS
PUTA

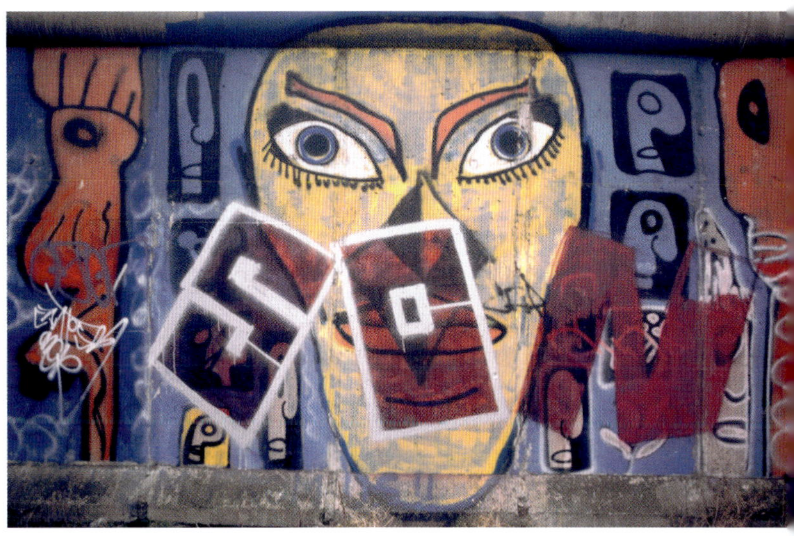

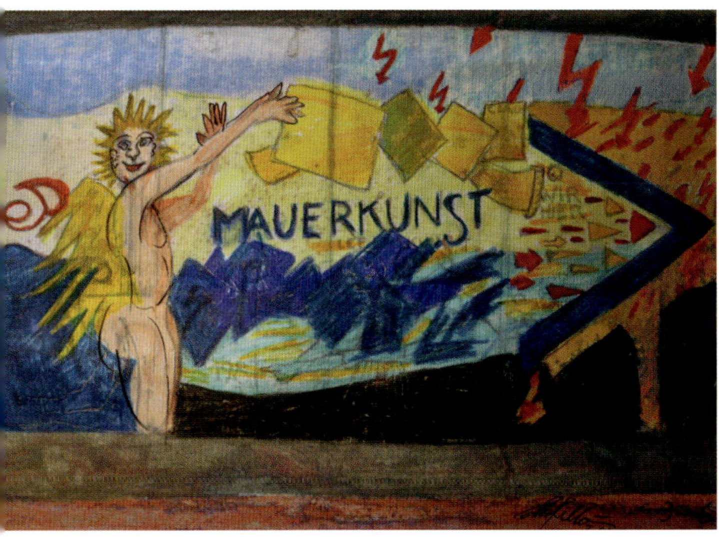
MAUERKUNST

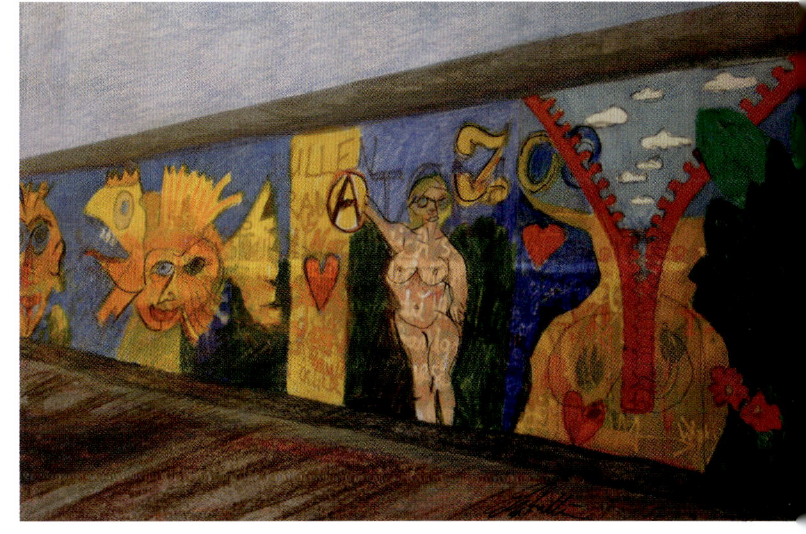

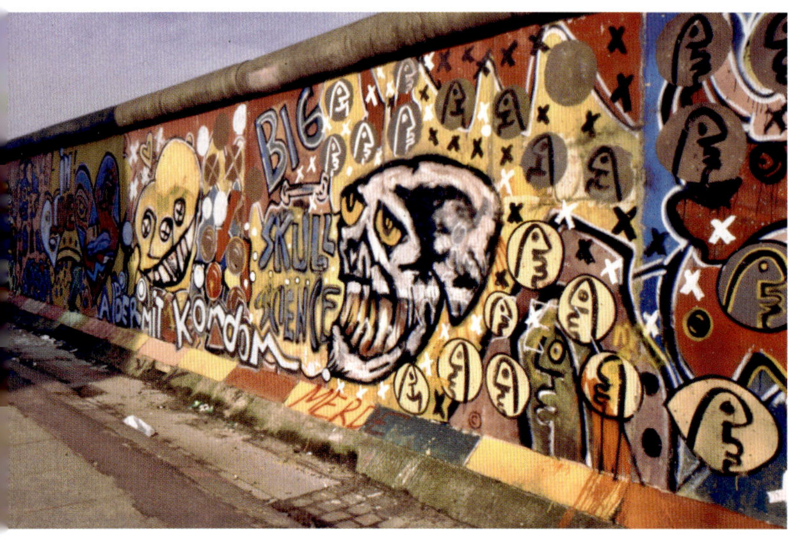
BIG
SKULL

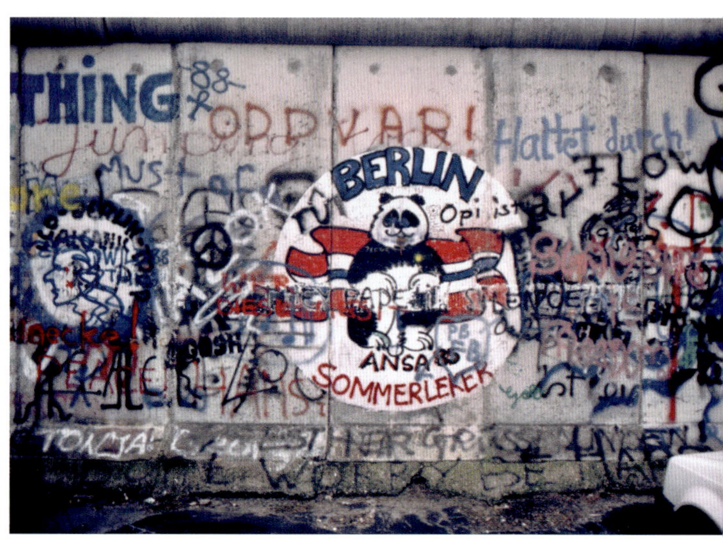
THING
OPPVAR!
Hattet durch!
BERLIN
ANSA
SOMMERLEKER

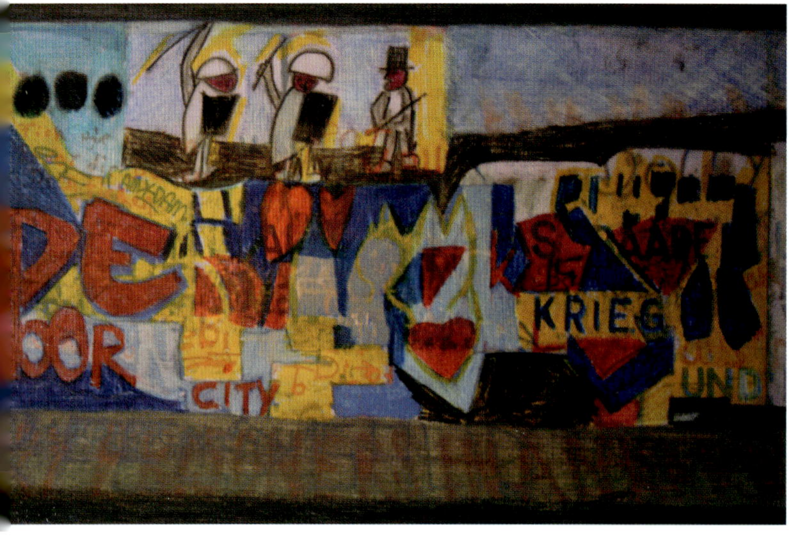
KRIEG
CITY
UND

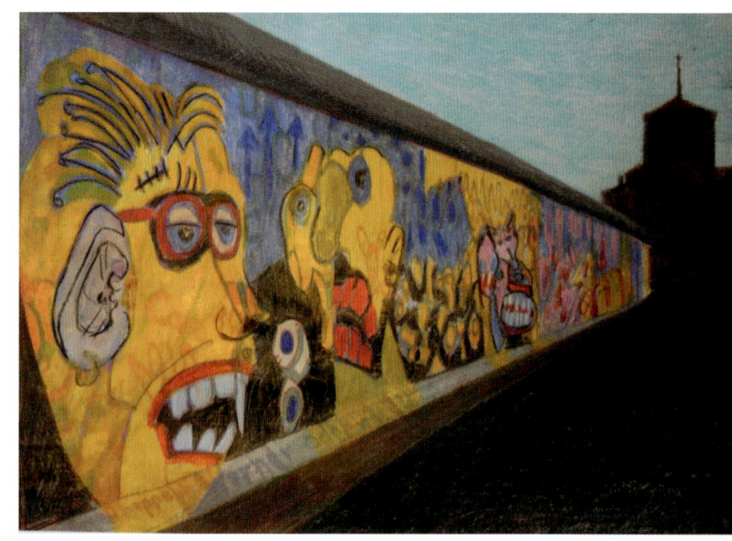

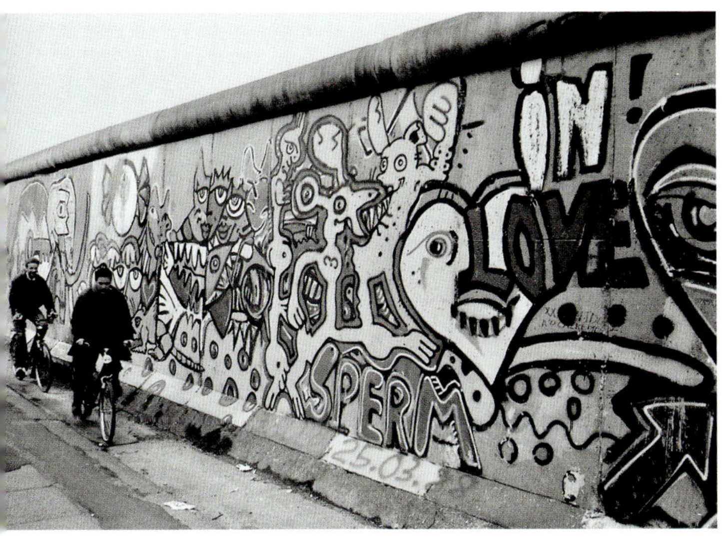
IN!
LOVE
SPERM
25.03.

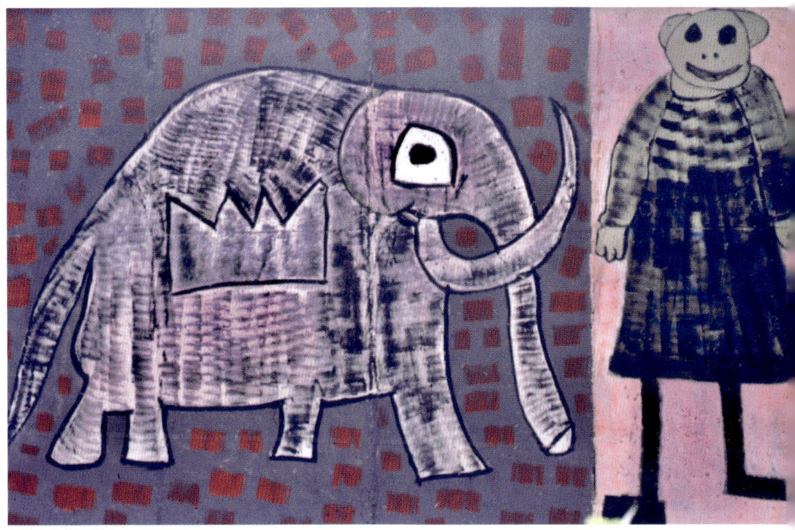

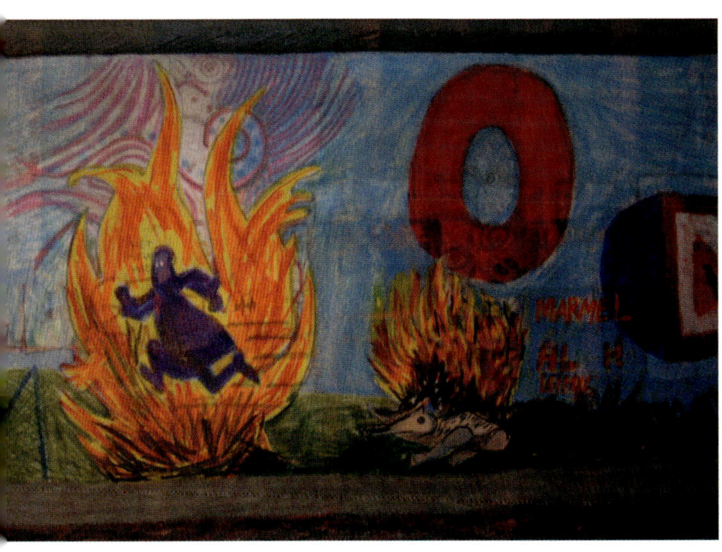

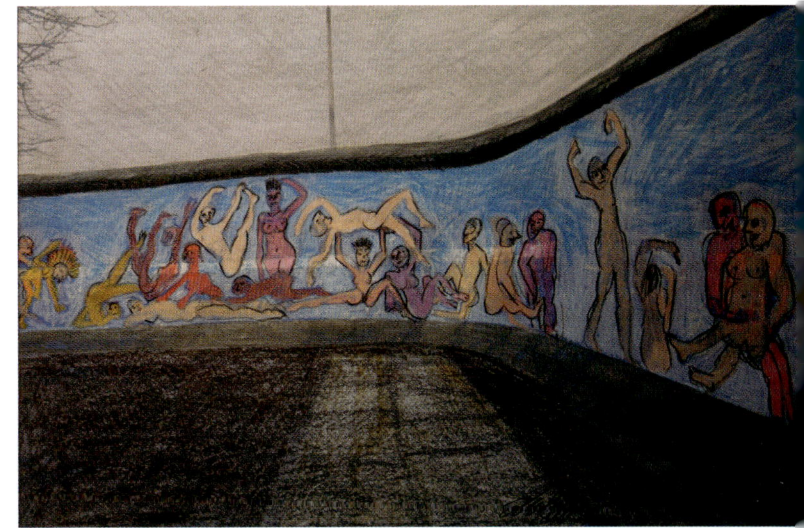

Die Entstehung der Mauerbilder

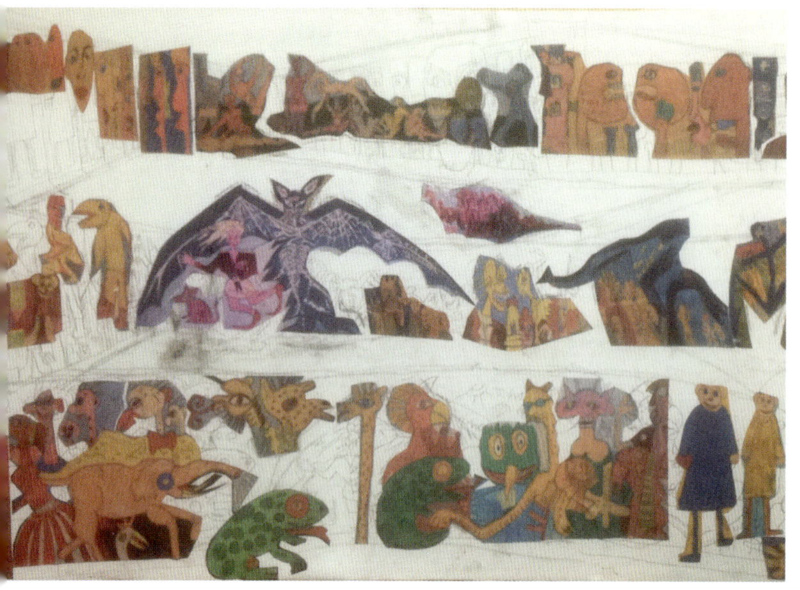

Sechs grundierte Leinwände 80 cm x 50 cm auf gleich großen Sperrholzplatten, die rückseits mit Leisten im Randbereich verstärkt sind, bilden die Grundlage für 54 mit Stiften bearbeitete DIN A4 Blätter mit Motiven der vorliegenden Mauerbilder ausgewählt wurden für die Malerei ausgewählt.

Je neun der 54 Blätter wurden auf den Leinwänden in drei Reihen angeordnet und übertragen. Die Zellen Motive wurden zum Teil ausgeschnitten und mit der Leinwand verklebt.

Die drei Fotografien zeigen die ersten drei Übermalungen und in mehreren Schritten und Überarbeitungen entstanden die Endfassungen der sechs Mauerbilder, in der die Motive der Stiftbilder zu einer Einheit komponiert und mit Jahreszahlen und Ereignissen verknüpft sind.

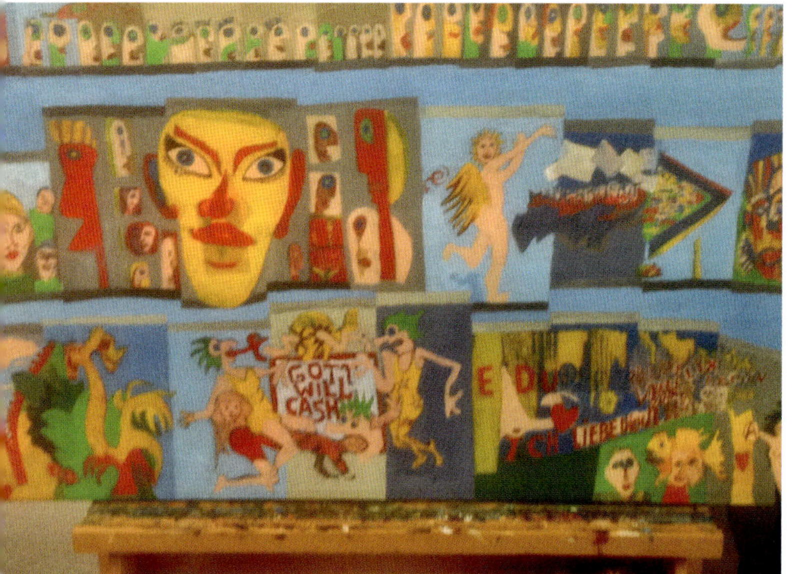

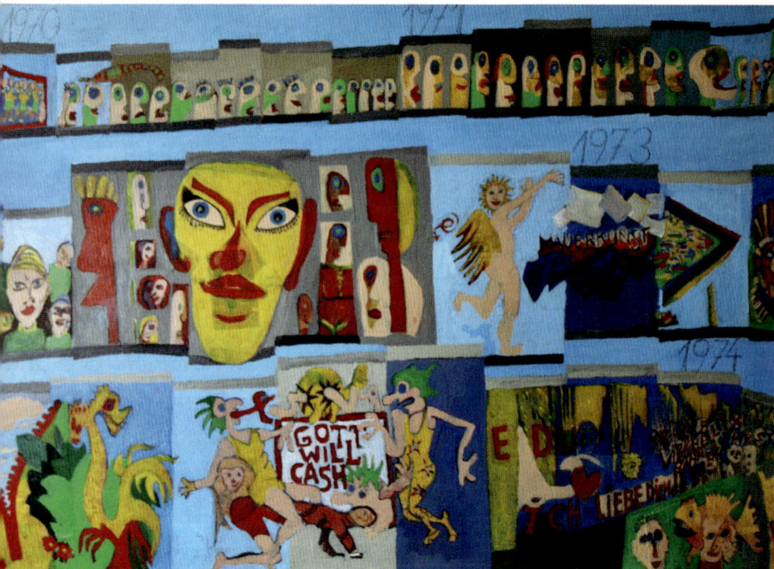

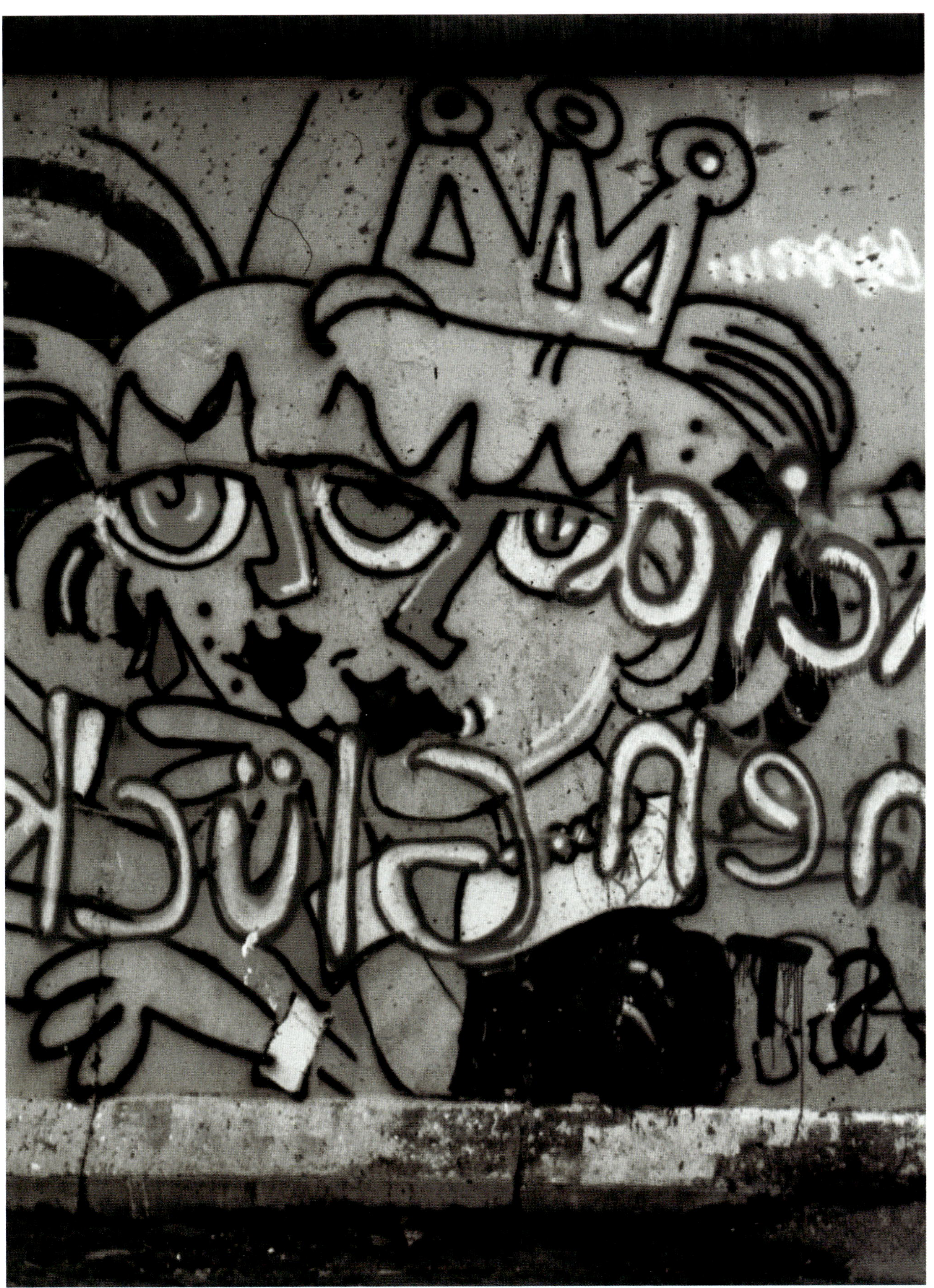

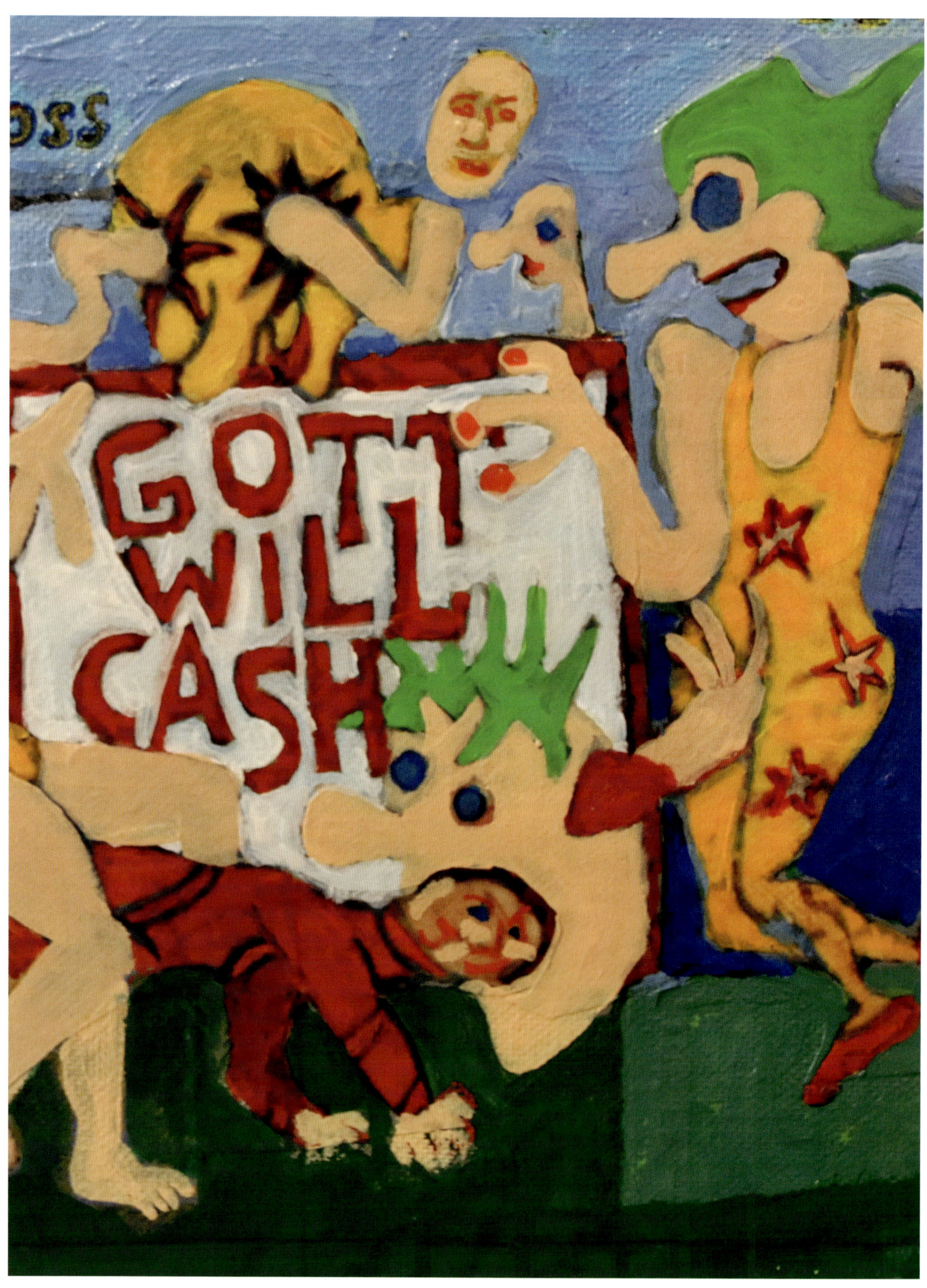
OSS
GOTT
WILL
CASH

I.

Die Berliner Mauer entstand zwischen 1959 und 1961 und war die Zuspitzung des Kalten Krieges nach dem Zweiten Weltkrieg. Mit ihr sollten die Verbindungen zwischen Ost- und West-Berlin und zwischen der Deutschen Demokratischen Republik und Bundesrepublik Deutschland gekappt werden, um die Bürgerwanderung aus der DDR in die BRD zu stoppen. Die wirtschaftlichen Auswirkungen führten zu einer Zuspitzung der wirtschaftlichen Sanktionen im Kalten Krieg zwischen der Sowjetunion und der Westallianz unter Führung der USA. Satirisch: Der Osten pinkelte von Ost-Berlin nach West-Berlin und die USA von West-Berlin nach Ost-Berlin.

That is fun: Das ist Spaß! Viele Berliner fanden an der Mauer den Spaß, sie zu bemalen, obwohl sie eine Todesmauer war. Satirisch: Die DDR hätte Schadensersatz für die Bemalungen und Beschmierungen und die Verunreinigungen des DDR-Besitzes auf West-Berliner Seite an dem Rand der Mauer fordern können.

Mario Giacomelli wurde 1925 in Senigallia geboren und wuchs in ärmlichen Verhältnissen auf und kaufte sich nach seiner Ausbildung zum Schriftsetzer und Drucker 1953 seine erste Kamera, fotografierte eine Serie von Bildern in einem Hospiz von Senigallia und erhielt 1995 den Kulturpreis der Deutschen Gesellschaft für Fotografie.

Die Toten Hosen gründeten sich 1982 in Düsseldorf. Ersterscheinungen von ihnen waren 'Eisgekühlter Bommerlunder', das Album 'Opel-Gang'. Die ' Toten Hosen' bezogen Stellung gegen den Rechtsradikalismus und Ausländerfeindlichkeit.

1960 wurde **Susanne** geboren.

Hauke, **Christiane**, **Dirk** und **Claudia** wurden 1961, 1962, 1963 und 1964 geboren.

Käthe Kollwitz lebte von 1867 bis 1945. Sie war eine engagierte Künstlerin, Sozialistin und Pazifistin. Ihre Zyklen 'Ein Weberaufstand' und 'Bauernkrieg', Plakate 'Nie wieder Krieg' und 'Nieder mit dem Abtreibungs-Paragraphen' sowie Zeichnungen, Drucke und Plastiken mit Kindern sind bekannt.

Konrad Adenauer, der von 1876 bis 1967 lebte und von 1949 bis 1963 Bundeskanzler war und der über Papst Pius XII den päpstlichen Ritterorden zum Heiligen Gral von Jerusalem erhielt, sorgte dafür, dass Käthe Kollwitz auf der ersten Documenta nicht ausgestellt wurde!

Tarzan ist eine Comic-Figur. Die Hefte erschienen von 1953 bis 1958 im Pabel-Verlag.

Duke Ellington lebte von 1899 bis 1974 und war ein hervorragender Jazz-Pianist, Komponist und Gründer verschiedener Jazz-Gruppen. Unter anderem komponierte er 'Black, Brown and Beige'. Dieses Stück überarbeitete er mehrfach bis 1969 und fügte 1958 Gesangsteile hinzu, die von Mahalia Jackson interpretiert wurden. Seine Aufnahmen mit Charles Mingus und Max Roach auf der LP 'Money Jungle' (1962) sind atemberaubend schön.

Bernard Stanley Bilk lebte von 1929 bis 2014 und spielte als Jazz-Klarinettist in seiner Gruppe **Mr. Acker Bilk** unter anderem auch im Lübecker Kolosseum. Mit seiner Paramount Jazz Band spielte er Anfang der 1960er Jahre auch im Potsdamer Haus der Offiziere der Sowjetarmee!

Mozart, **Schubert** und **Brahms** sind Komponisten, die von 1756 bis 1791, 1797 bis 1828 und von 1833 bis 1897 lebten.

Joseph Beuys lebte von 1921 bis 1986. Auf einem Graffiti auf der Berliner Mauer fand sich der Schriftzug 'I love Beuys', der Schriftzug Beuys war durchgestrichen und darüber 'Boys' ergänzt. Unvergessen sind seine Aktivitäten auf der Documenta. Neben seinen künstlerischen Arbeiten sind seine Auseinandersetzungen mit der Sozialphilosophie und Anthroposophie sowie seine Konzepte zu sozialen Plastiken als Gesamtkunstwerk bekannt. Als Professor an der Kunstakademie Düsseldorf war er unter anderem Lehrer von Immendorf, Richter und Uecker. Er wurde

1972 von Johannes Rau fristlos aus der Kunstakademie Düsseldorf entlassen. Die Hochschule für Bildende Künste in Hamburg holte ihn im Wintersemester 1974 zu einer Gastprofessur.

Egon Schiele lebte von 1890 bis 1918, war Expressionist und neben Gustav Klimt und Oskar Kokoschka Vertreter der Wiener Moderne. Seine Aktbilder von Frauen und Männern sind anregend erotisch und zeigen die menschliche Sexualität, auch in Zusammenhang mit familiären Erlebnissen. – Werke von ihm wurden von österreichischen Nationalsozialisten 'arisiert'.

Chopin lebte von 1810 bis 1849. Er war Komponist, Pianist und Klavierpädagoge und lebte nach seiner Geburt in Polen überwiegend in Paris. – Die 24 Préludes op. 28 beendete er während eines Aufenthaltes mit George Sand auf Mallorca. Wulf, Michael und ich wanderten bei einem Aufenthalt nach Valldemossa und dachten an Chopin.

Der französische Komponist **Bizet** lebte von 1838 bis 1875. Seine Oper 'Carmen' wurde von Friedrich Nietzsche geliebt und gehört zu seiner Auseinandersetzung mit Wagner.

Die **Rolling Stones** gründeten sich 1962, nachdem sich Mick Jagger und Keith Richards 1961 begegneten und ihre gemeinsame Begeisterung für Muddy Waters und Chuck Berry entdeckt hatten. Unvergessen: 'I Can't Get No Satisfaction'.

Mussorgsky lebte von 1839 bis 1881. Er wurde lediglich 42 Jahre alt und verstarb an seiner Alkoholkrankheit. Der begnadete Pianist schuf das Werk 'Bilder einer Ausstellung', das er nach Bildern von Viktor Hartmann schuf, nachdem er nach dessen Tod eine Ausstellung mit Werken von ihm besucht hatte. Das Werk wurde von **Ravel** (1875-1937) orchestriert. Die Aufnahme des Klavierwerks von Swjatoslaw Richter beeindruckte mich ebenso wie die Orchestereinspielung durch die Berliner Philharmoniker unter Igor Markevitch. Das Werk und ihre Einspielungen führten zu einer Beschäftigung und bildnerischen Gestaltung von 1966 bis 2016. Nach Skizzen beim Anhören der Musik entstanden drei Bildserien mit neun Bildern und eine Serie mit vier großformatigeren Ölbildern.

Karl Valentin lebte von 1882 bis 1948. 1911 wurde Liesl Karlstadt (1892-1960) seine Bühnenpartnerin. Seine Auftritte als Komiker, Volkssänger, Autor und Filmemacher beeinflussten unter anderem Brecht, Polt und Schneyder, sowie Tucholsky. Dabei muss man hoffen, dass jene hoffentlich nicht bezüglich ihrer Partnerschaften von ihm beeinflusst wurden.

Der Jazz-Trompeter **Louis Armstrong** lebte von 1901 bis 1971. Seine Hot Five und Hot Seven sind Highlights der Jazz-Geschichte, ebenso wie seine Auftritte mit Ella Fitzgerald und seinen All Stars. Letztere konnte ich zusammen mit Armstrong im Kolosseum in Lübeck sehen und hören. Das große Manko war, dass die Veranstaltung von den Abendstunden in den Nachmittag verlegt wurde und die Band keine Zugaben spielte. Ich erinnere mich, dass er statt einer Zugabe noch einmal nach Beendigung des Konzerts den Vorhang aufzog und in das Publikum lächelte.- Bewundernswert ist, dass er bereits 1956 im Ostblock konzertierte und sich wegen der Rassentrennung in den USA weigerte, im Auftrag des Außenministeriums in die UdSSR zu reisen. Er setzte sich für die Bürgerrechte ein.

Ella Fitzgerald wurde 1917 geboren und verfügte über ein breites Repertoire von Songs von Cole Porter über Rodgers & Hart, Duke Ellington, Irving Berlin, Songs aus 'Porgy and Bess' ... Beeindruckend der Live-Mitschnitt auf der Schallplatte 'Ella in Berlin' (1960). Sie war unter anderem mit dem Jazz-Bassisten Louis Brown verheiratet. Sie starb 1996.

Mahalia Jackson lebte von 1911 bis 1972 und sang hervorragend Gospel-Songs und machte Karriere mit Duke Ellington in 'Black, Brown and Beige' und beim Newport-Jazzfestival. Sie sang zum Amtsantritt von John F. Kennedy und zur Beerdigung von Martin Luther King. Beide Politiker wurden ermordet. Ihr Marsch für Arbeit und Frieden blieb erfolglos.

Janis Joplin wurde lediglich 27 Jahre alt und starb 1970 an ihrer Suchterkrankung, nachdem sie eine legendäre Karriere zurückgelegt hatte. Unvergessen bleiben 'Me and Bobby McGee' und 'Mercedes Benz'. Die Texanerin wurde an der High School als Schwein, Negerliebhaberin und Creep (Seltsamer angsteinflößender unheimlicher Mensch) beschimpft.

Max Roach wurde 2007 82 Jahre alt. Er ist zeitlebens Schlagzeuger gewesen und hat komponiert. Neben Ellington spielte er mit Charlie Parker, Charlie Mingus, Donald Byrd ... Er machte sich für den Frieden stark.

Charlie Parker lebte von 1920 bis 1955. Er war Saxophonist und sein Name ist mit Dizzy Gillespie und Thelonious Monk verbunden und steht für Modern Jazz und Bebop. 35jährig endete ein furioses Leben mit unberechenbarem Verhalten und Drogenabhängigkeit und entsprechenden sozialen Auffälligkeiten. Unvergessen: 'Ornithology'!

Der Folk- und Protestsänger sowie Rockmusiker **Bob Dylan** wurde 1941 geboren und hat sich bis zu seinem 81. Lebensjahr in seinen Lebensauffassungen mehrfach geändert, wobei Lebensereignisse eine große Rolle spielten. Folkmusiker mit Akustik-Gitarre und Mundharmonika, zur Beat-Generation gehörend, Links-Politik, Teilnehmer der Protestbewegung, Auftritte mit Joan Baez, Rockmusik, Rückzug nach Motorradunfall, Lieder von Big Pink, Glaubenskrisen. Nobelpreis für Literatur 2017 in Zusammenhang mit den Songtexten.
Auffallend an der Entwicklung von Dylan ist zuletzt die Zuwendung von Prominenten wie Präsidenten der USA, den Päpsten und Akademien.

John F. Kennedy wurde 1963 46jährig in Dallas erschossen, nachdem er 1961 zum 35. Präsidenten der USA gewählt worden war. Es war ein politischer Mord, der nie professionell aufgeklärt wurde.

'Fimmel' Schmidt lebte von 1904 bis 1991. Er war von 1947 bis 1974 Leiter der Neurologischen und Psychiatrischen Klinik in Lübeck. Ihm wurde 1986 die Wilhelm-Griesinger-Medaille über die Deutsche Gesellschaft für Psychiatrie, Psychotherapie und Nervenheilkunde verliehen. Er war ein hervorragender Psychopathologe und neben der Lehrtätigkeit war er als Gerichtssachverständiger umfangreich tätig. Unter ihm arbeiteten Prof. Böhme, der später die Psychiatrische Klinik in Ochsenzoll leitete, und Frau Prof. Warecka, die die Neurologische Abteilung unter sich hatte.

Die Popsängerin **Nina Hagen** wurde 1976 aus der DDR ausgebürgert. Wolf Biermann war der Lebensgefährte ihrer Mutter.
'Du hast den Farbfilm vergessen'!

Aloise Korbas lebte von 1918 bis 1964 in Psychiatrischen Anstalten. Während ihrer Aufenthalte war sie künstlerisch tätig und Jean Dubuffet erwirkte 1948 die Ausstellung ihrer Werke in der Compagnie de l'Art brut in Paris.

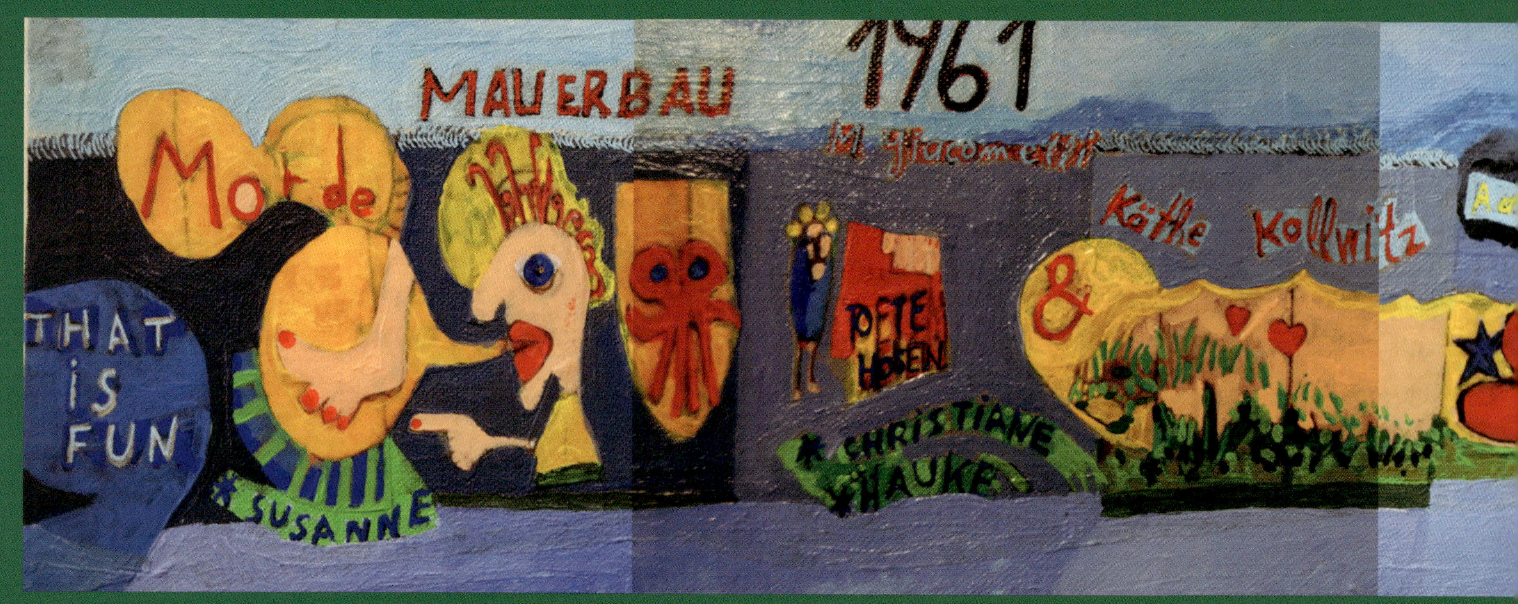
MAUERBAU
1961
THAT is FUN
*SUSANNE
Käthe Kollwitz
&
TOTE HOSEN
*CHRISTIANE HAUKE

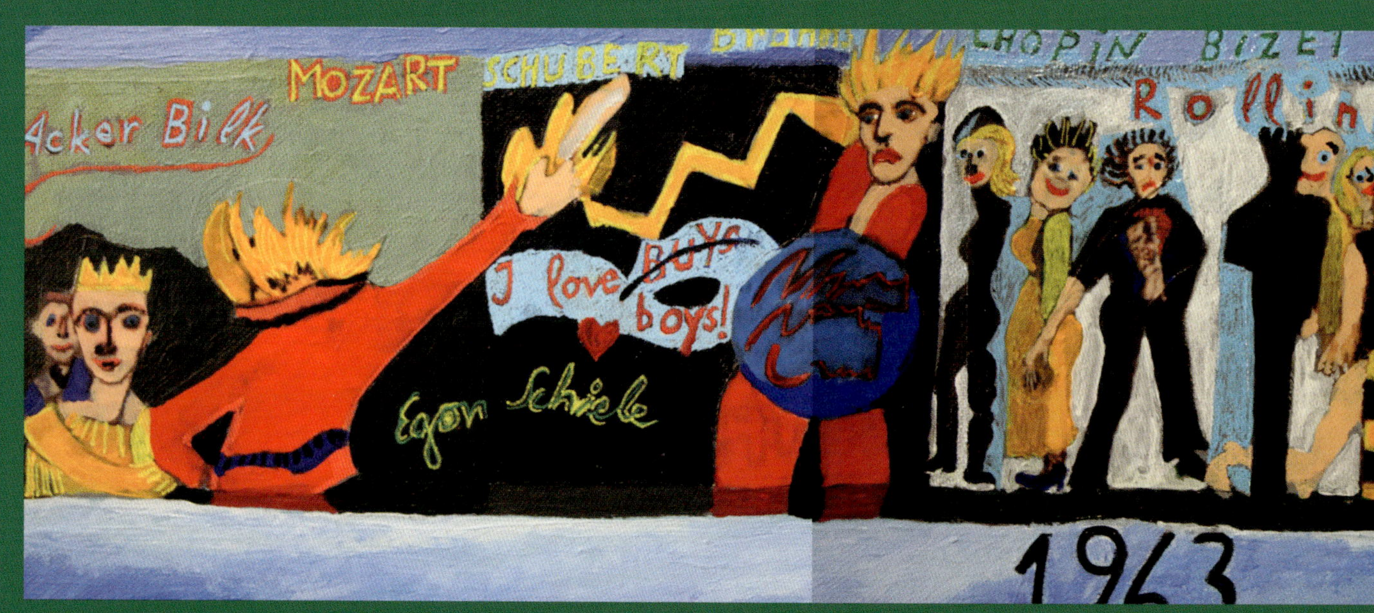
Acker Bilk
MOZART
SCHUBERT
CHOPIN
BIZET
I love BUYS boys!
Egon Schiele
1963

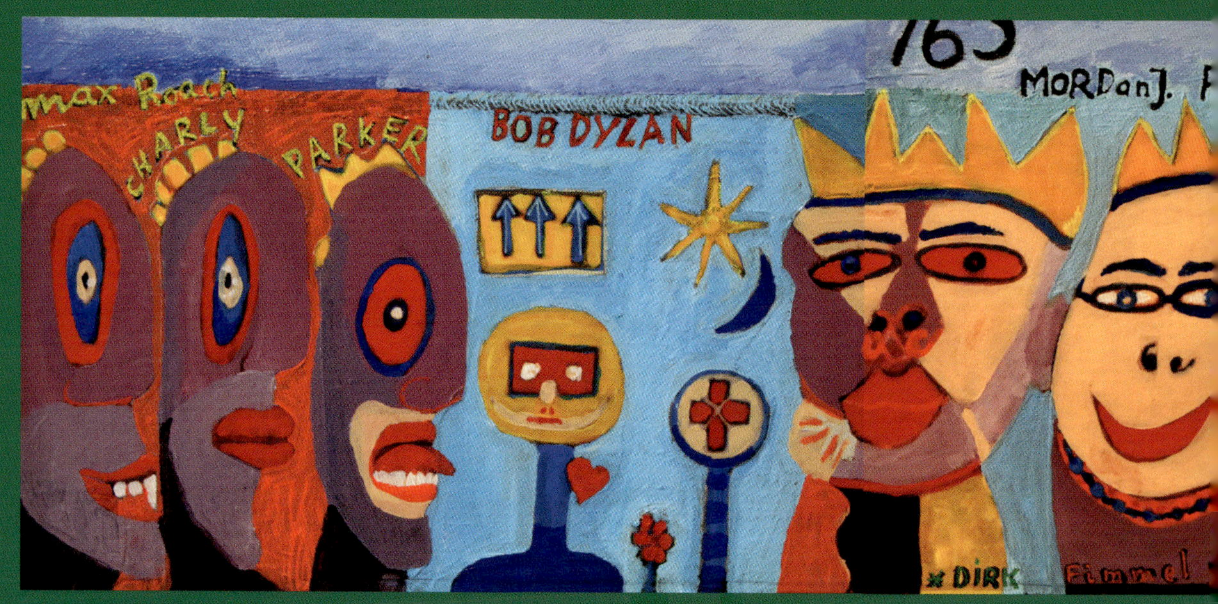
max Roach
CHARLY
PARKER
BOB DYZAN
MORDanJ.
*DIRK

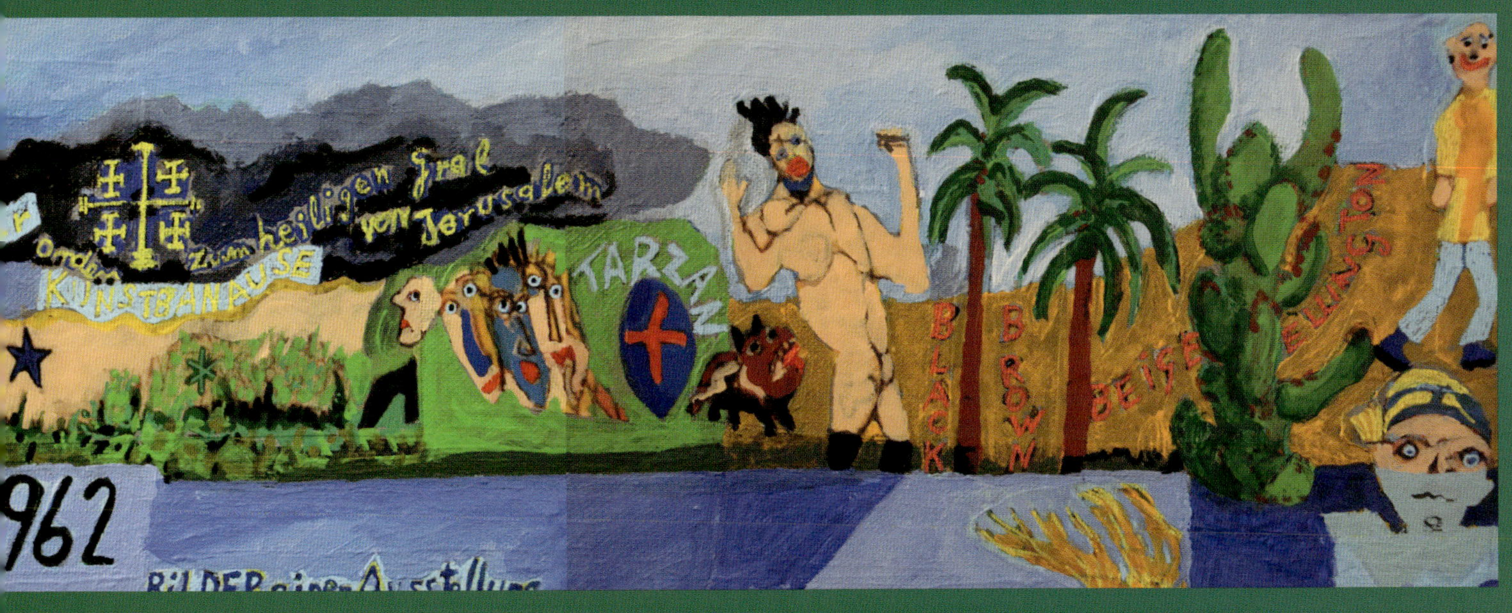

zum heiligen Gral von Jerusalem
KUNSTBANAUSE
TARZAN
BLACK
BROWN
BEIGE
ELLINGTON

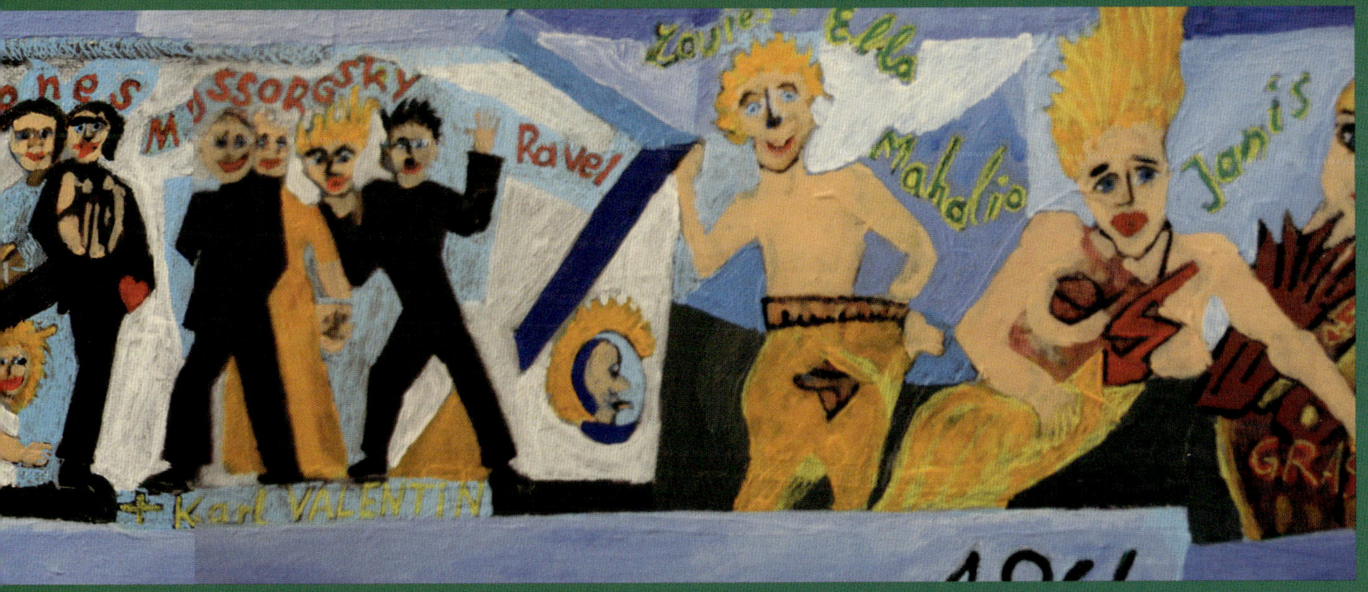

MUSSORGSKY
Ravel
Ella
Mahalia
Janis
+ Karl VALENTIN

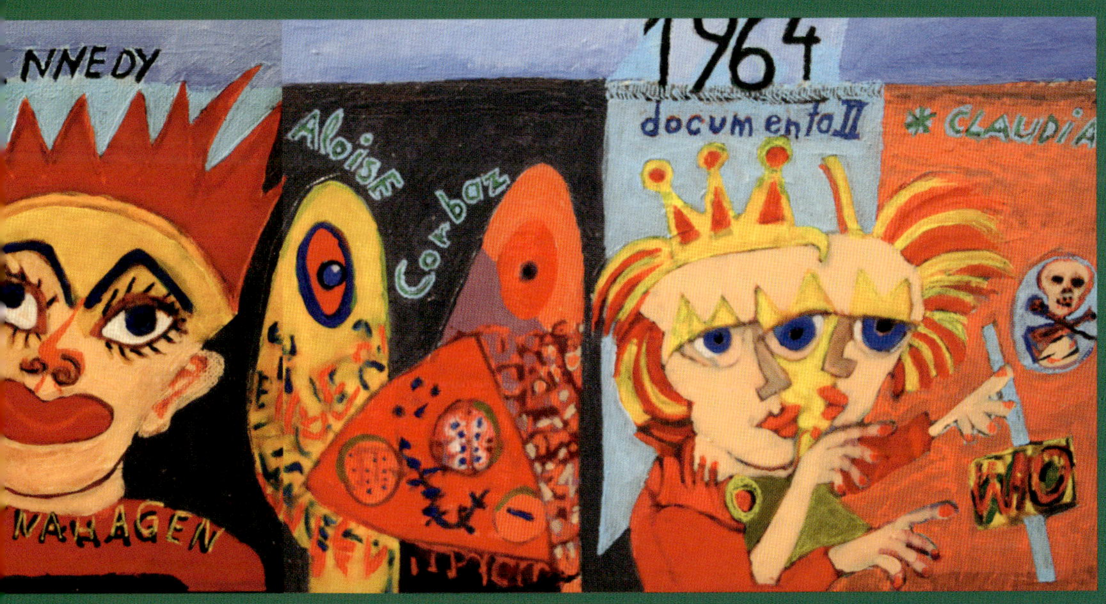

1964
documenta II
* CLAUDIA
Aloise Corbaz

II.

Indonesische Milizen brachten zwischen 500.000 bis zu 3 Millionen Menschen ohne strafrechtliche Aufklärung um. Zu den Staatsfeinden gehörten Kommunisten, Intellektuelle, Studenten, Künstler, Gewerkschaftler, Angehörige der chinesischen Minderheit. Die Verbrechen der Milizen und Militärs wurden nicht aufgeklärt. Die Betroffenen und die Nachkommen erhielten keine Rehabilitation und keine Rente. In dem genannten Zeitraum war **Haji Mohamed Suharto** indonesischer Staatspräsident und mit Mitinitiator der Massaker. Seine prowestliche Gesinnung führte zu wirtschaftlichen Zuwendungen der NATO-Staaten, der Kooperation mit den USA.

Helmut Kohl verband eine lebenslange Freundschaft mit Suharto, der 2008 verstarb. Herr Kohl war von 1973 bis 1998 Bundeskanzler der Bundesrepublik Deutschland. In der Nazi-Zeit war er Mitglied der Hitlerjugend. Auch Herr Carstens, der von 1914 bis 1992 lebte, der von 1933 bis 1939 Jura studierte und 1942 Leutnant und Ordonanz-Offizier war, setzte seine Karriere im politischen Leben trotz seiner Mitgliedschaften in der SA und NSDAP nach Abschluss der Entnazifizierungs-Verfahren in der CDU fort.

Procol Harum wurde 1967 durch Gary Brooker und Keith Reid gegründet. Die Langspielplatte "A Salty Dog" gehörte zu den von mir meist gehörten. 2022 verstarb Gary Brooker, der 1945 in London geboren wurde. Keith Reid, der 1946 geboren wurde, ist bis heute im Rock-Geschäft. Er war bis 2007 Bandmitglied der Rock-Gruppe.

Die Bildhauerin, Medailleurin und Grafikerin **Renée Sintenis** wurde 1888 geboren und verstarb 1965 an ihrer langjährigen Wirkstätte in Berlin. Eine ihrer Skulpturen bereichert die Lübecker Bürgergärten. In der Nazi-Zeit wurden ihre Arbeiten in der Aktion "Entartete Kunst" beschlagnahmt und sie wurde aus der Akademie der Künste ausgeschlossen.

Berta verstarb 1966, sie war bis zu ihrem Tod in Lübeck davon überzeugt, dass ihr Sohn Werner, der Kaiser von China war.

1966 schuf **HAP Grieshaber** seinen Totentanz von Basel.

Mein Totentanz der Kasperpuppen 1964/1965 in Zusammenhang mit Schulabschluss und Berufssuche.

Andrea, Arne und **Heike** wurden 1966 geboren.

Georg Büchner lebte von 1813 bis 1837 und schuf das Bühnenstück "Woyzeck", das ein Fragment blieb, da er 24-jährig an Typhus verstarb. Sowohl das Bühnenstück als auch die von Alban Berg 1921 geschaffene Oper "Wozzeck" sind begeisternd und zeitlos.

Gustav Schwab, der von 1792 bis 1850 lebte, wurde mir im Alter von 10 Jahren bei der Lektüre von "Kampf um Troja" und "Odyssee" geläufig und beliebt. Von den antisemitischen Auffälligkeiten des Schriftstellers, Pfarrers und Gymnasialprofessors und die Kürzungen und Milderungen der grausamen und erotischen Passagen der griechischen Vorgaben wurden mir erst viel später bekannt.

Uwe Johnson verstarb in seinem 50. Lebensjahr in England, der Schriftsteller schuf den Roman "Jahrestage", der mir erst nach seinem Tod geläufig wurde und einen tiefen Einblick in die deutsche Geschichte von der Zeit vor dem Ersten Weltkrieg bis zur Beendigung des Vietnamkrieges 1975 gibt.

Claude Debussy wurde 1862 geboren und wuchs in eher bescheidenen Verhältnissen auf, wurde von seiner Mutter im Lesen, Schreiben und Rechnen unterrichtet und besuchte durch Förderung aus wohlhabenden Kreisen vom 10. Lebensjahr an 13 Jahre das Pariser Konservatorium und zeigte als junger Schüler ein rebellisches Auftreten. Vertraut wurde er mir durch das Stück "Vorspiel zum Nachmittag eines Fauns", erst später lernte ich seine Klaviermusik schätzen.

Paul Wunderlich ist mir durch das Lübecker Kunsthaus vertraut geworden, auch in Zusammenhang mit Horst Janssen und Alfred Mahlau. Die erotischen

Darstellungen und die Fotografien von Karin Székessy zeigen inhaltliche Nähe.

Fast 100 Jahre nach dem Tod von **Marcel Proust** las ich den ersten Band seiner vielseitigen Darstellung "Auf der Suche nach der verlorenen Zeit". Erstmals hatte Hans mir die Lektüre 1964 empfohlen. Bei ihm im Wohnzimmer stand das gesamte Werk von ihm. Er riet mir dringend zu der Lektüre des großen französischen Romanciers und musste erst sehr viel später hören, dass er Proust nicht vollständig gelesen hat. Immerhin habe ich den Versuch unternommen und aufgegeben, nachdem mir die langatmigen Schilderungen und die Bourgeoisie ähnlichen Zustände der Schilderungen nicht zusagten.

Von Lara wurde ich darin 2021 unterstützt, die mir sagte, dass sie als Schullektüre das Buch über die Madelaines von ihm lesen musste und sich überhaupt nicht vorstellen konnte, wie man daran Gefallen finden könnte.

Die Kinderbuchautorinnen **Enid Blyton** (1897-1968) und **Astrid Lindgren** (1907-2002) begleiteten mich mit den 5 Freunden und Pippi Langstrumpf in den ersten Schuljahren und wurden auch Gefährtinnen von Vibke, Janne und weniger von Felix. Für die familiären, sozialen und persönlichen Auffälligkeiten der Autoren hätte ich mich auch kümmern sollen, um ein distanzierteres Verhalten gegenüber ihnen zu entwickeln. Eine einzelne Biografie ist in aller Regel dazu nicht ausreichend. Immerhin konnte ich einer Biografie über Lindgren Aspekte bezüglich der Kriegsjahre und den Interaktionen zwischen Dänemark, Deutschland und Schweden erkennen.

Wer kennt sie nicht? Asterix, Obelix, Majestix, Miraculix, Troubadix, geschaffen von **René Goscinny** (1926-1977) und **Albert Uderzo** (1927-2020). Das weibliche Geschlecht ist anfangs relativ unterrepräsentiert, selbst Gutemine habe ich im ersten Band nicht gefunden! Nach dem Ersterscheinen der Geschichten 1959 bis zum Band 25 (1980) habe ich die Geschehnisse verfolgt, wenngleich sie in meiner Erinnerung nur wenig verankert sind.

Roman Polanski wurde 1933 als Raymond Thierry Liebling geboren. Seine Schwarzweiß-Filme begeisterten mich genauso wie Rosemarys Baby, Tanz der Vampire und Chinatown. Nach seiner Verfolgung durch die Nazis während des Zweiten Weltkriegs wird er nun seit 1977 in den USA verfolgt, es lohnt sich, die Dokumentation davon als Film zu sehen.

August Strindberg lebte von 1849-1912. Der Dramatiker wurde mir von Hans zum Lesen empfohlen, der zu den Dramen von ihm eine besondere Beziehung hatte. Später interessierten mich die psychotischen Störungen von ihm und die biografischen Ereignisse zwischen 1900 und 1904 finden sich in der Biografie von Harriet Bosse dargestellt. Interessant auch die Einflüsse von Nietzsche, Kierkegaard und Balzac.

1965 verstarb **Rudolf**, der große Schwerenöter, der landwirtschaftliche Arbeit und Hafenarbeit und einige Frauen kannte. Er starb 78jährig im Landeskrankenhaus Neustadt/Holstein, nachdem er ein schweres hirnorganisches Psychosyndrom entwickelt hatte.

Karl Jaspers verfasste die Allgemeine Psychopathologie und machte sich dafür stark, dass Völkermord nicht verjähren darf. Für mich spielte er ab 1964 eine gewichtige Rolle, da ich mich psychiatrisch mit der Psychopathologie auseinandersetzte und seine kritische Auffassung gegenüber Siegmund Freud wahrnahm. Seine positive Verbindung zum Gedankengut von Friedrich Nietzsche frappierte mich und bereits frühzeitig erkannte ich für mich, dass verhaltenstherapeutische Auffassungen in der Psychiatrie wegweisend sind.

Willi Sitte lebte von 1921-2013, seine Lebensgeschichte ist geprägt von Auseinandersetzungen mit Nazi-Deutschland. Nach dem Krieg war der Maler und Grafiker lange Präsident des Verbandes Bildender Künstler der DDR. 2001 wurde er zum korrespondierenden Mitglied der europäischen Akademie der Wissenschaften, der Kunst und der Humanität in Paris gewählt. 2003 erfolgte die Gründung der Willi-Sitte-Stiftung, 2008 erhielt er in Italien eine Ehrenbürgerschaft, da er sich nach seiner Desertion aus der Wehrmacht den Partisanen anschloss.

Mit **Fjodor Dostojewski** beschäftige ich mich seit dem 16. Lebensjahr. Seine tiefe Menschlichkeit und Schilderung von Charakteren in seinen Romanen weisen eine detaillierte Beschäftigung mit dem Sein und der menschlichen Psyche auf.

Die Werke von **Vincent van Gogh** begleiteten mich seit der Kindheit und nach dem Abitur führte mich eine Reise mit Hans-Peter im Mercedes seines Vaters nach Holland und in das Kröller-Müller Museum.

Arbeiten von **Gerd Winner** lernte ich 1981 in Leverkusen kennen, die mich sehr beeindruckten. Wir machten in Leverkusen Halt, nachdem wir die Westkunst in Köln besucht hatten.- Auf der Weiterfahrt machten wir in Düsseldorf Halt und ich konnte Hans in einem katholischen Krankenhaus besuchen. Er lag dort zum Sterben in einer Abstellkammer. Ich befeuchtete ihm die Lippen, was er noch dankbar wahrnehmen konnte, ohne Kontakt aufnehmen zu Können.

Ernst Barlach ist mir aus dem Bücherschrank meiner Mutter und der Schulzeit, insbesondere durch Walter Jahn bekannt und geläufig, auch seine Figuren an der Front der Katharinenkirche in Lübeck sind bewundernswert.

1967 wurde die **erste Herzverpflanzung** durch **Christiaan Barnard** durchgeführt, nachdem die Herztransplantation wegen vieler Misserfolge ins Abseits geraten war, ist die Operation als etabliertes Therapieverfahren anzusehen und die 5-Jahres-Überlebensrate hat sich auf ca. 70% erhöht.- In jenem Jahr wurden Edna und Hajo volljährig.

Im Juni 1967 wurde **Benno Ohnesorg** während einer Demonstration gegen den Schah durch den Polizisten Karl-Heinz Kurras ermordet.

Im selben Jahr wurde **Markus** geboren.

Der Maler **Otto Nagel** verstarb 1967, er war 1894 geboren worden und trat 1912 in die SPD ein, war als Kriegsdienstverweigerer im Straflager Wahn bei Köln. Er war befreundet mit Erwin Piscator, Käthe Kollwitz und Heinrich Zille. Einen Tag nach seiner Wahl zum Vorsitzenden des Reichsverbandes der Bildenden Künstler Deutschlands wurde jene von den Nazis annulliert und nach Hausdurchsuchungen und Inhaftierung erhielt er Malverbot wegen seiner entarteten Kunst. Von 1956 bis 1962 war er Präsident der Akademie der Künste der DDR.

Die Rockband **Led Zeppelin** existierte von 1968 bis 1980. Die Band löste sich nach dem Tod des Schlagzeugers John Bonham 1980 auf. Der Gitarrist Jimmy Page ist ein gefragter Studiomusiker. Der Titel "Whole Lotta Love" ist ganz besonders. Robert Plant war Leadsänger von Led Zeppelin und begann 1982 seine Solokarriere. Wem ist "Stairway To Heaven" nicht bekannt?

1968 endet der **Prager Frühling** mit dem Einmarsch russischer Panzer in Prag.

Rudi Dutschke wurde durch Proteste gegen den Vietnam-Krieg, gegen die Militärinvasion der USA in der Dominikanischen Republik, gegen die Notstandsgesetze, gegen den Schah von Persien und gegen Springer bekannt. 1968 wurde er durch einen Hilfsarbeiter mit Kontakten zu einer Neonazi-Gruppe schwer verletzt. Jener traf ihn zweimal in den Kopf und einmal in die linke Schulter. Die Bild-Zeitung hatte Dutschke als linken Rädelsführer bezeichnet. Dutschke konnte sich nach der Genesung hinreichend erholen, aber erst Mitte 1973 promovieren. – Er starb 1979 durch Ertrinken bei einem epileptischen Anfall in seiner Badewanne. Der Anfall war Spätfolge seiner Hirnverletzung.

Kennenlerntage sind Tage, die man sich in seinem Kalender und in seiner Biografie merken sollte, insbesondere wenn sich daraus Folgen ergeben.

1968 wurde **Martina** geboren.

Bienstengel ist falsch geschrieben und soll wahrscheinlich **Bierstengel** bedeuten, worunter man stangenförmiges Gebäck, bestrichen mit Ei und grobem Salz und Kümmel bestreut meint.

Zu **Ungenfritz** fällt mir nichts ein und habe auch nichts mehr dazu gefunden.

Montaigne lebte von 1533-1592 und ist der Erfinder der Essays. Er war Philosoph und Humanist und ab 1554 Bürgermeister von Bordeaux. Seine autobiografischen Ausführungen zu seinen Reisen durch Deutschland und nach Italien sind wunderschön und seine philosophischen Gedanken zum Tod und zur Angst regen zum Nachdenken an. Die Beziehungen von ihm zu Henri IV wurden mir erst bewusst, nachdem ich das umfassende Werk von Heinrich Mann über ihn gelesen hatte.

Die Einspielungen der Klaviersonaten von Beethoven über **Wilhelm Backhaus**, der von 1884-1969 lebte, sind nach meinem Empfinden die gelungensten und auch den Einspielungen von **Wilhelm Kempff** durchaus überlegen. Bei seinem letzten Konzert spürte Backhaus, dass der Tod ihm nahe bevorstand und änderte unter diesem Gefühl das Programm des Abends.

Otto Dix wurde 1891 geboren und entwickelte bereits als Kind den Wunsch, Maler zu werden, er sah sich selbst als Arbeiterkind und machte eine Ausbildung zum Dekorationsmaler. Er besuchte nach Abschluss der Lehre bis 1914 die Kunstgewerbeschule in Dresden. Der 1. Weltkrieg führte ihn zu Bildern des Kriegsgeschehens und machte ihn zum Kriegsgegner. 1937 wurden seine großartigen Bildwerke wegen gemalter Wehrsabotage zur entarteten Kunst. Nach dem Krieg erfolgten Ehrungen in der BRD und DDR.

Das Buch "Aggression" von **Friedrich Hacker**, der von 1914-1989 lebte, schenkte mir Hans. Hacker flüchtete 1938 vor den Nazis in die Schweiz, beendete sein Medizinstudium dort und wurde in den USA Psychiater, Psychoanalytiker und Aggressionsforscher. Er starb während einer Fernsehdiskussion beim ZDF über die rechtspopulistische Partei "Die Republikaner". Er ruht auf dem Wiener Zentralfriedhof.

Bei **Kurt Fleischhauer**, Neuroanatom 1962-1968 in Hamburg-Eppendorf, hörte ich seine Vorlesungen, die er didaktisch hervorragend vortrug und dabei auf die Genese des Zentralen Nervensystems einging.

1970 **Absturz Apollo 13**. Zum Glück überlebten alle Besatzungsmitglieder.

Der Sexualforscher **Hansernst Friedrich Giese** wurde 1920 geboren und gründete 1949 das Institut für Sexualforschung. Sein Antrag auf Habilitation wurde von der Universität Frankfurt wegen seiner Homosexualität abgelehnt. Nach seiner Umsiedlung nach Hamburg konnte er sich an der Universität Hamburg Eppendorf habilitieren und sein Institut für Sexualforschung wurde dort integriert. Er leitete es bis zu seinem Tod 1970. Er trat vehement für die Abschaffung des Paragraphen 175 StGB ein. Bei der scheibchenweisen Abänderung des Paragraphen 175 haben sich die Politiker der BRD nicht mit Ruhm bekleckert.

Gürich und **Niedobitek** waren Pathologen an der Medizinischen Akademie Lübeck. Von ihnen holte ich frisches Gehirn, um daraus hirnspezifisches Alpha-2-Glykoprotein zu isolieren. Bei ihnen besuchte ich 1971 den pathologisch-anatomischen Demonstrationskurs.

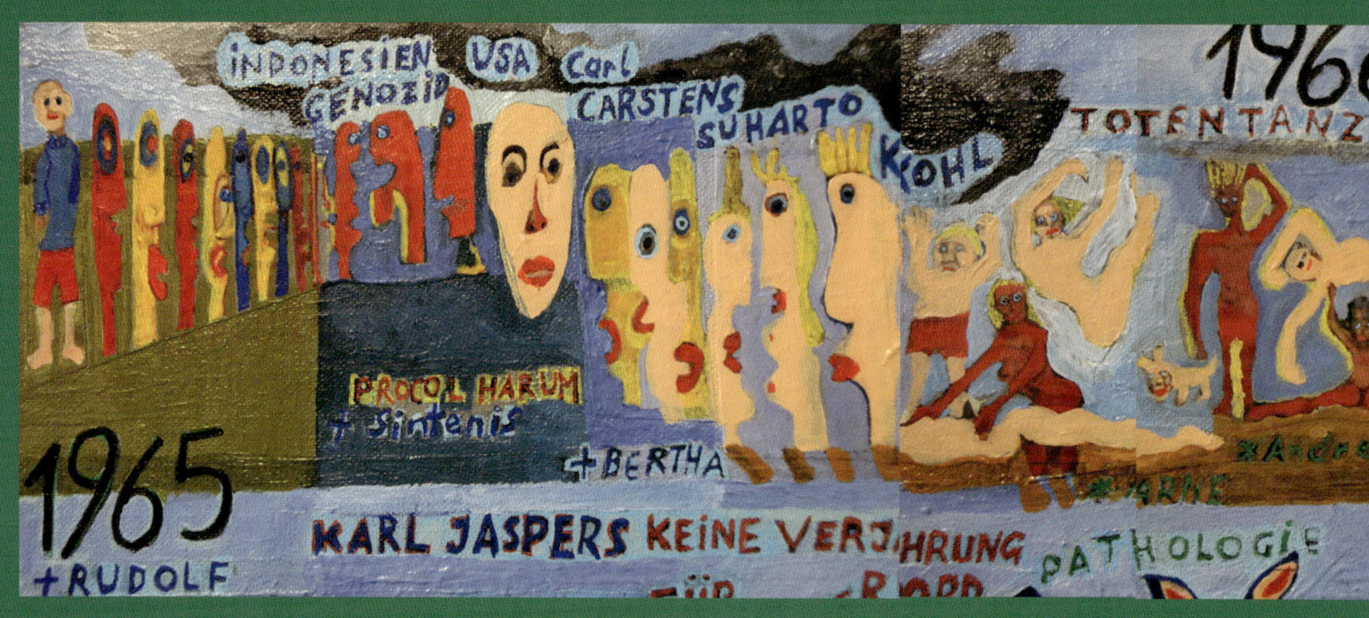

INDONESIEN GENOZID
USA
Carl CARSTENS
SUHARTO
KOHL
TOTENTANZ
PROCOL HARUM
+ Sintenis
+ BERTHA
1965
+ RUDOLF
KARL JASPERS KEINE VERJ
HRUNG
PATHOLOGIE

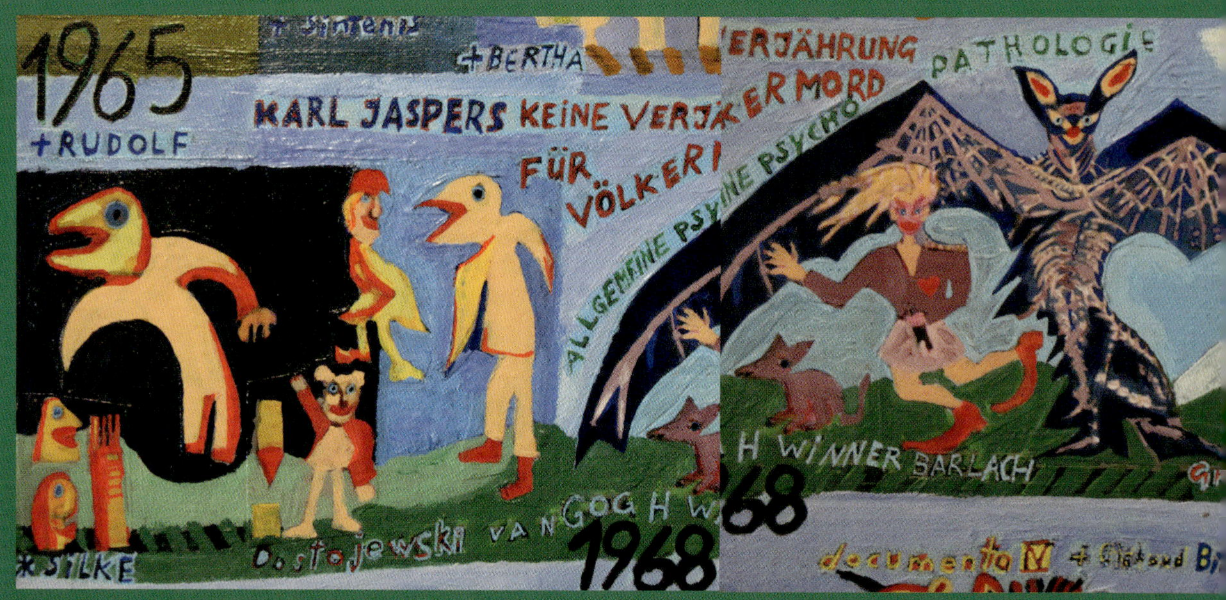

1965
+ RUDOLF
KARL JASPERS KEINE VERJÄ
ERJÄHRUNG
ER MORD
PATHOLOGIE
FÜR
VÖLKER
ALLGEMEINE PSY
NE PSYCHO
H WINNER BARLACH
* SILKE
Dostojewski
VAN GOGH
1968
documenta IV

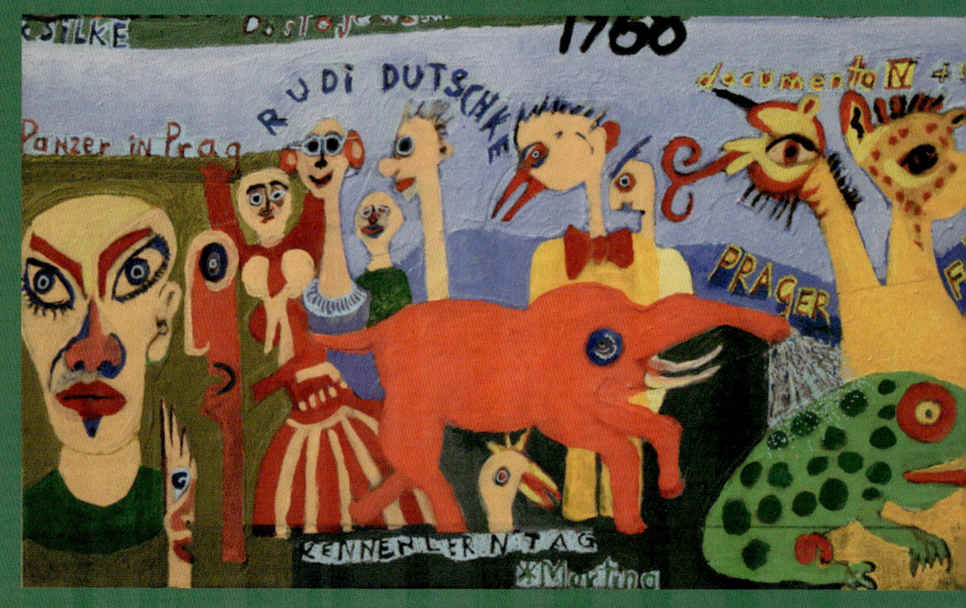

RUDI DUTSCHKE
Panzer in Prag
documenta IV
PRAGER
KENNENLERNTAG
* Martina

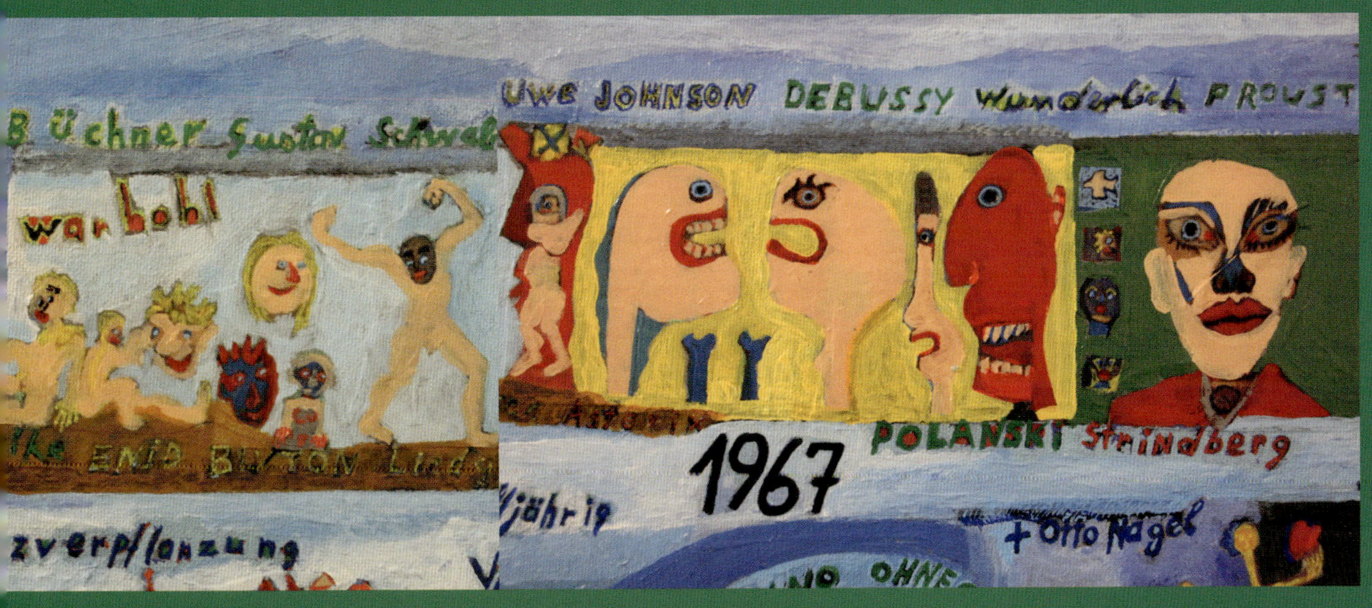
UWE JOHNSON
DEBUSSY
wunderlich
PROUST
warhohl
1967
Strindberg
+ Otto Nagel

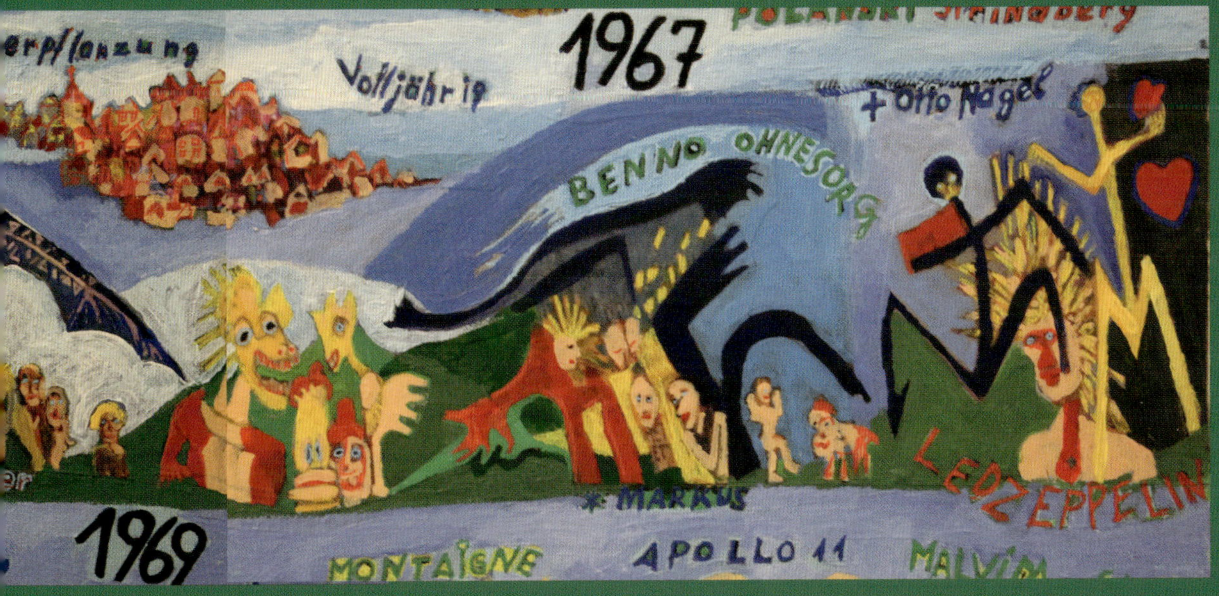
1967
Volljährig
BENNO OHNESORG
+ Otto Nagel
LEDZEPPELIN
* MARKUS
1969
MONTAIGNE
APOLLO 11

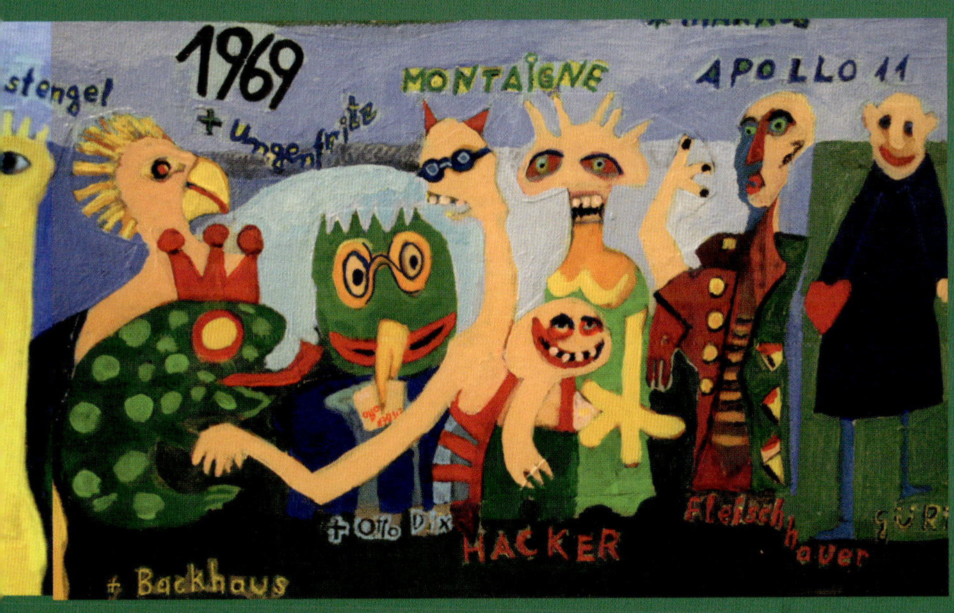
stengel
1969
MONTAIGNE
APOLLO 11
+ Otto Dix
HACKER
+ Backhaus

III.

Willy Brandt, der 1913 in Lübeck geboren wurde, war von 1969-1974 Bundeskanzler, nachdem er zuvor von 1966-1969 Außenminister und Vizekanzler in der Großen Koalition war. Seine Politik führte zur neuen Ostpolitik durch Wandel, durch Annäherung, er führte Gespräche mit Willy Stoph in Erfurt, konzipierte den Moskauer Vertrag, der am 12. August 1970 in Moskau von ihm und der Sowjetunion unterzeichnet wurde. Im Rahmen der Entspannungspolitik erfolgte die Unterzeichnung des Warschauer Vertrages mit Anerkennung der Oder-Neiße-Grenze. Es folgte der Grundlagenvertrag mit der DDR, der im Dezember 1972 unterzeichnet wurde. Diese Politik führte zur Wiedervereinigung. "Jetzt wächst wieder zusammen, was zusammengehört".
Gorbatschow und ihm sind der Fall der Berliner Mauer zu verdanken.

Klaus Staeck wurde 1938 geboren, ist ein linkspolitischer Grafiker, der engagiert Kunstaktionen durchführte und auf der Documenta 5-8 mit seinen Werken vertreten war. Seine künstlerische Tätigkeit ist vergleichbar der von Goya, Daumier, Gulbransson, Heartfield und weiteren Künstlern, die karikaturistisch tätig waren und sind. Wulf und ich konnten ihn auf der Documenta 7 und 8 bei der Arbeit beobachten. Seine Postkarten, die ich bei ihm kaufte, erfreuen mich bis heute. Sie sind bei **Steidl** in Göttingen gedruckt worden.

Anton Räderscheidt wurde 1892 geboren, besuchte die Kölner Kunstgewerbeschule, bevor er an die Kunstgewerbeschule und Kunstakademie Düsseldorf wechselte. Er war Gründer der Gruppe 32, in der auch **Danninghausen** tätig war. 1937 wurden seine Arbeiten als entartete Kunst diffamiert und aus öffentlichen Sammlungen beschlagnahmt und zerstört. Er flüchtete nach Frankreich und wurde dort als unerwünschter Ausländer im Internierungslager festgehalten. Nach seiner Flucht in die Schweiz kehrte er 1947 nach Paris zurück.

Heinrich Maria Danninghausen wurde 1894 geboren und verstarb 1970, auf dem Bild hat sich ein Fehler eingeschlichen, er gehört zu den Künstlern, die ins Exil gehen mussten, das die Nazis der Kunst der Berliner Novembergruppe für entartete Kunst hielten. Wie andere Künstler floh er nach Frankreich und wurde dort im Lager von Les Milles interniert, konnte von dort fliehen und blieb nach Kriegsende bis zu seinem Tod 1970 in Südfrankreich.

Fred Dolbin war ein österreichischer Pressezeichner, betätigte sich nach seinem Studium an der TH Wien als Illustrator in Berlin. Er wurde 1933 von den Nazis wegen seiner jüdischen Herkunft aus der Reichspressekammer ausgeschlossen und erhielt Berufsverbot, emigrierte dann in die USA.

Nachdem das Honnefer Modell 1955 für Studenten ins Leben gerufen wurde, erfolgte 1971 die Umwandlung in Berufsaus-bildungsförderungsgeld **Bafög**, jenes musste nicht mehr zurückgezahlt werden.

1971 outeten sich 374 Frauen, dass sie abgetrieben haben, um damit gegen den Paragraphen 218 und für Wunschkinder einzutreten. Sie forderten das **Recht auf legale Abtreibung**.

Otto Griebel war ein Maler der neuen Sachlichkeit und ein Mitglied des revolutionären Arbeiter- und Soldatenrates. Er gehörte der Dresdener Dada-Gruppe an und hatte Freundschaften zu George Grosz und John Heartfield. 1933 wurde er vom NS-Regime verhaftet und sein Werk gehörte zur entarteten Kunst. Seine Werke wurden beschlagnahmt und vernichtet. Nach dem 2. Weltkrieg war er bis 1960 an der Kunsthochschule Dresden tätig, dort hatte er nach der Lehre zum Dekorationsmaler die Königliche Zeichenschule und die Kunstgewerbeschule Dresden besucht.

Die **Sendung mit der Maus** 1970 erfolgte im März 1971 als Erstausstrahlung in der ARD. Ab 1972 erfolgte die Ausstrahlung unter "Die Sendung mit der Maus". **Peter Lustig** ist mit ihr verbunden. Vibke, Janne und Felix haben die Sendungen genossen.

Hans Prinzhorn war Psychiater und Kunsthistoriker und beschäftigte sich mit der Bilderwelt psychisch Kranker. Er promovierte 1908 in München, wo er zuletzt Kunstgeschichte und Philosophie studierte. Nachdem er während des 1. Weltkrieges einem Militär-Chirurgen assistierte, studierte er Medizin und promovierte 1919 in Heidelberg, wo er als Assistent der Psychiatrischen Universitätsklinik Bildwerke Geisteskranker, die Emil Kraepelin gesammelt hatte, erweiterte. Seine "Bildnerei der Geisteskranken" ist bis heute lesenswert und zeigt in vielen Richtungen die Auffälligkeiten, die pathognomonisch für Geisteskranke sind, auf.

Die Kuratorin **Inge Jády** war für die Konservierung und Katalogisierung der Sammlung zuständig. Sie wurde 2001 Leiterin des Prinzhorn-Museums.

Im Zuge der Entspannungspolitik zwischen der **BRD und DDR** wurden die Staaten **1973 Mitglieder der UN**, bis dahin waren beide Staaten nach der UN-Charta Artikel 53 und 107 als Feindstaaten eingestuft.

1970 kam es zur ersten **Hausbesetzung** der Bundesrepublik in **Frankfurt**, nachdem Spekulanten in den 1960er Jahren Gründerzeitvillen im Frankfurter Westend kauften, sie verfallen ließen, um nach dem völligen Abriss Bürotürme zu bauen.

1970 gründete **Ulrike Meinhof** gemeinsam mit **Andreas Baader**, **Gudrun Ensslin** und **Horst Mahler** die **Rote-Armee-Fraktion**, die auch unter dem Namen Baader-Meinhof-Bande bekannt war. Unter ihren Anschlägen finden sich 33 Morde und über 200 Verletzte. Aus der Gruppe selbst ließen 27 Mitglieder und Sympathisanten ihr Leben. Das letzte Mitglied der RAF wurde im Juni 2011 aus der Haft entlassen, nach vier RAF-Mitgliedern wird bis heute gefahndet, drei Mitglieder gelten als vermisst. Die Gründung der RAF wird verstehbar aus der Betrachtung des Nationalsozialismus und dessen Folgen, aus der US-amerikanischen Bürgerrechtsbewegung und dem Vietnamkrieg und dessen Folgen und der Unzufriedenheit über die Situation in der BRD. Die Stadtguerilla in Form der RAF löste sich 1998 auf.

Florian und Julian wurden 1972 und 1974 geboren.

Der Maler und Grafiker **Reinhold Nägele** wurde 1884 geboren, besuchte die Kunstgewerbeschule in Stuttgart und war 1910-1911 Stipendiat in München. Er war Mitbegründer der Stuttgarter Sezession, seine Vereinigung Freunde schwäbischer Grafik wurde 1937 unter den Nazis aufgelöst, da er sich weigerte, Künstler jüdischer Abstammung aus der Gruppierung auszuschließen. Er erhielt Berufsverbot und emigrierte mit der Familie über Paris und London nach New York. Er kehrte 1963 nach Deutschland zurück und verstarb 1972.

1886 wurde der spätere Bildhauer **Rudolf Belling** geboren. Nach seinem Schulabschluss war er als Lehrling in einer kunstgewerblichen Werkstatt tätig und machte anschließend eine Fortbildung auf einer Handwerkerschule. In der tierärztlichen Hochschule Berlin besuchte er Anatomie-Vorlesungen, besuchte Abendkurse in Zeichnen und Modellieren. Er war dann mit einem Atelier für Kleinplastik selbstständig und arbeitete ab 1910 als Bühnenarbeiter. Durch diese Tätigkeit wurde er Peter Breuer bekannt, der ihm ein eigenes Schüleratelier als Meisterschüler zur Verfügung stellte. Unter den Nazis wurde er 1933 zum entarteten Künstler. 1935 erhielt er einen Lehrauftrag in New York, 1936 wurde er Leiter einer Klasse für Bildhauerei in Istanbul und emigrierte 1937 dorthin. Er hielt dort bis 1952 Vorlesungen in der Kunstakademie. 1966 kehrte er zurück und starb 1972.

Hubert Feiereis wurde 1925 geboren und leitete von 1974-1992 die Klinik für Psychosomatik und Psychotherapie in Lübeck. Zuvor war er unter Professor Kleinschmidt Leiter der Inneren Abteilung für Psychosomatik. Bei ihm hörte ich 1970 "Psychosomatische Medizin mit Übungen" und 1971 "Medizinische Klinik" und nahm 1971/1972 an einem Kursus der Elektrokardiographie teil. 1973/1974 leistete ich meine Medizinalassistentenzeit an der 2. Medizinischen Klinik der MHL ab. Als er von meiner Promotionsarbeit hörte, bat er mich, einen Vortrag darüber zu halten.

Während dieser Zeit lernte ich auch **Eberhard Wilke** kennen, bei dem ich Zugang zum Katathymen Bilderleben gewann und den ich später bei der Gründung der Curtius-Klinik den Krankenversicherungen gegenüber als Gutachter unterstützte. Aus der Zeit von 1972 und die folgenden Jahre stammen auch meine Kontakte zu Günter Jantschek, Herrn Langner, Wolfgang Schneider, Professor Leuner und Professor Thilo.

Gerd Iversen studierte Medizin in Hamburg und München und wurde 1939 promoviert. Von 1940-1945 war er als Mitglied der Waffen-SS ärztlich in der Sowjetunion tätig. Ab 1965 war er geschäftsführender Arzt der Ärztekammer Schleswig-Holstein. Bei ihm nahm ich an einer psychotherapeutischen Fortbildung in Segeberg teil. Ebenso wie Iversen war auch **Professor Thilo** in Hitler-Deutschland Nationalsozialist. Er war als Seelsorger und Psychoanalytiker und Pastor an der Marienkirche in Lübeck tätig. Er leitete eine Balint-Gruppe, an der ich teilnahm.

Hanscarl Leuner lernte ich auf Veranstaltungen der Kurse und Fortbildungen im katathymen Bilderleben kennen. Er wurde 1919 geboren und studierte 1939-1946 Medizin, machte nach dem Studium eine Lehranalyse und arbeitete in einer Psychiatrischen Klinik. Nach seiner Habilitation arbeitete er im Bereich der Psychosomatik und Psychotherapie in Göttingen, aus der 1975 eine eigenständige Abteilung für Psychosomatik und Psychotherapie wurde, die er bis zu seiner Emeritierung 1985 leitete.

Der arabisch-israelische Konflikt besteht seit der Gründung des Staates Israel. Vom 6. bis 25.10.1973 kam es zum vierten arabisch-israelischen Krieg. Bleibt zu hoffen, dass die Konflikte sich nicht erneut zu einem Krieg entwickeln. In der Folge des **Jom-Kippur-Krieg**es kam es zu der Ölkrise. Hier wird die enge Verbindung der USA zu den voraufgehenden Kriegen sehr deutlich.

Professor Jatho, der aus Köln kam, leitete bis zu seiner Emeritierung die Lübecker Klinik für HNO. Als Medizinalassistent arbeitete ich 1973 unter ihm und durfte in der kurzen Zeit kleinere operative Eingriffe unter Assistenz eigenverantwortlich durchführen, da ich über ein besonderes manuelles Geschick und besondere Umsicht verfügte. Auch konnte ich die Fähigkeiten von Professor Jatho am Operationstisch beobachten, der verschiedene Techniken, insbesondere in der Hals-Chirurgie entwickelt hatte. – Eine bösartige internistische Zunge schwor darauf, dass er schizophren war. Diese Feststellungen sind unhaltbar und ich konnte während der Tätigkeit und auch im Zusammenhang meiner wachsenden Erfahrungen in der Psychiatrie im Rückblick nie feststellen, dass er psychisch krank war. – Er brachte mir aus der Pathologie ein Präparat des Felsenbeins mit und beauftragte mich, das Innenohr zu präparieren, was mir auch gelang. Fast hätte ich mich entschlossen, eine HNO-ärztliche Ausbildung zu machen und als Assistent an die HNO-Klinik in Lübeck zurückzukehren.

Vorausgehend zum Studium hatte ich unter Vermittlung von meinem Klassenkameraden Michael A. ein Krankenpflege-Praktikum in der Voss'schen Klinik für Orthopädie durchgeführt. Dort durfte ich auch im Operationssaal beim Anlegen der so genannten **Voss'schen Hängehüfte** klein und groß zuschauen. In der Klinik spendierte mir ein Patient ein Münchener Weizenbier, das mir sehr gut schmeckte.

Professor **Henner Völkel** wurde 1916 geboren, er verstarb am 21.05.2008 und war bis zu seiner Emeritierung Leiter der Klinik für Psychosomatik und Psychotherapie in Kiel. Bei ihm hörte ich mehrere Vorträge bei den Norddeutschen Psychotherapie-Tagen in Lübeck.

Iver Hand wurde 1941 geboren, studierte in Kiel Medizin und durchlief mit Stipendium der Deutschen Forschungsgemeinschaft von 1971-1974 eine verhaltenstherapeutische Ausbildung. Er gründete an der Universitätsklinik Hamburg-Eppendorf den Bereich Verhaltenstherapie. 1982 lernte ich ihn auf einer Fortbildung bei den Norddeutschen Psychotherapie-Tagen kennen. Unter seinen Ausführungen verstärkte sich meine Auffassung, dass das einzige Verfahren mit nachgewiesener Wirksamkeit die Verhaltenstherapie ist.

Jasper Johns gilt als einer der Wegbereiter der Popart, obwohl seine Werke eine sichere Zuordnung zu der Stilrichtung nicht zulassen. Er war mehrfach auf der Documenta vertreten und neben Gemälden und Lithographien entstanden plastische Werke.

Werner Tübke lebte von 1929-2004, er war Maler und Grafiker und zählte neben Bernhard Heisig, Wolfgang Mattheuer und Heinz Zander zur Leipziger Schule. Letztendlich schuf er ab 1973 einen hintergründig philosophischen Bilderreigen, der 1987 beendet wurde. Bilder von ihm waren auch in der Ausstellung im Museumsquartier in Lübeck 2021 unter dem Titel "Perspektivwechsel" zu sehen.

Der 37. Präsident der USA, **Richard Nixon**, wurde 1913 geboren und verstarb 1994. Er trat vom Präsidentenamt, das er 1969 angetreten hatte, 1974 zurück, um einer drohenden Amtsenthebung zuvorzukommen. Zu der drohenden Amtsenthebung war es durch die Watergate-Affäre gekommen. Er stolpert über sein Lügengeflecht, das auch von Henry Kissinger unterstützt wurde.

Der Spionagefall **Günther Guillaume**, der von 1927-1995 lebte, führte zum Rücktritt von Willy Brandt, der dem Grunde nach nicht notwendig gewesen wäre.

Seit 1974 gibt es in der **Verkehrssünderkarte**i ein Punktesystem.

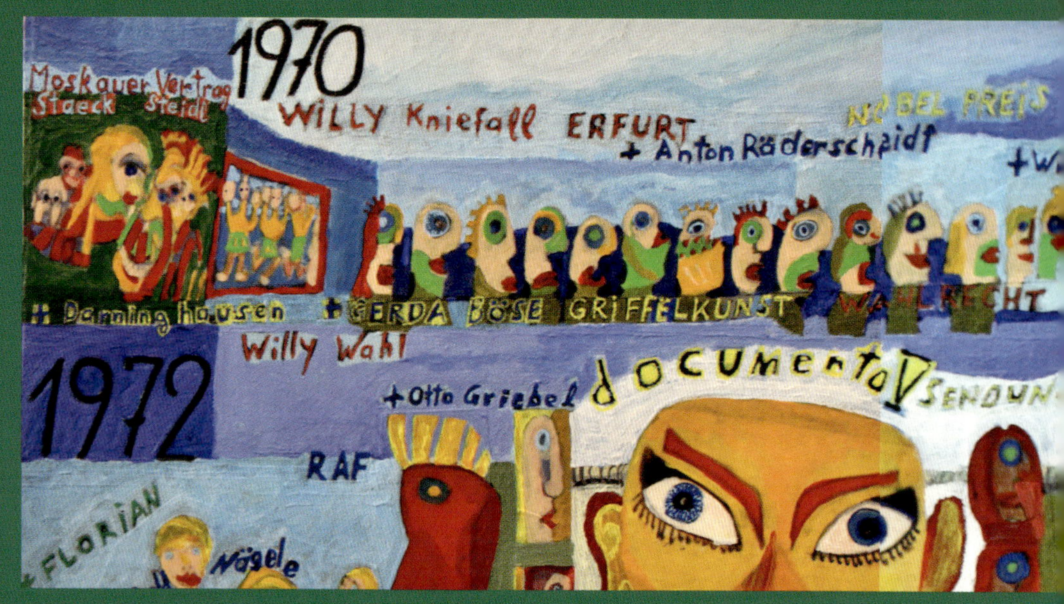
1970
Moskauer Vertrag
WILLY Kniefall
ERFURT
+ Anton Räderscheidt
+ GERDA BÖSE
GRIFFELKUNST
1972
Willy Wahl
+ Otto Griebel
documenta V
RAF
FLORIAN
Nägele

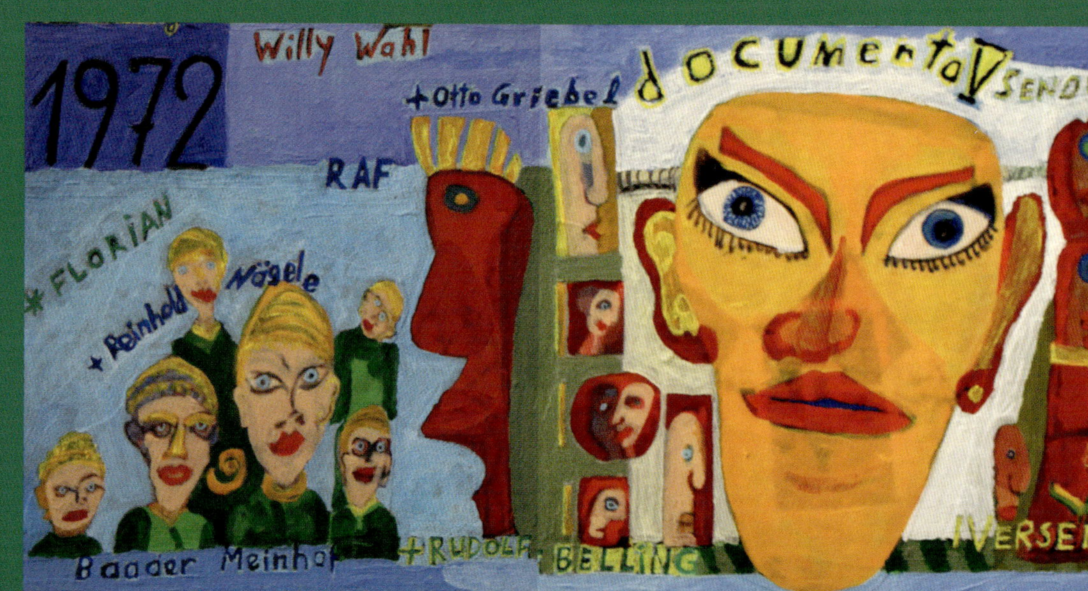
1972
Willy Wahl
+ Otto Griebel
documenta V
RAF
+ FLORIAN
+ Reinhold
Nägele
Baader
+ RUDOLF BELLING

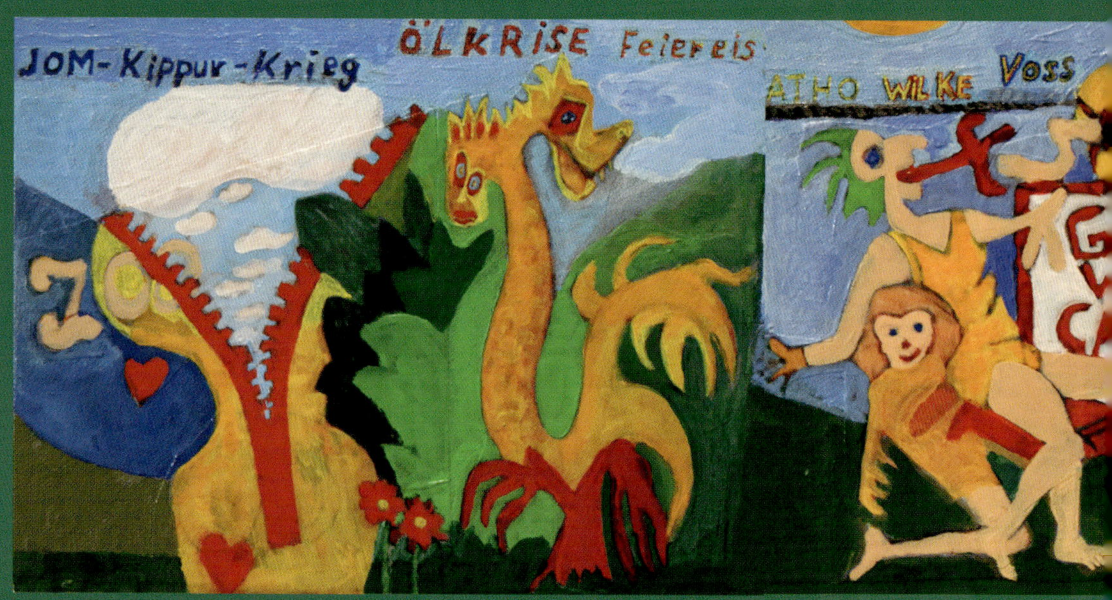
JOM-Kippur-Krieg
ÖLKRISE
Feiereis
WILKE
Voss

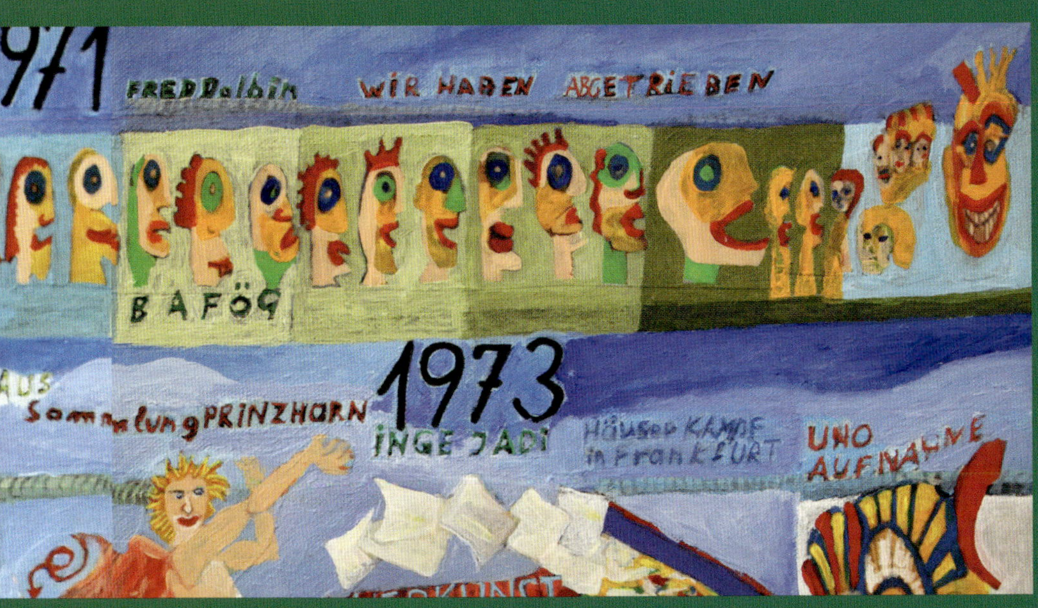
1971
WIR HABEN ABGETRIEBEN
BAFÖG
1973
Sammlung PRINZHORN
INGE JADI
UNO AUFNAHME

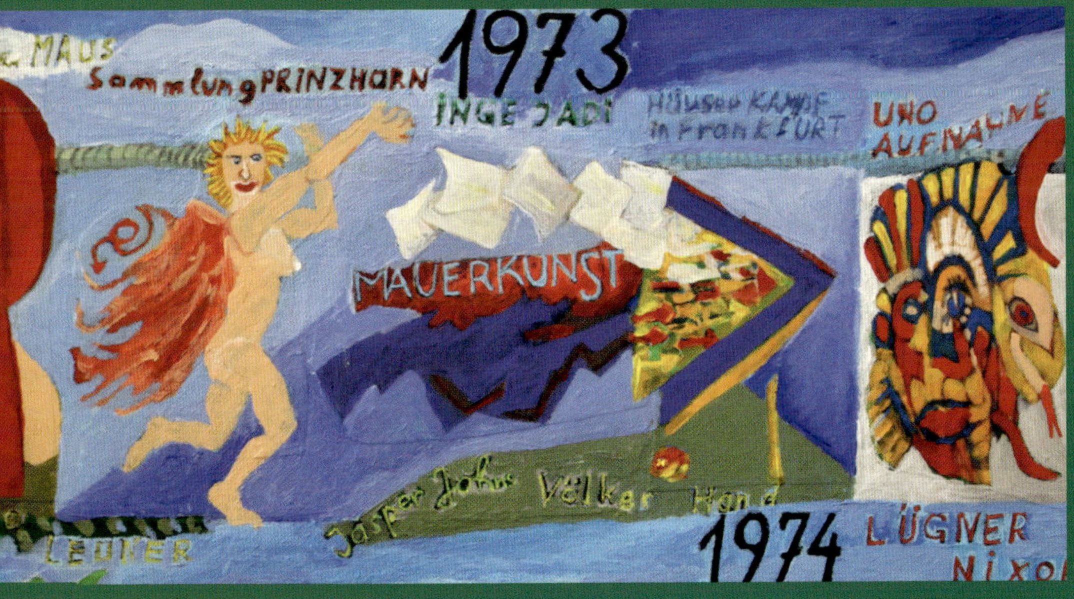
1973
Sammlung PRINZHORN
INGE JADI
UNO AUFNAHME
MAUERKUNST
1974
LÜGNER

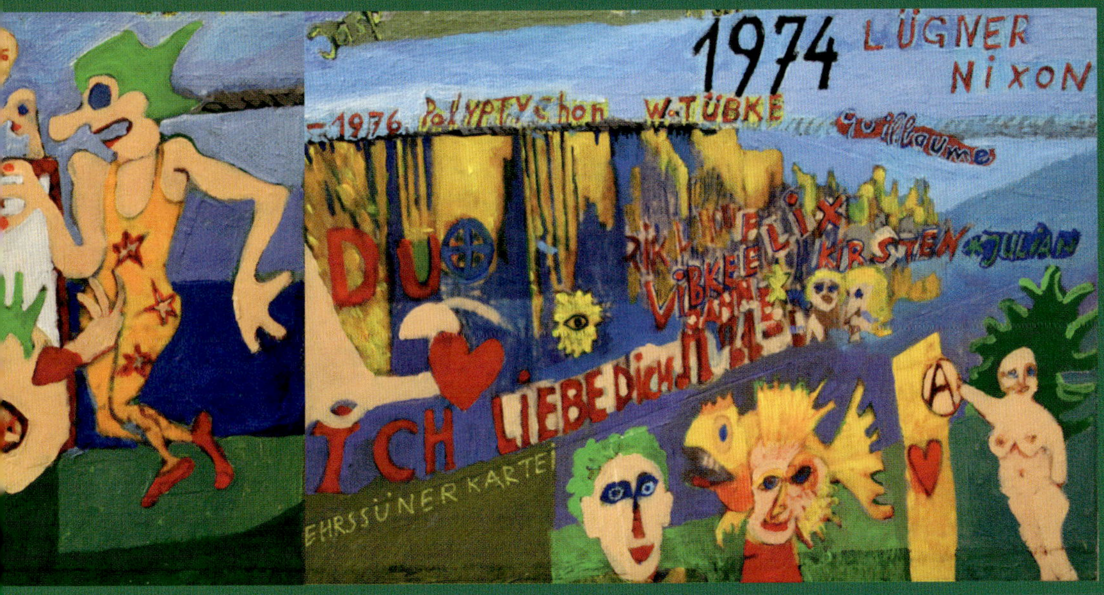
1974
LÜGNER
NIXON
1976 Polyptychon
W. TÜBKE
Guillaume
DU
KIRSTEN
ICH LIEBE DICH

IV

Franz Marc war Maler, Zeichner und Grafiker des Expressionismus, gründete mit **Wassily Kandinsky** "Der blaue Reiter". Er starb 1916 36jährig im 1. Weltkrieg. Ein Kunstdruck eines Bildes von Marc "Der Turm der blauen Pferde" hing schon immer, auch während des 2. Weltkrieges in dem Meisterhaus auf der Wallhalbinsel und in der beengten Wohnung an der Stadtfreiheit.

Willi Baumeister machte nach dem Schulbesuch eine Ausbildung zum Dekorationsmaler, begann sein Kunststudium an der Kunstakademie Stuttgart, das er nach seiner Gesellenprüfung fortsetzte Auch zu Kriegszeiten von 1914-1918 setzte er seine künstlerische Karriere fort und trat 1919 der Berliner November-Gruppe bei. Im selben Jahr initiierte er die Gründung der Künstlergruppe Uecht, die er 1921 verließ. Er entwickelte Verbindungen nach Dresden, zu Fernand Léger, Paul Klee, Ozenfant und Michel Seuphor. 1924 wurden Arbeiten von ihm in Moskau auf der deutschen Kunstausstellung gezeigt. 1930 trat er der Künstlerbewegung Abstraction-Création in Paris bei. 1933 wurde er von den Nationalsozialisten als Professor von der Kunstgewerbeschule entfernt. Über einen befreundeten Lackfabrikanten kam er in dessen Wuppertaler Arbeitskreis, in dem weitere entartete Künstler tätig waren. 1937 wurde er selbst Opfer der Nazi-Aktion Entartete Kunst. 1945 floh er, um dem Volkssturm zu entkommen, nach Radolfzell und arbeitete nach dem 2. Weltkrieg als vielbeschäftigter Künstler bis zu seinem Tod 1955.

George Grosz wurde 1893 geboren und war Maler, Karikaturist, Grafiker und Kriegsgegner. In der Weimarer Republik kritisierte er Mitglieder von Wirtschaft, Politik, Militär und Klerus. Von 1909-1911 besuchte er die Königlich Sächsische Kunstgewerbeschule und lernte dort Otto Dix kennen. Nach seinem Diplom studierte er an der Kunstgewerbeschule in Berlin und nahm Kontakt zu Kunstmäzenen auf. Mit John Heartfield und Wieland Herzfelde begründete er in Berlin die Dada-Szene. 1932 erhielt er einen Lehrauftrag in New York. In Zusammenhang mit der Machtergreifung der Nazis 1933 emigrierte er in die USA. Die Nazis zogen seine Werke als entartete Kunst in Deutschland ein. Er war fassungslos und entsetzt über die Ermordung von **Erich Mühsam**. Er verließ 1959 die USA, nachdem er zum Mitglied der West-Berliner Akademie der Künste ernannt worden war. Er starb fast 66jährig in Berlin.

Wols wurde 1913 in Berlin geboren und verstarb 1951 in Paris, wo sein künstlerisches Werk entstand. Er verließ 1930 wegen einer gefährdeten Versetzung die Schule nach dem Tod des Vaters, der Ministerialdirektor und Chef einer Staatskanzlei war.

László Moholy-Nagy gab ihm eine Empfehlung für Paris, dorthin emigrierte er nach der Machtübernahme der Nationalsozialisten. 1933 übersiedelte er nach Spanien und galt für die Nazis als fahnenflüchtig und für die Staaten, in denen er lebte, als staatenlos. Ende 1935 kehrte er nach Frankreich zurück, dort erhielt er auf Intervention von Fernand Léger und Georges-Henri Rivière eine Aufenthaltsgenehmigung in Paris. Er fand zwischen 1937-1939 Arbeit als Portraitier, Fotograf. Als unerwünschter Ausländer wurde er in Frankreich 1939 in verschiedene Internierungslager gebracht. Nachdem er seine Geliebte geheiratet hatte, erhielt er 1940 die französische Staatsbürgerschaft. Mit seiner Frau Gréty kehrte er 1945 nach Paris zurück. Seine Alkoholabhängigkeit führte zu Folgeerkrankungen, an denen er 1951 verstarb (bei Wikipedia steht: Lebensmittelvergiftung). Seine Fotografien, seine Aquarelle und Ölbilder haben ihn überlebt.

Lovis Corinth starb 1925 67jährig. Seine Werke als Maler, Zeichner und Grafiker zeigen den Übergang vom Impressionismus zum Expressionismus. Einige seiner Werke hängen im Behnhaus in Lübeck. Eine Lithographie mit einem Selbstbildnis von ihm hängt in meinem Arbeitszimmer und wurde mir von meiner Mutter geschenkt, als sie ihre Sammlung von ihrem Bruder Werner zurückerhalten hatte.

Als Ältestes von acht Kindern wurde **Fritz Winter** 1905 geboren, er begann eine Elektrikerlehre und arbeitete als Bergmann und besuchte neben seiner Tätigkeit das Realgymnasium, um danach Medizin studieren zu können. Er hatte begonnen zu malen und zeichnen und änderte seinen Berufswunsch und bewarb sich 1927 beim Bauhaus in Dessau. Er erhielt Unterricht bei Josef Albers, Wassily Kandinsky und arbeitete in der Bühnenabteilung von Oskar Schlemmer sowie in der Malklasse von Paul Klee. Er entwickelte sich zu einem abstrakten Künstler. Seine Kunstwerke wurden in Nazi-Deutschland der Entarteten Kunst zugeschlagen. Zum Kriegsdienst einberufen, wurde er in der Sowjetunion schwer verletzt und er kam von 1945-1949 in sowjetische Kriegsgefangenschaft. Nach dem Krieg erhielt er eine Professur an der Staatlichen Hochschule für Bildende Kunst in Kassel und nahm dort an der ersten Documenta teil. Einen ersten Eindruck des Schaffens von Fritz Winter erhielt ich durch das Buch "Moderne deutsche Malerei" von Hans Konrad Röthel, das Hanna und Edward mir zu meinem 13. Geburtstag schenkten.

1976 trat die **Gurtpflicht** in Kraft, während in der DDR bereits seit 1970 keine Neuwagen ohne Sicherheitsgurt verkauft wurden, erfolgte die Regelung mit einer Anschnallsicherung in Fahrzeugen in der Bundesrepublik erst 1974.

Ab 1976 kam es zu Demonstrationen der **Anti-Atomkraft-Bewegung** in Zusammenhang mit dem Bau des Kraftwerks in **Brokdorf**. 1980 erfolgte die Teilgenehmigung zur Teilerrichtung des Kraftwerks und es kam Anfang 1981 zu einer großen Demonstration mit Sitzblockaden gegen den Bau. Die Proteste erfolgten wohl vornehmlich deshalb, weil die Entsorgung des Atommülls nicht sichergestellt werden konnte und offenbar bis heute nicht sichergestellt werden kann, so dass ein Ausstieg aus der Atomkraft weiter betrieben wird.

1975 besetzten die Vietcong Saigon und in der Folge kommt es zum Kriegsende.

Der Gitarre spielende Liedermacher und Lyriker **Wolf Biermann** siedelte 17jährig in die DDR über, verfasste 1960 erste Lieder und Gedichte. 1976 wurde er aus der DDR ausgebürgert, da er nach Auffassung der DDR-Führung staatsbürgerliche Pflichten grob verletzt hatte. In den folgenden Jahren wechselte er in eher nationale Ideen, 1998 erhielt er den Deutschen Nationalpreis der Deutschen National-Stiftung und Horst Köhler verlieh ihm als Bundespräsident zum 70. Geburtstag das Große Bundesverdienstkreuz. Mit Ringelnatz hat er kaum etwas gemein.

Man Ray war Fotograf, Filmregisseur, Maler und Objektkünstler und gehört in Zusammenhang mit seiner Umsiedlung nach Paris zu den bedeutenden Künstlern des Dadaismus und Surrealismus. Er war russisch-jüdischer Abstammung und verließ in Zusammenhang mit dem Kriegsbeginn und Einmarsch der Truppen in Frankreich 1940 Frankreich und ging in sein Geburtsland USA ins Exil, wo er fremd blieb und kehrte 1951 nach Frankreich zurück, wo er 1976 86jährig verstarb.

Vibke wurde 1975 geboren, **Janne** 1978

Alice Lex-Nerlinger verstarb in ihrem 82. Lebensjahr und war Grafikerin, Malerin, Illustratorin und Fotografin, die für die Arbeiterklasse Partei ergriff und feministischer Gesinnung war. In der Fotografie nutzte sie die Mittel der Fotomontage. Nach der Schulzeit schloss sie eine Ausbildung von 1911-1916 als Malerin und Grafikerin ab. Von den Nazis wurde sie 1933 wegen des Verdachts des Hochverrates verhaftet, sie wurde aus der Reichskammer der Bildenden Künste ausgeschlossen und erhielt Berufsverbot. Sie setzte ihre Arbeit heimlich fort und ging 1939 für längere Zeit nach Italien. Nach Ende des 2. Weltkrieges unterrichtete sie an der Volkshochschule Steglitz, gehörte zu den Begründern der Arbeitsgemeinschaft sozialistischer Künstler, trat in die SED ein und erhielt 1975 eine Retrospektive ihrer Arbeiten in der DDR, diese Ausstellung wurde von der neuen Gesellschaft für Bildende Kunst auch in West-Berlin gezeigt.

Der Raucher **Helmut Schmidt** wurde 1918 geboren und verstarb im 97. Lebensjahr in seiner Geburtsstadt Hamburg. Er war Krisenmanager der Sturmflut 1962, als er Senator der Polizeibehörde war. Er war Bundesminister der Verteidigung und Bundesminister der Finanzen, bis er nach dem Rücktritt von Willy Brandt bis 1982 Bundeskanzler war. Danach gelangte Helmut Kohl durch ein konstruktives Misstrauensvotum, das von Spielchen der FDP im Einklang mit der CDU/CSU zum Erfolg geführt hatte. Er war ab 1983 Mitherausgeber des Zeit-Verlags und hatte sehr gute Beziehungen zu Journalisten, war ein Liebhaber von Musik und selbst ein guter Pianist und erhielt seine Freundschaft zu Henry Kissinger lebenslang aufrecht. Seine Ehefrau Loki starb 91jährig und begleitete sein Leben gleichberechtigt und vertrat in ihrer Leidenschaft für Biologie den Natur- und Pflanzenschutz. Sie stand gleichberechtigt neben ihrem Ehemann und nach dem Tod der Eheleute Schmidt entstanden

2017 die Bundeskanzler-Helmut-Schmidt-Stiftung und die Helmut- und Loki-Schmidt-Stiftung.

Am 25.07.1978 erblickte Louise Joy Brown durch Kaiserschnitt das Licht der Welt. Sie wurde als erstes Kind In Vitro gezeugt und als **"Retortenbaby"** vermarktet.

Max Beckmann wurde 1884 geboren, er wurde einer der größten Maler, Grafiker, Bildhauer, Autor und Hochschullehrer, nachdem er als eher schlechter Schüler seine Schule abgeschlossen hatte und 1900 an die Großherzogliche Sächsische Kunstschule in Weimar ging. Ohne Abschluss der Kunstakademie besuchte er 1903 für einige Monate nach Paris, 1904 besuchte er Genf, Ferdinand Hodler im Atelier, in Colmar den Isenheimer Altar und setzte sich mit der Bildenden Kunst auseinander. Er wurde ein Künstler, der seinen eigenen Stil sehr individuell und unter Inhalten der eigenen Biographie entwickelte. Er trat keinen Künstler-vereinigungen längerfristig bei. Er nahm an Jahresausstellungen der Künstlerverbände von 1913-1936 teil, in denen er seine Kunst ausstellte und seine Arbeiten zur Bekanntheit führte. – Unter den Nazis wurde er 1933 aus einer Professur an der Städelschule in Frankfurt entlassen, er wurde zum entarteten Künstler erklärt. Er emigrierte auf Dauer seines Lebens. 1947 wurde er in den USA ansässig, dort hatte er sich 1939 um ein Einreisevisum bemüht. Er nahm eine Lehrtätigkeit auf und verstarb 1950 im Alter von 66 Jahren.

Der **Max-Beckmann-Preis** wird seit 1978 alle drei Jahre vergeben, nachdem er 1976 in Frankfurt/Main aus der Taufe gehoben wurde.

Horst Janssen lebte von 1929-1995 und war ein äußerst produktiver bildender Künstler, der einige Zeichen eines Soziopathen aufwies, dabei jedoch trotz seiner biografischen Auffälligkeiten und Krankheiten neben seinen bildnerischen Werken eine hervorragende Sprachgebung und Schreibweise entwickelte. Er ist mir in Lübeck durch seine Ausstellungen im Kunsthaus Lübeck bekannt geworden, ich hörte seine Rede in der Marienkirche und kaufte, wenn ich genügend Geld hatte, einige seiner Arbeiten. Erlebte ihn auch persönlich bei einer Ausstellungseröffnung im Kunsthaus Lübeck zusammen mit Gaulin, zu dessen Familie er eine Freundschaft entwickelt hatte. Im Übrigen studierte er bei Prof. Mahlau, der aus Lübeck nach Hamburg kam, und dort dozierte.

Andy Warhol lebte von 1928-1987. Er war Künstler und Unternehmer der Popart. Sein künstlerischer Wert ist nicht so hoch wie seine Gewinne mit der Factory, in der fast alle, die Rang und Namen hatten und haben, in einen Siebdruck verwandelte. Die Factory soll im Übrigen weiterbestehen und weiter unter seinem Namen produzieren.
Horst Janssen lernte Andy Warhol in den USA kennen. Einer seiner Aussprüche soll "Andy war hohl" gewesen sein.

Frans Masereel lebte von 1889-1972 und war ein begnadeter Holzschneider und Kupferstecher, Grafiker, Zeichner und Maler. In Deutschland erschienen von ihm Druckblätter zu diversen Literatur-Veröffentlichungen, oft gedruckt von Original-Holzplatten. Als Pazifist und Kriegsgegner hatte er vielfältige Freundschaften und Bekanntschaften.

Conrad Felixmüller lebte von 1897-1977 und machte sich nach seinem Studium an der Dresdener Kunstschule als freischaffender Künstler selbstständig. 1917 verweigerte er den Militärdienst und wurde als Krankenwärter zwangsverpflichtet. 1919 trat er der Dresdner Sezessions -gruppe mit Segall, Dix, Griebel und der Novembergruppe bei. 1934 wurde er als entarteter Künstler von den Nazis geächtet. Nach dem Krieg wurde er zum Professor an die Pädagogische Fakultät in Halle berufen. Nach der Emeritierung kehrte er zurück nach Berlin-Ost und siedelte 1967 nach Berlin-West über. Zwei seiner kleinen Holzschnitte konnte ich auf einer Versteigerung in Lübeck erwerben.

Herbert List wurde als Schwarzweiß-Fotograf mit surrealem Hintergrund bekannt. Nach seinem Abitur in Hamburg studierte er 1921-1923 Literaturgeschichte. Mit der Fotografie begann er 1930 auf Anregung von Andreas Feininger und unter Einfluss von Giorgio de Chirico, Magritte und Man Ray. Hauptberuflich bereiste er als Kaffee-Kaufmann die Länder des Kaffee-Anbaus und wurde 1929 Prokurist der väterlichen Kaffee-Importfirma. 1935 emigrierte er als "Vierteljude" nach Paris und 1937 versuchte er sich mit Studiofotografie in London. 1944 wurde er in München für arbeitsverwendungsfähig angesehen und als Verwalter eines Kartenlagers nach Norwegen geschickt. Ab 1948 war er als Kunstredakteur tätig, publizierte Bildwerke, hatte weltweit Ausstellungen, starb 71jährig in München und wurde in Hamburg beigesetzt.

Hanna Nagel wurde 1907 geboren und begann nach der Schulzeit eine Lehre als Buchbinderin und studierte von 1925-1929 an der Badischen Landeskunstschule. 1929 zog sie nach Berlin und schloss ihr Studium an den Vereinigten Staatsschulen für Freie und Angewandte Kunst 1932 ab. Sie setzte sich für Frauenrechte ein, thematisierte kulturkritische, juristische, psychologische und pädagogische Fragen, machte sich für die Kinderrechte stark und schuf Grafiken zu Kinderbüchern, Gemälde und Grafiken.

Die Malerin und Grafikerin **Lea Grundig** lehnte in den Jugendjahren die jüdisch-orthodoxe Religion ab und studierte nach der Schulzeit von 1922-1924 an der Dresdner Kunstgewerbeakademie und von 1924-1926 an der Akademie der Bildenden Künste in Dresden. 1926 wurde sie Mitglied der KPD. Unter den Nazis erhielt sie Ausstellungsverbot und wurde 1936 verhaftet, blieb von 1938-1939 in Haft und emigrierte nach Pressburg. 1940 flüchtete sie und wanderte in das britische Mandatsgebiet Palästina aus. 1949 wurde sie Dozentin in Dresden und avancierte 1951 zur Professorin an der Hochschule für Bildende Künste in Dresden. Von 1964-1970 war sie Präsidentin des Verbandes Bildender Künstler. 1977 verstarb sie 71jährig.

Die Fotografin **Herlinde Koelbl** durchlief ein Modestudium. Über das Modedesign kam sie 1976 zur Fotografie und arbeitete als Pressefotografin. 1984 schuf sie das Werk "Männer", der Fotoband begeistert mich.

Der 1892 geborene **Francisco Franco**, Militarist und bis zu seinem Tod 1975 Diktator und Generalissimus. Er war Legionär und Kriegs-verbrecher und ließ seine Gegner in Konzentrationslagern exekutieren. Er wurde dabei von den Nationalsozialisten in Deutschland unterstützt, intervenierte im Korea-Krieg und im Vietnam-Krieg für die Vereinigten Staaten. Er wurde noch 1970 von den Vereinigten Staaten unter Richard Nixon unterstützt.

Seit den 1980er Jahren wird der weltweite **Heroin-Handel** zunehmend auffällig. Afghanistan, Iran und Pakistan sind der goldene Halbmond und Hauptlieferanten auf dem europäischen Markt, in den USA, Mittelamerika. 2020 wurde parallel zu den Präsidentschaftswahlen in den USA eine Volksabstimmung zur Entkriminalisierung von Heroin durchgeführt.

Otto Steinert war Fotograf und Arzt. Er studierte in München, Marburg, Rostock, Heidelberg und Berlin, machte unter den Nationalsozialisten eine Karriere vom Stabsarzt zum Referenten des Heeres im Generalstab von Berlin und wurde 1945 problemlos Assistenzarzt an der Kieler Universität. In der Nachkriegszeit machte er Karriere als Fotograf und hatte Bekanntschaften mit vielen Prominenten. Er erhielt diverse Preise und war Mitglied fotografischer Vereine und Verbände. Er verstarb 62jährig in Essen.

Frank Stella ist Maler, Bildhauer und Objektkünstler, der in einem Atemzug mit Jasper Johns, Marc Rothko und Jackson Pollock genannt wird. Er verwendete nationalsozialistische Versatzstücke in seiner Arbeit wie "Arbeit macht frei", "Die Fahne hoch".

Richard Serra ist Bildhauer, malt und stellt Druckgrafiken her. Er wurde 1938 geboren und studierte von 1957-1961 englische Literatur und absolvierte von 1961-1964 ein Kunststudium an der Universität Yale und wurde Master of Fine Arts. Er fertigte Monumentalplastiken aus Stahl, unter anderem 1977 "Terminal". Das Werk war Wahrzeichen der Documenta 6 in Kassel und wurde von der Stadt Bochum gekauft und auf dem von Serra favorisierten Platz aufgestellt. Es zog eine Protestwelle bis zum Vandalismus nach sich und Kunstbanause **Kurt Biedenkopf** machte sich die Aufregung gegen das Werk von Serra zu eigen und hielt eine flammende Rede, dass er im Falle des Wahlsieges den Abriss des rostenden Schandflecks veranlassen würde. 2011 berichtet die WAZ Bochum: "Volksnah: **Ottilie Scholz** (Oberbürgermeisterin von Bochum, SPD) schmilzt Serra ein"...

1976 gründet sich die Berliner Zeitung **taz**.

Giorgio de Chirico war Maler, Bildhauer und Grafiker und Vertreter der metaphysischen Malerei. Er wurde 1888 geboren und studierte nach der Ausbildung zum Ingenieur parallel an der Hochschule der Bildenden Künste Athen und besuchte von 1906-1909 die Akademie der Künste in München. Parallel beschäftigte er sich philosophisch mit Arthur Schopenhauer und Friedrich Nietzsche. 1911 zog er nach Paris und kam bis 1915 mit Künstlern wie Pablo Picasso, André Derain und Guillaume Apollinaire zusammen. Danach verließ er Frankreich und zog nach Italien. Er gründete 1924 die Zeitschrift "La Révolution surréaliste". Nach einer erneuten Zäsur in seinem Schaffen 1930 und bei Armut zog er zurück nach Italien, wo er bis zu seinem Tod 1978 lebte.

Walter Kraft war Organist und Komponist, der am Vogt'schen Konservatorium in Hamburg und an der Universität der Künste Berlin, unter anderem Komposition bei Paul Hindemith studierte. Von 1929 bis zu seinem tragischen Tod 1977 bei einem Hotelbrand in Amsterdam war er Organist an der Lübecker Marienkirche. Dort lernte ich ihn bei Begleitung meiner Schwestern zum Chor, ihm unbekannt bleibend, kennen und hörte später die Abendmusiken in der Marienkirche an der Totentanzorgel und später an der großen Orgel, die er nach der Zerstörung im 2. Weltkrieg wieder bauen ließ. Die Interpretation von Bach und Reger imponierten mir und in meinem weiteren Leben hörte ich die Schallplatten-Einspielungen von Bach und Buxtehude. Leider gibt es keine Aufnahmen von dem Spiel von Max Reger, den er hervorragend an der großen Orgel wiedergab. Von seinem Totentanz, bei dem auch meine Schwestern mitwirkten, waren jene begeistert und es entwickelte sich die Tradition im Familienkreis, eine bestimmte Melodie aus dem Werk als Erkennungszeichen der Familie vor Eintreffen zu Hause zu pfeifen. Nebenbei bemerkt hatte der Großvater meiner Geschwister für Max Reger in Linz die Orgel getreten.

Von **Herman Melville**, der von 1819-1891 lebte, ist der Roman "Moby Dick" für mich Literatur im Alter von 12 Jahren geworden, nachdem ich den Film zu dem Buch gesehen hatte, unterbrach ich das Lesen und hielt im Deutsch-Unterricht ein Referat über das Buch, das mit der Auseinandersetzung von Melville mit der Farbe Weiß endete.

1979 kam es in **Harrisburg** zu einem schweren Atomunfall im Atomkraftwerk Three Mile Island. Noch 30 Jahre nach dem Unfall wird über die gesundheitlichen Folgen für die Bevölkerung gestritten.

Hans Wäsche war mein Klassenlehrer am Johanneum zu Lübeck, er war der einzige Lehrer, der seine Nazi-Vergangenheit nicht verschwieg, wenngleich nicht in vollem Umfang Auskunft gab. Er war Mathematiker, Physiker und Philosoph und nach seinem Studium in Kopenhagen Lehrer an der deutschen Schule geworden. In der Nazizeit trat er bereits 1933 in die NSDAP ein und wurde in Kopenhagen im Sicherheitsdienst von Nazi-Deutschland bei Besetzung in Dänemark tätig. Er berichtete von seinen Ängsten, zum Tode verurteilt zu werden, wurde dann vom Kopenhagener Stadtgericht zu einer Strafe von 20 Jahren Gefängnis verurteilt und 1952 nach Deutschland abgeschoben. Ihm wurde verfügt, dass er Dänemark, Schweden und Norwegen nicht aufsuchen darf. Er führte mich zum Abitur, in der Gesamtzeit seines Unterrichts habe ich zu keinem Zeitpunkt den Eindruck gewonnen, dass er ein überzeugter Nationalsozialist gewesen ist.

Karl Hofer wurde 1878 geboren und wuchs wegen widriger familiärer Umstände von 1884-1892 in einem Waisenhaus auf. Nach einer Buchhändlerlehre nahm er das Studium der Malerei auf und wurde 1901 Meisterschüler bei Hans Thoma und von Kalckreuth und malte für einen Unternehmer bis 1913 drei, später vier Bilder pro vereinbarter Zeiteinheit. Den 1. Weltkrieg durchlebte er in der Schweiz und nach Rückkehr der Familie nach Berlin wurde er 1920 an die Berliner Hochschule für Bildende Künste berufen und 1921 zum Professor ernannt. Da er sich gegen den Nationalsozialismus positionierte, die seine Bilder als entartet bezeichneten, wurde er von der Hochschule 1934 entlassen. Nach Scheidung von seiner Ehefrau 1938 wurde sein Berufsverbot aufgehoben und seine geschiedene Ehefrau wurde als Jüdin durch die Nationalsozialisten umgebracht. Nach Ende des 2. Weltkriegs war Hofer Direktor der Berliner Hochschule für Bildende Künste. Er verstarb 77jährig in Berlin.

Karl Hubbuch wurde im November 1891 geboren. Er studierte an der Schule des Museums der Angewandten Künste, war nach Kriegsende 1920-1922 Meisterschüler in Karlsruhe und war nachfolgend als Lithograph und Maler tätig. Er avancierte 1928 zum hauptamtlichen Professor in Karlsruhe. Unter den Nationalsozialisten wurde er mit Berufsverbot belegt und seine Arbeiten als entartete Kunst bezeichnet. Nach dem 2. Weltkrieg konnte er seine Tätigkeit als Kunstprofessor wieder aufnehmen, von der er sich 1957 zurückzog. Nach seiner Erblindung 1970 fertigte er keine Werke mehr.

Kate Diehn-Bitt war Malerin, die Privatunterricht in Kunst und Literaturgeschichte erhielt, von 1929-1931 studierte sie an der privaten Kunstakademie Dresden und machte 1931 zurück in Rostock ihr erstes Atelier auf. In Nazi-Deutschland wurden ihre Werke als entartet bezeichnet und nach Kriegsende kam es zu einer schweren Typhus-Erkrankung, die sie körperlich und seelisch stark veränderte und sie beschäftigte sich, zurückgezogen lebend, mit dem Alten Testament und mit "Josef und seine Brüder" von Thomas Mann.

Ayatollah Khomeini lebte von 1902-1989 und war von 1979 bis zu seinem Tod iranisches Staatsoberhaupt. Der Islamist und islamische Gelehrte war Rechtslehrer und gründete die Islamische Republik, nachdem er der Staatsführer nach der Revolution geworden war. Im Namen des Islam wurden unter ihm 12.000 Iraner umgebracht und Folterpraktiken wieder eingeführt. 1988 wurden 3.000 Iraner umgebracht. Nicht-Muslime wurden verfolgt.

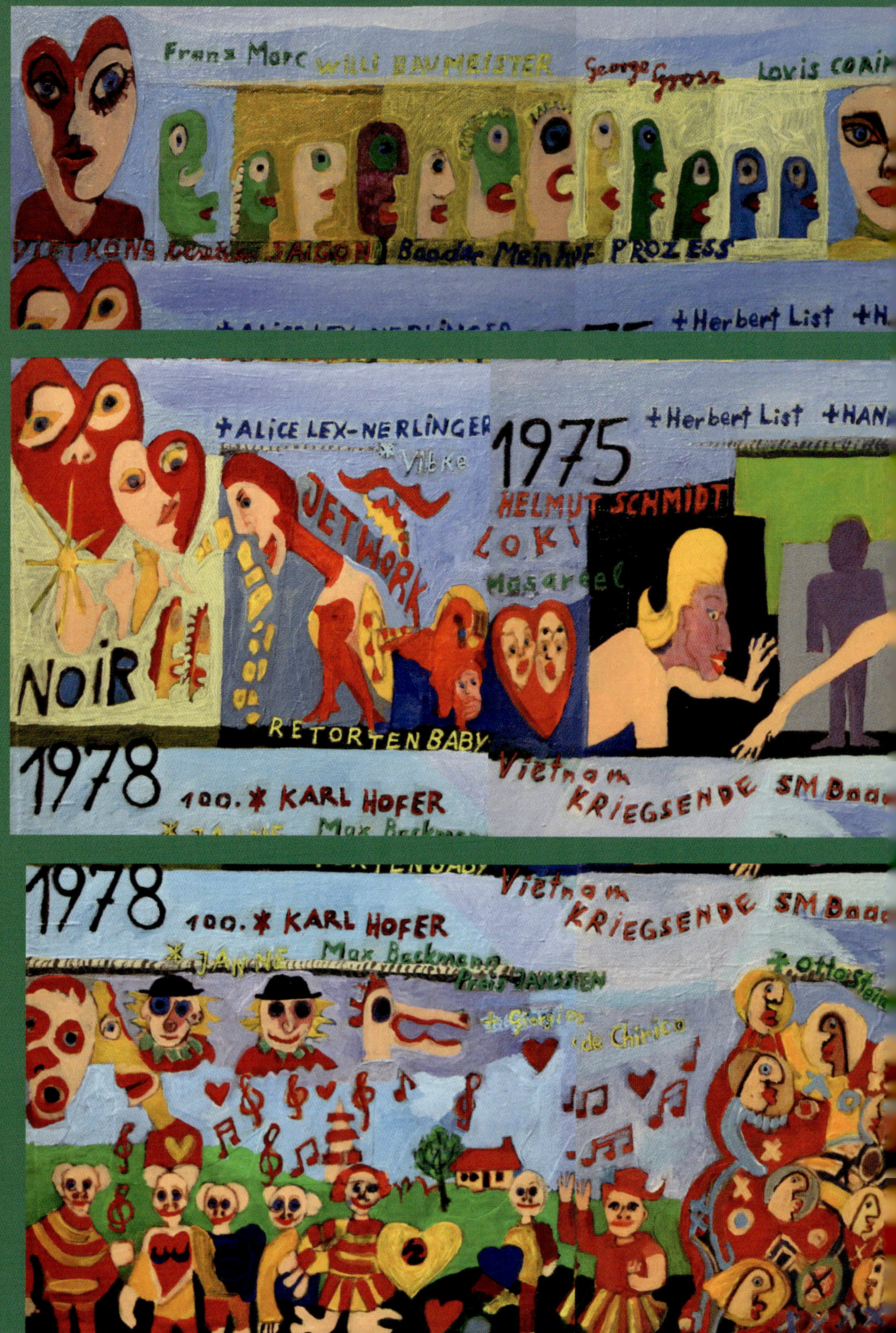
Franz Marc
WILLI BAUMEISTER
George Grosz
Baader Meinhof PROZESS
+Herbert List
+ALICE LEX-NERLINGER
1975
HELMUT SCHMIDT
LOKI
NOIR
JETWORK
RETORTENBABY
1978
100. * KARL HOFER
Vietnam
KRIEGSENDE
Max Beckmann
de Chirico

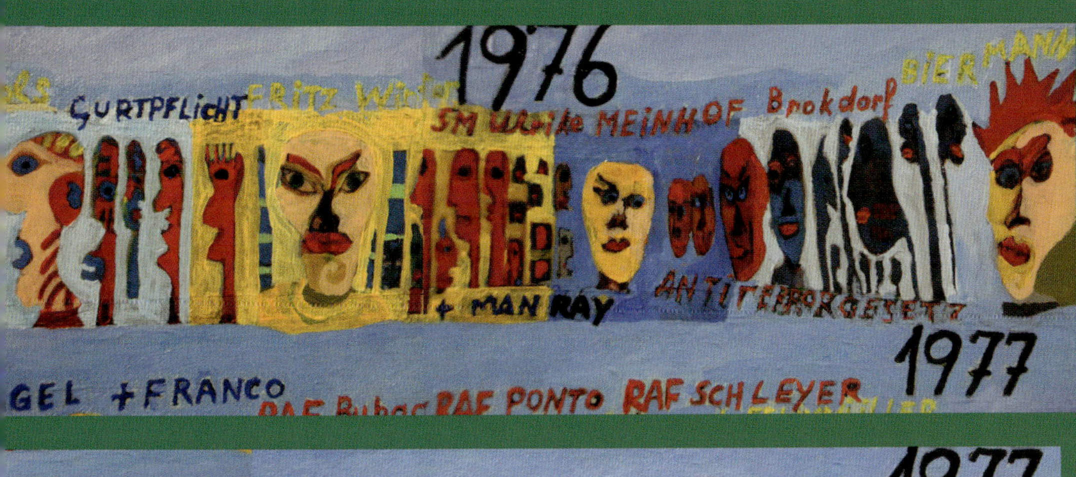

GURTPFLICHT
1976
MEINHOF
Brokdorf
+ MAN RAY
1977
+ FRANCO
RAF PONTO
RAF SCHLEYER

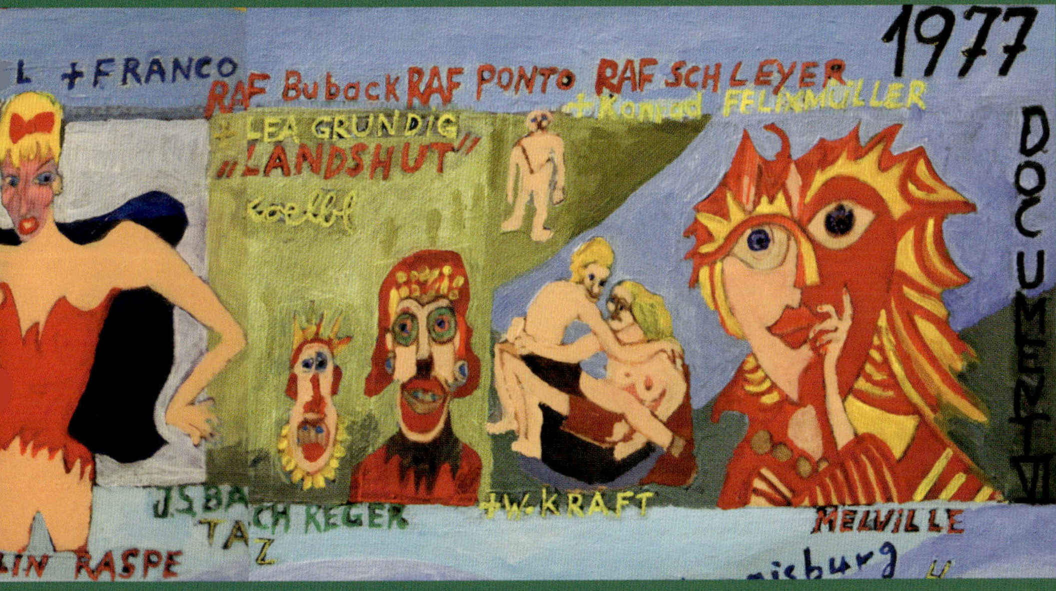

+ FRANCO
RAF Buback RAF PONTO RAF SCHLEYER
1977
+ LEA GRUNDIG
„LANDSHUT“
DOCUMENTA VI
J.S.BACH REGER
TAZ
+W. KRAFT
MELVILLE
RASPE

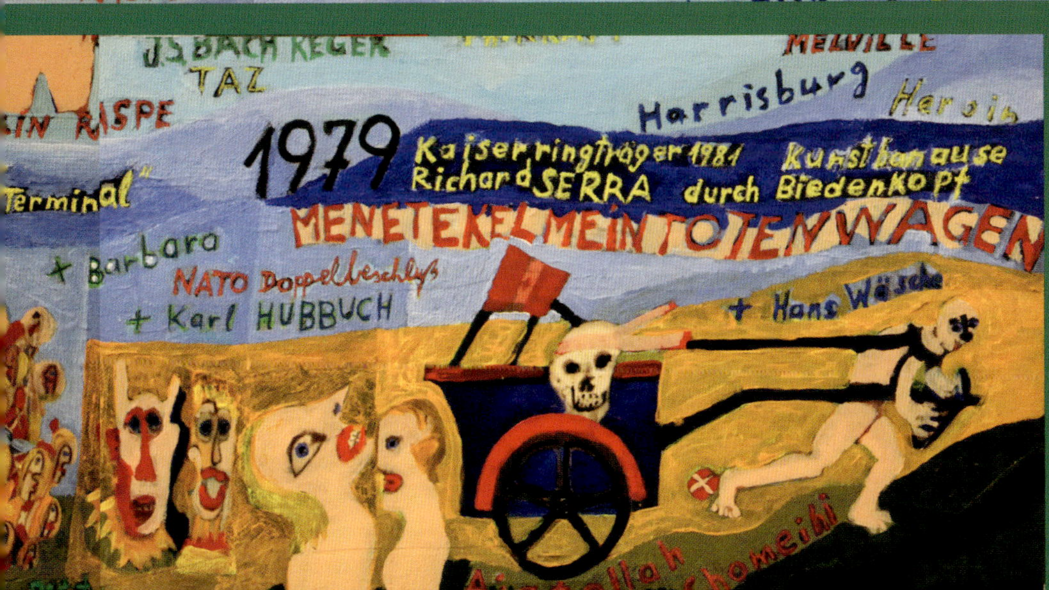

J.S.BACH REGER
TAZ
MELVILLE
RASPE
Harrisburg
1979
Kaiserringträger 1981
Richard SERRA durch Biedenkopf
MENETEKEL MEIN TOTENWAGEN
Terminal“
+ Barbara
NATO
+ Karl HUBBUCH
+ Hans
Ajatollah Chomeini

V.

Tom Petty lebte von 1950-2017 und wurde mit seiner Gruppe Tom Petty & the Heartbreakers bekannt. Er war mit Bob Dylan befreundet.

Neue Wilde bezeichnet eine Stilrichtung der Kunst der 1980er Jahre, zu der unter anderem Baselitz, Immendorf, Kiefer und Bach gehörten.

Der **Krieg zwischen UdSSR und Afghanistan** dauerte 10 Jahre **(1979-1989)**. Der Befehl zum Einmarsch wurde über Breschnew gegeben, da auch in Zusammenhang mit dem NATO-Doppelbeschluss Ängste bestanden, dass die südlichen Gebiete der Sowjetunion durch die islamistischen Einflüsse zu Problemen im eigenen Land führen könnten. Die Islamisten in Afghanistan wurden unter anderem unterstützt durch die USA, Israel, Volksrepublik China, Saudi-Arabien und der Bundesrepublik Deutschland. Unter Vermittlung der UNO kam das Genfer Abkommen zustande und die USA und die Sowjetunion garantierten den Verzicht auf jegliche Einmischung in die inneren Angelegenheiten Afghanistans.

Der surrealistische Maler **Richard Oelze** wurde 1900 geboren und an der Kunstgewerbeschule Magdeburg und am Bauhaus bis 1925 ausgebildet. Ab 1929 beschäftigte er sich mit dem Surrealismus und lernte bei Aufenthalten in der Schweiz und Frankreich Breton, Dali, Éluard und Max Ernst kennen. 1939 ließ er sich in Worpswede nieder. Er nahm an der Documenta 2 und 3 teil und wurde mit dem Max-Beckmann-Preis ausgezeichnet.

Erik Satie wurde in seinem Musikschaffen durch Debussy und Ravel beeinflusst, erhielt mit 10 Jahren ersten Musikunterricht, wurde durch eine Konzertpianistin, die auf seine Begabung aufmerksam wurde, am Pariser Konservatorium 1879 angemeldet. Er brach das Studium bei mangelnder Motivation ab. Seine ersten Kompositionen stammen aus 1884. Kunstinteressiert hatte er Freundschaften, unter anderem zu Pablo Picasso, Georges Braque, Léonide Massine und Jean Cocteau. Ich lernte die Klaviermusik von ihm in einem Sinfoniekonzert in Lübeck kennen und die Zugaben von Jean-Yves Thibaudet machten mich neugierig. Ich kaufte mir umgehend die Einspielungen der Klaviermusik von dem Pianisten.

Ein Vortrag von **Karlheinz Deschner** im Kolosseum zu Lübeck führte mich zum Studium seiner Werke "Die Politik der Päpste" und zur "Kriminalgeschichte des Christentums". Christlich geprägt durch das Elternhaus und dem Besuch des Franziskaner-Seminars in Dettelbach und des Gymnasiums bei Karmelitern und englischen Fräuleins entstanden die Werke auch in Zusammenhang mit seinen philosophischen Studien von Nietzsche, Kant und Schopenhauer. Von der Kirche wurde er wegen seiner Ausführungen mehrfach rechtlich angegriffen. Die resultierenden Prozesse gewann Deschner, der 2014 90jährig verstarb, durchweg, da er seine Darstellungen in den Werken sehr gut recherchiert hatte. Sein Ausspruch: "Die Kirche geht in den Schuhen des Teufels" ist mir in Erinnerung geblieben. Nebenbei bemerkt wurde seine Ehe, aus der drei Kinder hervorgingen, als ungültige Verbindung bezeichnet und es erfolgte die Exkommunikation der Eheleute durch **Julius Döpfner**.

Elvira Bach (* 1951) wurde kürzlich 71 Jahre alt und gehört ihrem Malstil nach zu den Neuen Wilden, den sie beibehalten hat. Ich lernte Werke von ihr auf der Documenta 7 kennen.

Der Nobelpreisträger **Günter Grass** war Schriftsteller, Bildhauer, Aquarellist und Grafiker. Seine Werke "Katz und Maus" und "Die Blechtrommel" gehörten zu meiner Literatur. Einige meiner Fotografien zum Thema Baum wurden ausgewählt und vergrößert im Eingangsbereich zum Grass-Haus in Lübeck ausgestellt. Im Grass-Haus erfolgte auch die Ausstellung zur fotografischen Arbeit von dem Nobelpreisträger Orhan Pamuk. Die Arbeiten von Pamuk wurden über **Gerhard Steidl** im gleichnamigen Verlag verlegt. Seine Verbindung zu Grass, Staeck, Beuys und Lagerfeld sind ebenso bekannt. Seine Ausbildung zum Siebdruckmeister und Fotografie, die 1996 in einem Fotobuch-Programm mündete.

Von **Volker Schlöndorff** wurde "Die Blechtrommel" filmisch umgesetzt und 1980 erhielt er dafür den Oscar als bester fremdsprachiger Film. Der Junge Törless nach dem Roman von Robert Musil "Die Verwirrungen des Zöglings Törless", der 1965 abgedreht wurde, ist für mich unvergessen, ebenso das große Engagement für Randgruppen und sein konsequentes Auftreten in politischen Fragen.

Der Weltbürger **Brian Adams** ist Rocksänger, Gitarrist, Komponist und Fotograf. Neben seinem Multitalent als Musiker ist sein soziales Engagement zu betonen. Bei einem Konzert von ihm in Bremen konnte ich abrocken.

Die Philosophie von **Friedrich Nietzsche** begleitet mich seit dem 18. Lebensjahr, als ich "Also sprach Zarathustra" zum Geburtstag geschenkt bekam. Erst 2012 begann Edna Rellöm mit der Umsetzung von Nietzsches bildhafter Sprache in Skizzen und Ölbilder sowie zuletzt in Lithografien, die bei Müller in Thüringen gedruckt wurden.

Der Filmemacher **Wolfgang Petersen** wurde mir durch den Tatort "Reifezeugnis" bekannt. Typisch die Reaktionen des konservativ und katholischen Bayerns und seiner CSU, die Reaktion auf seine Filme "Die Konsequenz" und "Homosexualität"! Seine erfolgreichsten Filme bleiben "Das Boot" und "Die unendliche Geschichte". Er verstarb 81jährig 2022 in seiner Wahlheimat Los Angeles.

Die Blödelbarden von **Insterburg & Co.** spielten in Berlin von 1967-1979 und bereisten von dort die BRD, die zum Teil sexuell und schwarz getönten Songs waren nicht nur Klamauk, sondern pfeffrig vorgeführte, musikalisch witzig instrumentierte Sketches und nicht ohne schauspielerisches Können. Wir haben uns köstlich amüsiert.

Der großartige **Günter Wand** dirigierte unter anderem von 1982-1991 das NDR-Sinfonieorchester, das regelmäßig auch zu Gastspielen in Lübeck war, so dass wir einige Sinfoniekonzerte unter ihm besuchen durften. Unvergessen die Darbietung von Bruckner ohne die weiteren Darbietungen vergessen zu wollen. Er war immer auf maximale Werktreue bedacht. Sein hintergründiger Humor war zu spüren.

Anton Bruckner spielte Violine und Klavier und war bereits als Zehnjähriger an der Orgel tätig, war auch Sängerknabe. Von 1855-1868 war er Domorganist in Linz und war Verehrer von Berlioz, Liszt und Wagner, von letzterem gab es für ihn keine Anerkennung. Sein Kernwerk sind seine neun Sinfonien, wovon die neunte 1887 sein letztes großes Werk wurde. Er verstarb 72jährig, ohne dass der vorgesehene vierte Satz beendet war.

Der Pianist **Swjatoslaw Richter** spielte bei einem Konzert in Osteuropa "Bilder einer Ausstellung" von Mussorgsky, was mich begeisterte und dazu führte, dass ich mir sehr viele Einspielungen von ihm auf CD kaufte. Kirsten und ich sind froh darüber, dass wir Swjatoslaw Richter in einem Konzert in der Musikhochschule Lübeck erleben durften. Er spielte gemeinsam mit einem zweiten Pianisten ein Werk für vier Hände von Max Reger. Die Pianisten wiederholten das Stück als Zugabe.

Der Pianist **Wilhelm Kempff** besaß ein umfassendes Repertoire und spielte unter anderem sämtliche Beethoven-Sonaten auf Tonträgern ein. Im 95. Lebensjahr verstarb er in Italien. Im kammermusikalischen Bereich arbeitete er mit Henryk Szeryng, Yehudi Menuhin, Pablo Casals, Pierre Fournier und Rostropowitsch zusammen. Seine eigenen Kompositionen wurden nach dem 2. Weltkrieg kaum aufgeführt, da er nationalsozialistisch gebrandmarkt war.

1980 wurde **John Lennon** in New York 40jährig ermordet. Er war unter anderem Mitbegründer der "Beatles", die weltweit großen Erfolg als Rock- und Popband hatten. Die Band brach Ende 1969 auseinander, nachdem John Lennon seinen ersten Auftritt mit der Plastic-Ono-Band hatte. Die weitere Aktivität von John Lennon ist bestimmt durch Yoko Ono und diversen musikalischen Beziehungen. Letztendlich zog sich Lennon 1975 ins Privatleben zurück und stand gemeinsam mit Yoko Ono kurz vor dem Attentat vor einer neuen Karriere.

Der Dirigent und Violinist **Thomas Hengelbrock** wurde 1958 geboren und war von 2011-2018 Chefdirigent des NDR-Sinfonieorchesters und des Elbphilharmonie-Orchesters. Seine Tätigkeit umfasst Musik aus dem Barock bis zu moderner Musik. Er ist Mitbegründer des Freiburger Barockorchesters, dort wirkt er als Violinist und Dirigent. In der Lübecker Musik- und Kongresshalle erlebten wir ihn von 2011-2018 in Zusammenhang mit der Kooperation des NDR-Orchesters und der Elbphilharmonie.

Der Komponist und Dirigent **Gustav Mahler** wurde bereits im Alter von vier Jahren am Akkordeon unterrichtet und erhielt danach Klavierunterricht. Als Kind liebte er Militärkapellen, die er bei ihrem Marsch begleitete. Seine Kapellmeisterschaft führte ihn unter anderem auch an das Hamburger Stadttheater. Befreundet war er mit Bruno Walter. Seine Sinfonien entstanden zwischen 1885 und 1910. Ich liebe die 1. Sinfonie mit der Klarheit, die 3. mit der tiefgründigen Vertonung von Nietzsches Gesicht aus dem Zarathustra und den lockeren, fast naiv wirkenden Passagen des Knabenchors. Erst spät wurden meine Ohren offen für die Unvollendete 10. Sinfonie mit ihren depressiv-schrillen zerberstenden Musikinhalten. Wir hörten die Sinfonien alle live in der Musik- und Kongresshalle Lübeck, zum Teil mehrfach unter verschiedenen Dirigenten.

Die Rockband **Pink Floyd** wurde 1965 gegründet und ihre Musik begleitete mich seit Uli mich auf sie aufmerksam gemacht hatte und ich die Aufnahme von "The Wall" gehört hatte. Leider entging mir ein Auftritt der Band in Hannover.

Karl Valentin war ein Komiker und Sänger, der in seinen Auftritten und Filmen einen skurrilen, bissigen und spitzfindigen Humor mit schauspielerischem Geschick verband. Hans empfahl mir Aufnahmen von ihm zu hören und zu sehen. Seine Zusammenarbeit mit Liesl Karlstadt ist legendär. Sein Verhalten gegenüber der Partnerin miserabel.

Der Jazz-Pianist, Komponist und Bandleader **Dave Brubeck** wurde 1920 geboren und verstarb im 92. Lebensjahr. Er spielte Piano in seinem Quartett mit Paul Desmond (Saxophon), Joe Morello (Schlagzeug) und Eugene Wright (Bass). Er nahm "Timeout" und "Time Further Out" auf. Die Schallplatten begeisterten mich, besonders das Saxophon und das Schlagzeug, natürlich auch Dave Brubecks Spiel! (1959).

Die 1958 geborene Fotografin **Francesca Woodman** fotografierte ab dem 13. Lebensjahr und wurde im Verlauf zu einer Künstlerin des Surrealismus unter anderem durch Anwendung von Doppelbelichtungen und Belichtungsverlängerung. In ihren Themen beschäftigte sie sich in Fotografie und Werken oft mit sich selbst. Im Alter von 23. Jahren beendete sie ihr Leben durch Selbstmord. Welche seelischen Störungen dem Selbstmord zu Grunde lagen, bleibt unklar.

Der Unternehmer **Friedrich Flick** wurde 1883 geboren und machte sein Vermögen als Diplomkaufmann in der Stahl- und Rüstungsindustrie. Dabei nutzte er geschickt Betriebsaufkäufe, Beteiligungen und Kapitalbeteiligungen, politische Einflüsse und politische Erpressung sowie Spenden an die NSDAP im 3. Reich. Er gehörte zum Freundeskreis Reichsführer SS. Für sein Imperium nutzte er die Enteignung jüdischer Unternehmen, der Enteignung der Hochofenwerke Lübeck AG und wurde durch Göring beim Aufbau der Reichswerke in Salzgitter unterstützt. In seinen Unternehmen beschäftigte er zum Ende des Krieges bis zu 100.000 Zwangsarbeiter. Nach dem Krieg konnte sein Konzern 25 % seines industriellen Eigentums behalten. In den Nürnberger Prozessen wurde er 1947 zu 7 Jahren Gefängnis verurteilt und bereits 1950 entlassen. Unter der Regie der Bundesregierung wurde mit den amerikanischen Behörden eine Einigung in Bezug auf die Liquidierungsplanung erreicht und der Flick-Konzern erhielt die Verfügungsrechte über den westdeutschen Besitz, so dass der Wiederaufstieg von Flick zu einem der reichsten Männer Westdeutschlands vorgezeichnet war. 1963 wurde ihm das Große Bundesverdienstkreuz verliehen. 1972 verstarb er. Sein Sohn, der Milliardär **Friedrich Karl Flick** trat in seine Fußstapfen. Die Verwicklungen von ihm führten zur **Flick-Affäre.** Auch er verweigerte eine Entschädigung an die Zwangsarbeiter des Flick-Konzerns.

Mario Merz studierte Medizin und wurde während des 2. Weltkriegs Mitglied einer antifaschistischen Gruppe 1945 verhaftet und ins Gefängnis gesteckt. Dort beschäftigte er sich mit Kunst, malte Ölbilder und wurde durch Werke der informellen Kunst bekannt. Er verstarb 78jährig, nachdem er an der 5.-7. und 9. Documenta in Kassel teilgenommen hatte und 1989 den Kaiserring der Stadt Goslar erhalten hatte.

Der Nazi **Alfred Bauer** war Jurist und Filmhistoriker, der von 1911-1986 lebte und 1942-1945 Referent der Reichsfilmintendanz war. Trotzdem wurde er Berater in Filmangelegenheiten in der BRD, nachdem er bereits 1945 Berater der britischen Militärregierung geworden war. Er hatte dann von 1951-1976 die Leitung der Berlinale.

1981 verstarb **Hans**.

1982 wurden **Swantje und Felix** geboren.

1981 wird **AIDS** als eigenständige Erkrankung anerkannt. Durch die Infektion mit dem HIV kann es zur Zerstörung des Immunsystems, Infektionen und Tumoren kommen.

Die Malerin **Grethe Jürgens** studierte nach dem Abitur Architektur in Berlin und immatrikulierte sich 1919 an der Kunstgewerbeschule in Hannover, das Studium musste sie 1922 wegen der wirtschaftlichen Situation abbrechen. Sie arbeitete als Reklamezeichnerin und bei einem Wirtschaftsmagazin, bis sie an ihrem Wohnsitz ein Atelier einrichtete und 82jährig verstarb. Sie gehört kunstgeschichtlich der Neuen Sachlichkeit an. Ihr Spätwerk übergab sie dem Sprengel-Museum.

Berlioz lebte von 1803-1869 und wurde von seinem Vater und Arzt auch in Musik unterrichtet. 1821 begann er in Paris ein Medizin-Studium, das ihm nicht gefiel. Das Komponieren brachte er sich ab 1818 großteils im Selbststudium bei und entschloss sich unter dem Eindruck der Musik von Christoph Willibald Gluck Musiker zu werden. Seine Messe solennelle führte bei der Aufführung in Paris zu einem großen Erfolg. Ab 1829 beschäftigte er sich besonders mit der Musik von Beethoven und begann mit der Komposition der Symphonie fantastique, die 1830 zum großen Erfolg wurde. Nach weiteren großen Erfolgen ist das Leben von Berlioz geprägt durch partnerschaftliche, familiäre und finanzielle Krisen und durch eine große Reisetätigkeit in Sachen der eigenen Kunst sowie zunehmenden gesundheitlichen Problemen. Die schönste Aufführung der Symphonie fantastique erlebten wir unter dem Dirigat von Simon Rattle von den Berliner Philharmonikern während der Schleswig-Holsteinischen Musiktage in Lübeck .

Seit der Antike gibt es **Friedensbewegung**en, die regelhaft unter den kriegerischen Ereignissen der Mächte auftraten. So auch nach dem NATO-Doppelbeschluss 1979 und dem Einmarsch der Sowjetunion in Afghanistan Ende 1979.

Der Künstler **Sigmar Polke** wuchs bis zum 12. Lebensjahr in der DDR auf, absolvierte nach dem Schulabschluss eine Glasmalerlehre und nahm 1961 an der Kunstakademie Düsseldorf ein Studium auf. Während des Studiums gründete er mit Gerhard Richter den Kunststil des "Kapitalistischen Realismus". In Düsseldorf hatte er seine erste Ausstellung. Von 1970-1971 und 1977-1991 war er Professor an der Hochschule für Bildende Künste in Hamburg. Er nahm an der Documenta 6 und 7 und der Ausstellung "Zeitgeist" teil und hatte mit Aufträgen gut zu tun. Seine kapitalistische Einstellung machte sich in seinen Einnahmen deutlich bemerkbar.

Eric Clapton wurde 1945 geboren und wurde mir insbesondere durch seine Band "Cream" im Zusammenspiel mit Ginger Baker (Schlagzeug) und Jack Bruce (Bass und Gesang) bekannt, nachdem er seit dem 17. Lebensjahr als Gitarrist in Bands unter anderem mit John Mayall, mit den Yardbirds und The Roosters zusammenspielte. Sein Gitarrenspiel ist stark beeinflusst vom Blues und Rock. Seinen Lebensweg verfolge ich seit den 1960er Jahren. Mit Andreas und Ingrid besuchten wir ein Konzert von ihm in der Ostseehalle Kiel, das darunter litt, dass initial die elektronische Abstimmung nicht in Ordnung war.

Georg Kreisler war ein Pianist, der auch in Musiktheorie und Geige ausgebildet wurde. Als 16jähriger musste er nach dem Anschluss Österreichs an das nationalsozialistische Deutschland das Gymnasium verlassen und die Familie konnte in die USA emigrieren. Dort arbeitete er unter anderem mit Charlie Chaplin und Hanns Eisler zusammen und war als Unterhaltungskünstler in verschiedenen Nachtclubs tätig. Er kehrte 1956 nach Europa zurück und lebte überwiegend in der Schweiz. Von ihm erfuhr ich einiges über meinen Klassenkameraden Eckhard, der ihn verehrte, und kaufte mir noch vor dem Abitur eine wunderschöne Schallplatte mit seinen Gesangsstücken. "Zwei alte Tanten tanzen Tango" und "Der Bluntschli" sind mir immer noch im Ohr. Jedoch konnte ich keine Auftritte von ihm in Lübeck besuchen. Dafür lernten wir Janne Schulte kennen, die auf einer der Bühnen der Städtischen Bühnen in Lübeck "Heute Abend: Lola Blau" spielte, die wir dann auch besuchten und für sehr gelungen hielten.

Vicco von Bülow genannt Loriot ist uns seit dem 1960er Jahren als Unterhaltungskünstler über seine Zeichnungen, seine Fernsehauftritte, Theater- und Filmauftritte vertraut. Seine Zeichenkunst erlernte er an der Kunsthochschule Hamburg unter anderem von Alfred Mahlau. Sein Auftritte mit Evelyn Hamann in Film und Fernsehen sind unvergessen.

Der Komponist **Alban Berg** gehörte der Zweiten Wiener Schule an und komponierte unter anderem nach der Vorlage von Büchner den "Wozzeck", der 1921 von ihm fertiggestellt wurde. Er wurde erst 1925 zur Uraufführung gebracht. Die Oper "Lulu" blieb unvollendet. – Wir erlebten beide Opern in Aufführungen der Städtischen Bühnen Lübeck in hervorragender Qualität. Der Komponist verstarb 50jährig 1935.

Wolfgang Niedecken ist Sänger, Texter, Komponist und Frontmann der Rockband BAP. Die Rockmusik der Gruppe ist mir vertraut, demgegenüber habe ich keine Ahnung von seiner Tätigkeit als Maler und Autor. Er hat offen über seine Verhältnisse und Misshandlungen durch Mitglieder der katholischen Kirche 1990 berichtet und in einer Sendung 2018 mitgeteilt.

Professor **Christian Reimer** war Psychiater und Psychotherapeut mit Habilitation an der Psychiatrischen Klinik der Medizinischen Universität Lübeck und zusammen mit Professor Horst Dilling schrieb er einen Abschnitt in dem Springer-Lehrbuch Missbrauch und Abhängigkeit. Von Reimer habe ich in den letzten zwei Jahren meiner Tätigkeit an der Uni noch einiges gelernt, während sein Vorgesetzter und Chef der Klinik bei mir nur Spuren der Verletzung hinterlassen hat, die ich inzwischen jedoch gut bearbeitet habe.

Franz Radziwill war Maler, Aquarellist, Zeichner und arbeitete auch druckgrafisch. Nach Abschluss seiner Maurerlehre wurde er zum Architekturstudium in Bremen zugelassen und besuchte Abendkurse der Bremer Kunstgewerbeschule. Nach dem 1. Weltkrieg, den er als Soldat und in Kriegsgefangenschaft durchlebte, entschloss er sich, Maler zu werden. Seine expressionistischen Arbeiten fanden Anklang und Abnehmer in Ausstellungen, so dass er 1923 ein Fischerhaus kaufen konnte. Er wandte sich vom Expressionismus ab und machte von 1925-1933 Karriere in der Neuen Sachlichkeit. Er sympathisierte mit dem Nationalsozialismus und hatte von 1933-1934 eine Professur an der Kunstakademie Düsseldorf. Dort wurde er wegen pädagogischer Unfähigkeit entlassen und seine Arbeit wurde 1937 der entarteten Kunst zugeordnet. Nach dem 2. Weltkrieg kehrte er zum Realismus zurück und wurde bis zu seinem Ableben 1983 im Alter von 88 Jahren mehrfach mit Ausstellungen geehrt.

Im Alter von 12 Jahren durfte ich mit meiner Mutter ein Solokonzert des Cellisten **Pierre Fournier** besuchen, das mich beeindruckte.

Udo Lindenberg, der mein Jahrgang ist, wurde mir durch einen Kollegen in Bostedt bekannt, der für seine Rockband schwärmte und ihn mit seinem Panikorchester in Hamburg gesehen und gehört hatte. Von seiner Schallplatte "Andrea Doria" hörte ich und war begeistert. Wir fuhren nach Hamburg, um seine Show zu sehen. Mich begeisterte die Bühnendarstellung und besonders die Darbietung von "Ich heiß jetzt Jeremias". Sein "Sonderzug nach Pankow" war ein Highlight und zeigte seine politische Gesinnung und seine Offenheit für Veränderungen auch sein späteres Fingerspitzengefühl im Umgang mit der DDR.

Die kriegerische **Intervention der USA in dem Staat Grenada** erfolgte 1983 ohne UN-Mandat unter Ronald Reagan und die Insel wurde annektiert. Die USA verletzten damit internationales Recht. Entschuldigt wurde die Maßnahme mit der Befürchtung, dass eine kommunistische Verschwörung stattfinden sollte.

Der Weltmeister des schwarzen Comics bleibt auch heute noch **Wilhelm Busch**, der von 1832-1908 lebte. Seine gesammelten Werke wurden mir zum 11. Geburtstag geschenkt, die zeichnerische Meisterschaft und Ausdrucksstärke seiner Texte gefällt mir bis heute.

Jean Piaubert lebte zeitlebens in Frankreich und war ein begnadeter Bühnenbildner, Maler und Grafiker. Er gehörte zur Neuen Pariser Schule und in einer Ausstellung in der Overbeck-Gesellschaft in Lübeck begeisterte er mich von Seiten der abstrakten Malweise. Für die Galerie fertigte er eine Lithographie, die als Jahresgabe verkauft wurde. Als Restposten wurde sie später verscherbelt und ich kaufte mir ein Blatt davon.

15jährig las ich von **Albert Camus** auf Empfehlung von Hans „Der Fremde" und „Die Pest". Weitere Bühnenstücke las ich bald danach, könnte aber keinen Inhalt der gelesenen Werke wiedergeben. Drei Jahre vor seinem Tod erhielt Camus für sein schriftstellerisches und philosophisches Werk den Nobelpreis für Literatur. Er verstarb 1960 im 47. Lebensjahr.

Christian Schad floh vor Beginn des 1. Weltkriegs in die Schweiz, nachdem er die Kunstakademie in München besucht hatte. Er setzte sich mit der dadaistischen Bewegung auseinander und wurde nach dem

1. Weltkrieg ein Vertreter der Neuen Sachlichkeit. In Nazideutschland wurde er als entarteter Künstler geächtet und erhielt Berufsverbot und beschäftigte sich nach dem 2. Weltkrieg mit Druckgrafik im expressionistischen Bereich und kehrte am Ende seines Lebens zur realistischen Malweise zurück. Eine Radierung aus dem Jahr 1966 "Im Dogma" konnte ich vor einiger Zeit erwerben.

Eine umfassende Ausstellung des Werkes von **Philipp Otto Runge**, der 33jährig 1810 an einer Tuberkulose verstarb, konnten wir in der Hamburger Kunsthalle sehen. Mit der Farbenkugel schuf er ein dreidimensionales System, setzte sich kritisch mit der akademischen Malerei auseinander, schrieb das Märchen vom "Fischer und seiner Frau" auf und stellte es plattdeutsch gehalten den Brüdern Grimm zur Verfügung. Während des Besuchs der Ausstellung konnte ich eine schöne Fotoserie fertigen.

1984 wurde **Fabian** geboren.

1983 erhielt **Günther Uecker** in seinem 53. Lebensjahr den Goslarer Ring. Er ist bekannt für seine Nagelbilder, die er erstmals während des Studiums an der Kunstakademie Düsseldorf fertigte. Im Museumsquartier Lübeck und in der Lübecker Marienkirche sind Werke von ihm zu sehen. Während seines Studiums in Düsseldorf hatte er eine engere Beziehung zu Gerhard Richter, der ebenfalls aus der DDR in die Bundesrepublik übersiedelte.

Leo Navratil wurde 1921 geboren und studierte nach dem Schulabschluss Medizin und nahm 1946 seien Tätigkeit als Psychiater auf. Er interessierte sich zudem für Psychologie und Anthropologie und wurde von 1956-1986 Primarius einer Psychiatrischen Klinik. Er setzte sich mit "Bildnerei der Geisteskranken" von Prinzhorn auseinander und prägte für die Arbeiten psychisch Kranker den Ausdruck der zustandsgebundenen Kunst. Er sammelte Bilder von Johann Hauser, Ernst Herbeck, Philipp Schöpke, Oswald Tschirner und August Walla. Die Sammlung von ihm vergrößerte sich im Laufe der Zeit. Bekannt ist, dass er die Künstler in ihrem Werk mit seinen Wünschen in der Gestaltung ihrer Bilder beeinflusste. Er erhielt 1983 62jährig die Prinzhorn-Medaille. Bei seinem Tod 2002 war die Katalogisierung seiner Sammlung noch nicht abgeschlossen und wird zurzeit fortgesetzt.

1984 verstarb **Karl-Heinz**, im selben Jahr, in dem der 100. Geburtstag von Max Beckmann gefeiert wurde.

Die **Hitler-Tagebücher** von Kujau und Heidemann erschienen 1983 im Stern und lösten eine Krise des Verlags aus.

1984 musste **Rainer Barzel** wegen seiner Verwicklung in die Flick-Affäre zurücktreten. Während des 2. Weltkriegs war er Luftwaffen-Offizier und zuletzt Lehrer für Luftkampftaktik an der Marineschule in Kiel. Er wurde offenbar problemlos entnazifiziert und machte auch unter seiner Gefolgschaft zur Zentrumspartei seine Karriere in der CDU.

1984 wurde die **Radio Télévision Luxembourg** als Societé anonym gegründet. Dabei handelte es sich um eine Aktiengesellschaft nach luxemburgischem Recht. Es bestehen Verbindungen zu Bertelsmann.

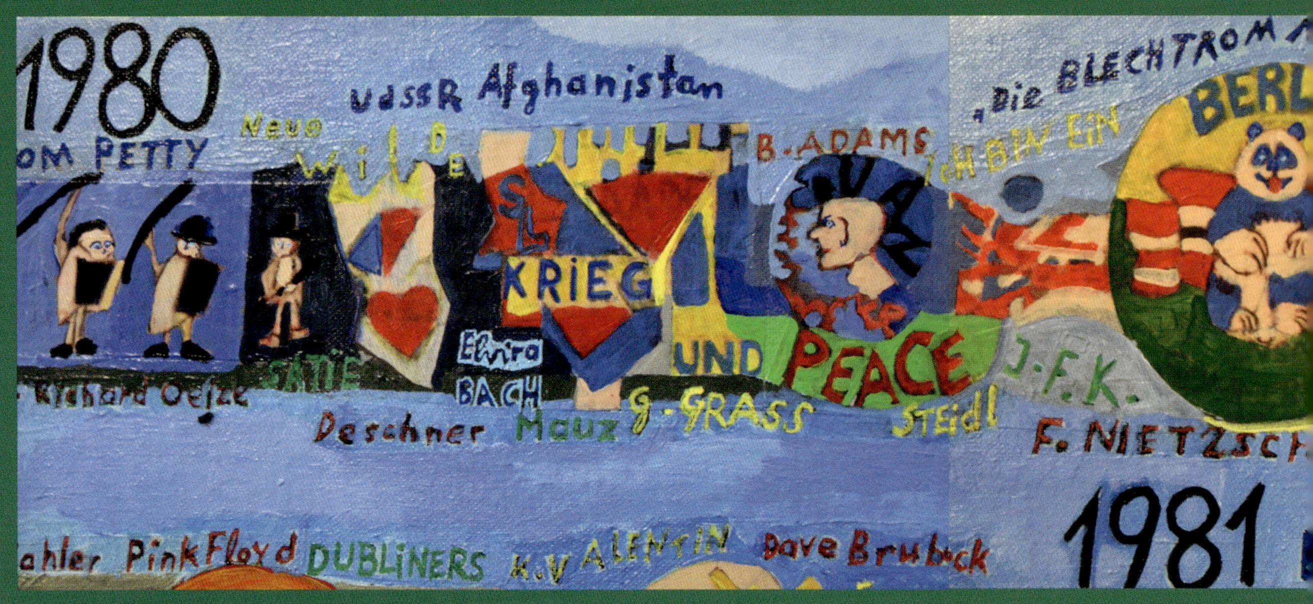
1980
UdSSR Afghanistan
Neue
Wilde
B. ADAMS
ICH BIN EIN
KRIEG
UND
PEACE
Elvira
BACH
J.F.K.
Deschner
Mauz
G. GRASS
Steidl
F. NIETZSCH
1981
Pink Floyd
DUBLINERS
K.VALENTIN
Dave Brubeck

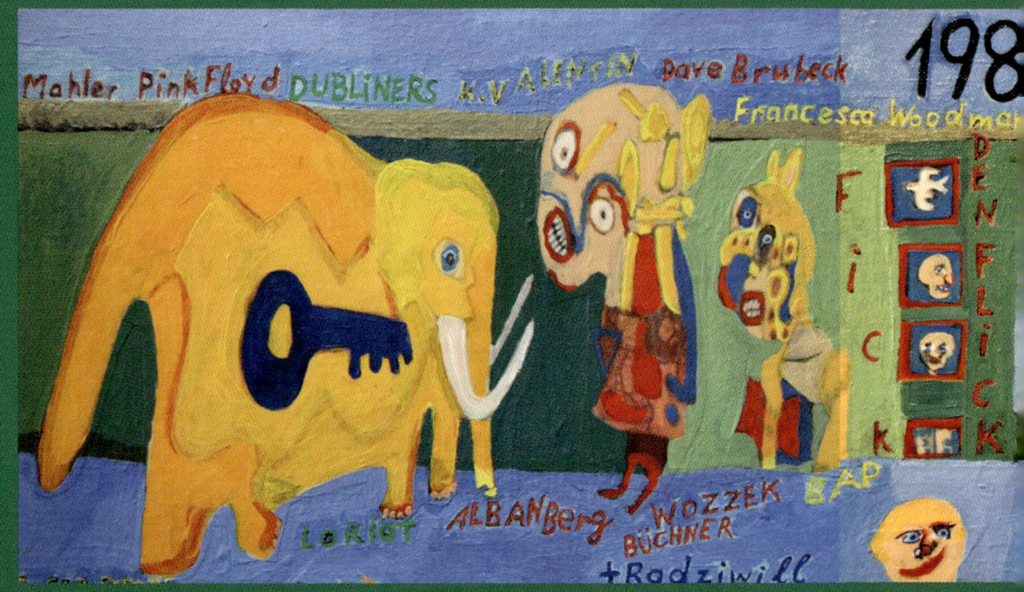
Mahler
Pink Floyd
DUBLINERS
K.VALENTIN
Dave Brubeck
Fick
DEN FLICK
LORIOT
ALBAN Berg
WOZZEK
BAP
BÜCHNER
+Radziwill

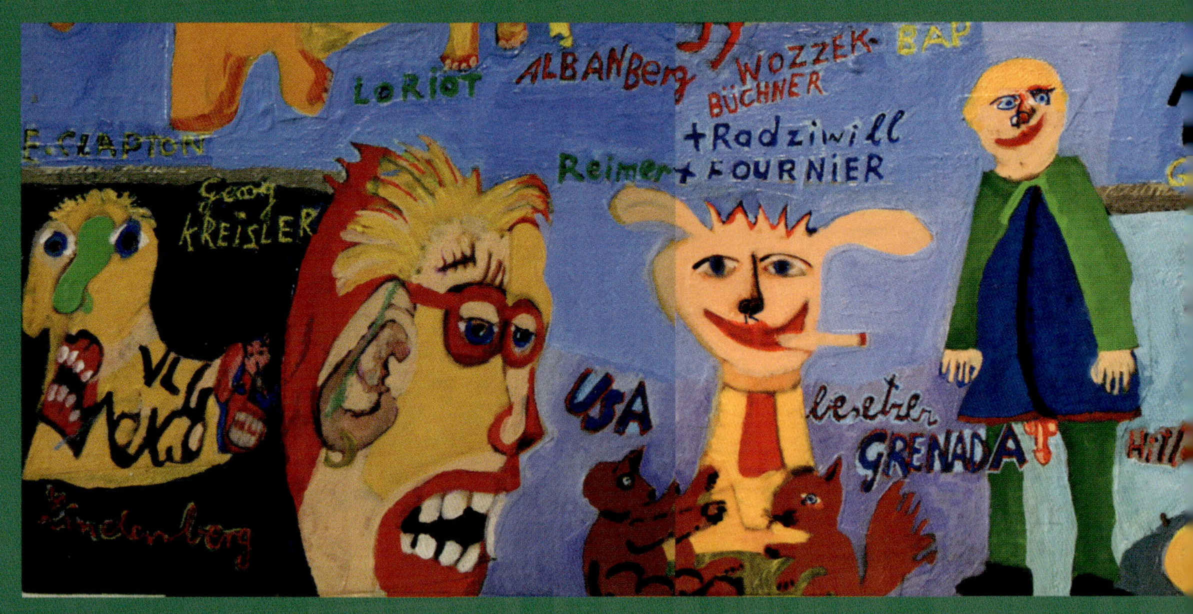
LORIOT
ALBAN Berg
WOZZEK
BAP
BÜCHNER
+Radziwill
Reimer
+FOURNIER
E.CLAPTON
Georg
KREISLER
USA
besetzen
GRENADA

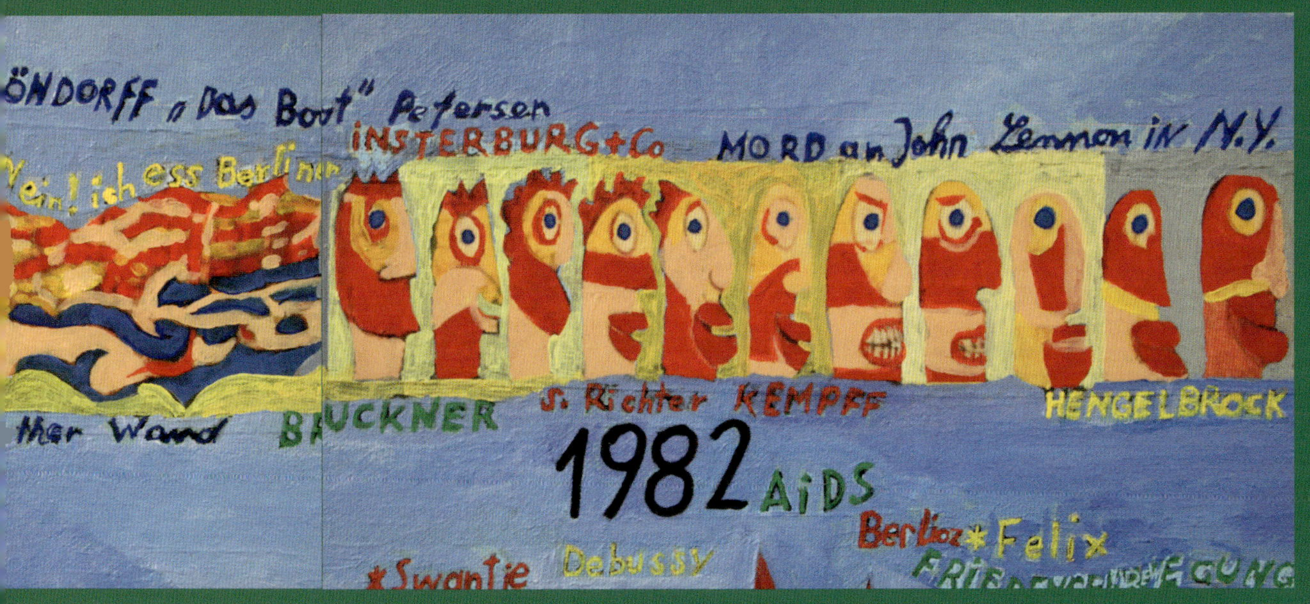

„Das Boot" Peterson
INSTERBURG+Co
MORD an John Lennon in N.Y.
S. Richter KEMPFF
HENGELBROCK
1982 AIDS
Berlioz * Felix
*Swantje
Debussy

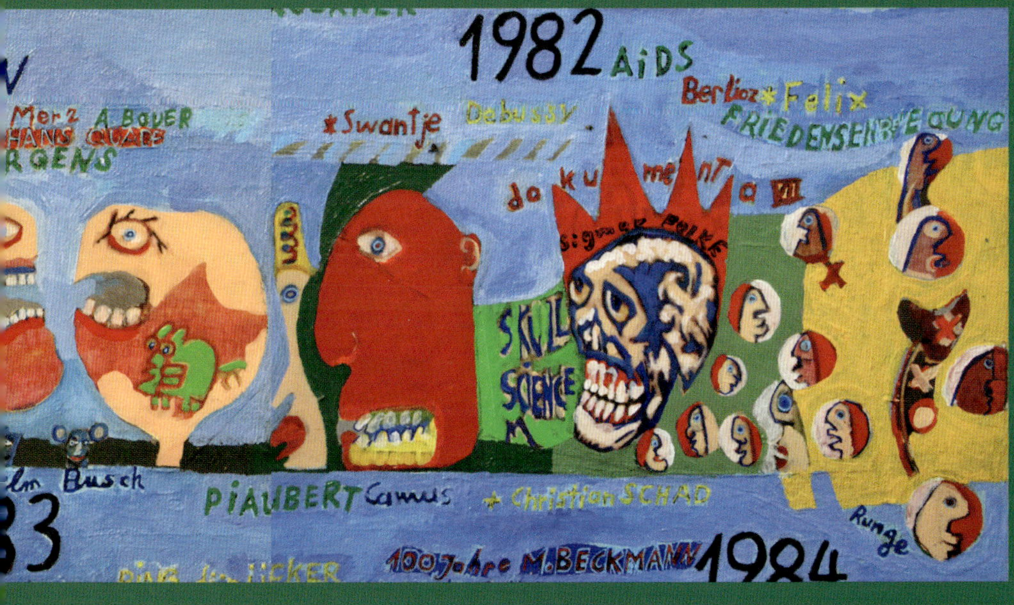

1982 AIDS
Berlioz * Felix
*Swantje
Debussy
Sigmar Polke
Busch
PIAUBERT Camus
* Christian SCHAD
Runge
100 Jahre M. BECKMANN

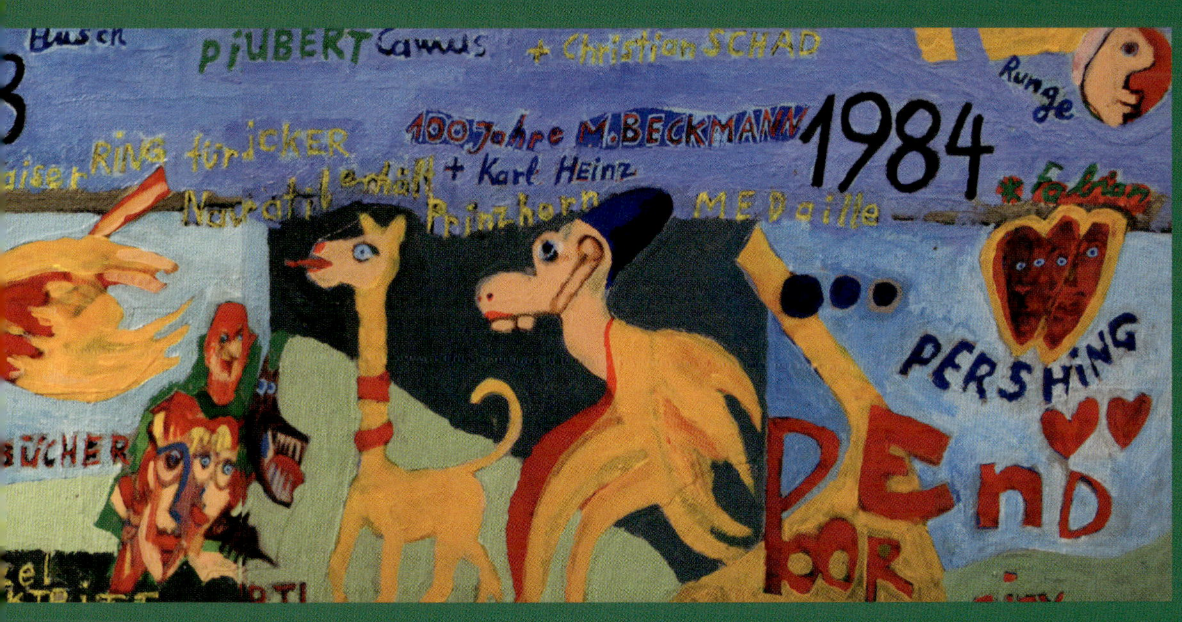

PIAUBERT Camus
+ Christian SCHAD
Runge
100 Jahre M. BECKMANN
1984
+ Karl Heinz
Prinzhorn
MEDaille
PERSHING
End

VI.

Miró wurde 1893 geboren und arbeitete als Maler, Grafiker... Er war ein breit gefächerter Könner in den Bereichen, die er bearbeitete. Wer Kunst und Handwerk liebt, liebt auch Miró.

Schüchtern, verschämt, schamhaft bedeutet auf Englisch coy. Unter dem Namen **Coy** firmieren diverse Künstler.

Der Maler und Autodidakt **Francis Bacon** war Existenzialist und homosexuell. Seine Gemälde entbehren in der Darstellung von Menschen der Schönheit, sie zeigen stattdessen surrealistisch verzogene Gesichter und Körper auch in schmerzhafter Verzerrung. Seine Arbeiten sind geprägt von Léger, Miró, Max Ernst und de Chirico. Eine innere Zerrissenheit des Künstlers wird in den Arbeiten spürbar und weist auch auf seine Erkrankungen durch Alkohol- und Drogen-missbrauch hin.

Willy Wolff war während seiner Ausbildung zum Kunsttischler Anarchist und später Mitglied der KPD. Er machte nach Weiterbildungskursen von 1927-1933 ein akademisches Kunststudium und wurde ab 1930 Meisterschüler von Otto Dix. Nach der Machtergreifung Hitlers lebte er von Arbeiten als Zeitungsausträger und desertierte gegen Kriegsende. Er verkaufte kleinere Arbeiten als Maler. Nach dem Krieg wurde er zum Mitglied im Verband Bildender Künstler der DDR. In den 1950er Jahren wandelte sich sein Malstil und beschäftigte sich mit surrealen und abstrakten Formen, die in der DDR aus politischen Gründen keine Anerkennung fanden und gleichsam verbotene Kunst darstellten. Erst nach Ausstellungen in der Wiener Albertina fanden seine Arbeiten ab 1970, nachdem er das Malen 1970 aus gesundheitlichen Gründen aufgab, erste Anerkennung in der DDR. Mit der später als Popart bezeichneten Kunstrichtung der USA haben die Werke von ihm aus meiner Sicht wenig zu tun. Er verstarb 1985, fünf Jahre vor Abriss der Mauer im 80. Lebensjahr.

Robert Musil wurde mir durch die Verfilmung seines Romans "Die Verwirrungen des Zöglings Törless" bekannt und führte zum Lesen seiner Werke. "Der Mann ohne Eigenschaften", zu dessen Lesen mich Hans anhielt, war für mich schwierig zu lesen, wenngleich die enthaltene Geschichte des Mörders Moosbrugger mich langfristig beschäftigte, da sie wesentliche forensisch-psychiatrische Mitteilungen zur Geschichte der Psychiatrie in Österreich aufweist. Spürbar im unvollendeten Roman werden die Schwierigkeiten von Musil während des Nationalsozialismus. Er verstarb verarmt im Schweizer Exil im 62. Lebensjahr 1942. Manche Passagen über sein Erleben vor und nach dem 1. Weltkrieg erinnern an die gesellschaftlichen Darstellungen in Prousts "Suche nach der verlorenen Zeit". Dabei liebe ich immer noch Musils Darstellung eines schönen Tages auf den ersten drei Seiten, die seine technische Sicht spüren lässt. Seine Auseinandersetzung mit Gut und Böse entsprechend der Philosophie Friedrich Nietzsches wird im Fall "Moosbrugger" deutlich. Die autobiografische Persönlichkeit des Törless zeigt das problematische Aufwachsen von Musil.

Der Fotograf **Andreas Gursky** wurde noch vor der Flucht der Familie aus der DDR nach Düsseldorf in Leipzig geboren und studierte 1978-1981 an der Universität Essen bei Otto Steinert. Er wechselte als Meisterschüler zu Hilla und Bernd Becher. Seine künstlerischen Fotografien sind mindestens genauso imponierend wie die Bilder von Becher.

Hilla und Bernhard Becher (1934-2015 und 1931-2007) heirateten 1961. Hilla machte eine dreijährige Fotografenausbildung und Bernhard studierte nach einer Lehre in einem Dekorationsbetrieb zunächst an der Akademie für Bildende Künste in Stuttgart und wechselte 1959 an die Düsseldorfer Kunstakademie, an der er 1976 eine Professur für Fotografie erhielt. Sie wurden seit der Teilnahme an der Documenta 5 mit Schwarzweißbildern, die mit einer speziellen Technik besonderen Häusern und Industriebauten gemacht wurden, bekannt. Sie gründeten die Düsseldorfer Fotoschule. Ihre Bilder von Industrieanlagen im Ruhrpott konnte ich auf der Documenta 7 und 11 bewundern.

Der BND-Beamte **Hansjoachim Tiedge** war ab 1979 für die Spionage-Abwehr gegen die DDR zuständig und lief 1985 zur DDR über. Er verstarb 2011 in der Nähe von Moskau.

1986 kam es zur **Explosion des Tschernobyl-Reaktors**, die sich auch in der Bundesrepublik durch Niederschlag mit radioaktiven Stoffen bemerkbar machte. Ich erinnere mich, dass ein Kollege im Gutachtendienst nicht zur Arbeit erschien, da er meinte, die Folgen der Radioaktivität an sich selbst zu verspüren. Wir beachteten die Regelung, keine Pilze mehr zu sammeln, da berichtet wurde, dass die radioaktiven Substanzen insbesondere in Pilzen gespeichert werden. In den Tschernobyl nahe gelegenen Regionen wurde eine Häufung von Schilddrüsenkrebs und Leukämie beobachtet. Der große Unfall hatte Einfluss auf Michael Gorbatschows Entscheidung zur Auflösung der Sowjetunion. Er führte später aus, dass die Katastrophe in der Ukraine in höherem Maße zu dem Niedergang der Sowjetunion führte als die von ihm betriebene Perestroika.

Bereits seit 1954 wurden im Rahmen der Aufrüstung der US-Armee mit Atomwaffen auch in der BRD Atomwaffen gelagert. 1983 erreichte die Aufrüstung mit der Stationierung von **Pershing** II ihren Höhepunkt. Die Atomwaffen lagern bis heute in der Bundesrepublik, trotz des Vertrags zwischen der Sowjetunion und den USA, der nach dem Tschernobyl-Unglück 1987 geschlossen wurde.

Seit 1961 wurden **Christo und Jeanne-Claude** mit Verhüllungsobjekten bekannt. Das Projekt zur Verhüllung des Reichstages in Berlin dauerte von 1971-1995. Wir verfügen über zwei Original-Lithographien, deren Kauf mithalf, das Projekt in Berlin umzusetzen. Eine geplante Verhüllung des Lübecker Holstentors kam nicht zustande.

Jeff Koons gehört zu den Hauptkünstlern der Pop-art, womit er viel Geld machte, außerdem hat er viel Geld als Broker im Baumwollhandel verdient. Wir konnten sein Werk Puppy vor dem Guggenheim-Museum in Bilbao bewundern. Wegen Urheberrechtsverletzung im künstlerischen Bereich wurde er mehrfach verurteilt.

Frau Professor Krystyna Warecka war Leiterin der neurologischen Abteilung der Neurologisch-Psychiatrischen Klinik in Lübeck. Sie arbeitete zusammen mit Professor Ioannis Tripatzis aus dem Hygiene-Institut. Unter ihnen gelang es mir, das hirnspezifische alpha-2-Glycoproteins rein darzustellen.

Carl Ferdinand Stelzner war Maler und Fotograf in der Daguerrotypie, er verstarb im Alter von 89 Jahren in Hamburg. Sein Sohn Alfred wurde Arzt und arbeitete in der Chirurgischen Klinik des Krankenhauses Süd in Lübeck als Chirurg und später als Leiter des Medizinischen Dienstes bei der Landesversicherungsanstalt Schleswig-Holstein. Ich lernte ihn als Medizinalassistent kennen und später war er mein Vorgesetzter bei der LVA. Er war kunstbewandert und mit einer Balletttänzerin verheiratet. Er war der Zweitgeborene von vier Brüdern des erblindeten Daguerrotypisten

1986 explodierte das **Space Shuttle** nach etwas mehr als einer Minute nach seinem Start. Dabei starben die sieben Besatzungsmitglieder an Bord.

Pablo Picasso wurde 1881 geboren und verstarb im 92. Lebensjahr in Frankreich. Seine Ausstellung in der Overbeck-Gesellschaft in Lübeck mit mehrfarbigen Linolschnitten, die in einer besonderen Schnitt- und Drucktechnik hergestellt wurden, besprach Daniel-Henry Kahnweiler, der seine Arbeit als Galerist und Kunsthistoriker langjährig begleitete, zur Eröffnung. Unter Übernahme der Technik druckte ich meine Blätter für drei Kalender.

Die Romane "Der Leichenverbrenner" und "Die Reise ins gelobte Land" von **Ladislav Fuks** beeindruckten mich bei der Lektüre um 1995, nachdem Fuks 1994 im 71. Lebensjahr verstorben war.

Die Arbeiten von **Paul Klee** faszinierten mich in ihrer Bandbreite bereits in der Schulzeit bei der Beschäftigung mit der expressionistischen Kunst und führten darüber hinaus zur Wahrnehmung seiner gesamten künstlerischen Entwicklung. Die Verbindung von Musik und Malerei in seinen Werken ist das Wunderbare, das mich darin bestärkte, in meinen Arbeiten die Musik als Taktgeber einzubinden. Meine „Fingerübungen" entstanden durchweg unter Beeinflussung durch laufende Musik.

Die Grafiken von **Olaf Gulbransson** im Simlicissimus erfreuen mich bis heute beim Durchblättern eines Bandes aus der Vorkriegszeit, der in unserem Bücherschrank steht, auch wenn er nach initialem Verbot unter den Nationalsozialisten opportunistische Wesenszüge zeigte.

Opportunismus und Unterwürfigkeit gegenüber den Geldgebern für Bildende Kunst gehört zum Broterwerb vieler, auch begnadeter Künstler, die sich entsprechend vermarkten lassen. Bei mir entsteht der Eindruck, dass **Kunst nur noch Kapita**l ist.

Emil Schumacher studierte an der Handwerker- und Kunstgewerbe-schule Dortmund und konnte danach als freier Maler nicht arbeiten, da seine Arbeiten unter den Nationalsozialisten als Kulturbolschewismus bezeichnet wurden. Nach dem 2. Weltkrieg schloss er sich der Künstlervereinigung Junger Westen, die er mitbegründete, an. Seine abstrakte Malerei entbehrt nicht der Gegenstandsbezogenheit. Zu seiner Malweise führte er aus: "Ich male so, wie ein Kind in einen Apfel beißt."

Der kleinwüchsige **Toulouse-Lautrec** ist durch seine Plakate zur Moulin Rouge in Paris bekannt geworden, die im Steindruck aufgelegt wurden und auch als Steindruck in Zeitungen veröffentlicht wurden. Eine kleine Lithographie, die er nach seiner Gouache "Yvette Guilbert begrüßt das Publikum" fertigte, findet bei uns großen Anklang bei Besuchern. Der Besuch seines Museums in Albi ist auch wegen der besonderen Lage und Umgebung der Stadt sehr empfehlenswert.

Das Schaffen des Malers, Grafikers und Zeichners **Edvard Munch**, der von 1863-1944 lebte, ist geprägt von seinen seelischen Empfindungen im Zusammenhang mit frühen Erlebnissen und Ereignissen. Er verbrachte einige Zeit auch in Lübeck und arbeitete für den Augenarzt Linde, der einige Plastiken von Rodin besaß. In einer Ausstellung in Amsterdam wurden seine Bilder denkenswert neben die Bilder von van Gogh gehängt. – Wir werden hoffentlich noch das Museum in Oslo besuchen können.

Der Künstler **Bruno Voigt** wurde 1912 geboren und studierte an der Akademie der Bildenden Künste in Weimar. Unter den Nationalsozialisten galt seine Kunst als entartet und seine Werke wurden bereits 1933 durch SA und Polizei vernichtet. Er wurde 1944 an die Ostfront geschickt und nach seiner Verlegung nach Holland wurde er nach Frankreich verfrachtet und bei Minenräumkommandos eingesetzt. In der DDR baute er die ostasiatische Sammlung der Museen zu Berlin auf. Seine letzten künstlerischen Arbeiten entstanden nach dem 2. Weltkrieg 1946-1947. Er verstarb 1988 76jährig in Berlin.

Charles Mingus lebte von 1922-1979 und gilt als einer der größten Jazz-Bassisten, der mit sehr vielen Größen des Jazz zusammenspielte.

1988 wurde der deutsche Aktienindex (**DAX**) eingeführt.

Der Bildhauer **Rainer Kriester** wurde 1935 geboren und verstarb im 67. Lebensjahr 2002. Die Werke von ihm lernte ich auf Ausstellungen in der Lübecker Petrikirche und im Kunsthaus Lübeck kennen. Dort konnte ich einige Arbeiten von ihm erwerben. Unter anderem befindet sich ein Nagelkopf in unserem Besitz und Frau Gaulin ist dafür zu danken, dass sie Kriester animierte, in das Buch eine Widmung und Zeichnung für mich einzubringen.

Markus Lüpertz ist Jahrgang 1941 und als Maler, Grafiker und Bildhauer tätig. Von 1988-2009 war er Rektor der Kunstakademie in Düsseldorf. Seine Holzplastiken sind in vielen Städten zu bewundern. Eine Holzplastik stand einige Zeit vor dem Lübecker Holstentor. Leider wurden keine Geldmittel zum Ankauf bereitgestellt. Seine Plastik hätte dort einen wunderbaren und beziehungsreichen Platz gehabt.

Neo Rauch gehört als Maler zur Neuen Leipziger Schule. Er war Meisterschüler bei Bernhard Heisig und arbeitete daneben als Hochschullehrer und Honorarprofessor.

Anselm Kiefer ist jetzt 76 Jahre alt und arbeitet als Maler und Bildhauer. Seine Arbeiten wurden mir auf der Documenta 7 und 8 bekannt, ohne dass sie mich in Bann zogen. Neben der Grossformatigkeit sind bei mir die kleinteiligen Gegenstände, die auf seinen Bildern verklebt sind, in Erinnerung.

Albert Birkle verstarb 1986 wie auch Joseph Beuys, der bei seinem Tod 21 Jahre jünger war. Der Maler und Zeichner Birkle studierte an der Hochschule der Künste in Berlin, nachdem er eine Ausbildung zum Dekorationsmaler gemacht hatte. In Zusammenhang mit den Problematiken des 3. Reiches siedelte er nach Salzburg um. Als Pazifist versuchte er, den Kriegsdienst zu umgehen. In Österreich wurde ihm 1958 der Professorentitel verliehen. Er war vor seinem Tod 1986 mit seinen Glasfenstern in Kirchen bekannt geworden.

Bei **Joseph Beuys** ergeben sich keine Verbindungen zur Kunst von Albert Birkle. Seine Arbeiten auf der Documenta 7 und 8 sind mir in Erinnerung. Eine umfassende Ausstellung zu seinem Werk sah ich 1988 im Gropius-Bau in Berlin zwei Jahre nach seinem Tod. Ich habe die Ausstellung in lebhafter Erinnerung, da mir auffiel, dass die Besucher vor allem die großen Tafeln mit Schriften zu den ausgewählten Werken lasen, ohne Blickkontakt zu den Werken aufzunehmen. Meine Fotoserie zu der Ausstellung gefällt mir immer noch.

Gorbatschow lebte von 1931-2022 und war der letzte Präsident der Sowjetunion. Ihm und Willy Brandt ist die Vereinigung der DDR und BRD zu verdanken und brachte den Abriss der Mauer. 30 Jahre danach führt der Krieg zwischen Russland und der Ukraine zu weltweiten Problemen mit Ächtung **Putin**s Russland und Glorifizierung der Ukraine.

Der Autodidakt **Penck** verdiente seinen Lebensunterhalt als Heizer, Nachtwächter, Briefträger und Kleindarsteller, da er in der DDR kein Kunststudium aufnehmen konnte und eine Aufnahme in den Verband Bildender Künstler der DDR abgelehnt wurde. Nach seiner Ausbürgerung aus der DDR machte er Karriere als Bildhauer, Grafiker und Maler, nahm an der Documenta 5, 6, 7 und 9 teil und wurde 1988 zum Professor der Kunstakademie Düsseldorf berufen. Er verstarb 2017 68jährig.

Der CDU-Ex-Ministerpräsident Schleswig-Holsteins **Uwe Barschel** nahm sich 1987 im Alter von 43 Jahren das Leben, nachdem er ein Ehrenwort gegeben hatte, dass er keine Unwahrheiten gesagt habe. Es war seine Verlogenheit, die ihn in den Tod trieb.

Frau **Adrienne Goehler** wurde 1955 geboren und ist eine parteilose Querdenkerin. Der Begriff des Querdenkens hat inzwischen eine andere Bedeutung mit einem politischen ekligen Beigeschmack bekommen, der vielleicht dazu führen wird, dass die Definition des Querdenkens im Duden geändert wird.

Die **Retrospektive Bilderstreit** fand 1989 in den Kölner Rheinhallen statt. Sie wurde zu einem Desaster für die Kölner Kunstszene, da die Macherin Gohrs eine überproportionale Hochschätzung der Künstler der Galerie Werner zeigte und die Großmeister der deutschen Kunst für den 30jährigen Rückblick ohne sonst wichtige für die Ausstellung prädestinierte Künstler zu berücksichtigen. Ihr wurden Korruption, Marktpolitik und Mauscheleien vorgeworfen. Die Auseinandersetzungen mit Künstlern, Galeristen und Ausstellungsmachern führte zum Desaster.

Der Maler **Bernhard Heisig** studierte von 1941-1942 an der Kunstschule in Breslau und nahm als SS-Angehöriger vom 18. bis 20. Lebensjahr als Kriegsfreiwilliger am 2. Weltkrieg teil. Er wurde 1945 aus sowjetischer Kriegsgefangenschaft entlassen. Seine Auseinandersetzung mit dem Kriegserleben konnte ich mir auf Lithographien bei seinem Drucker Müller in Thüringen ansehen. In der DDR war er Dozent und Rektor an der Hochschule Leipzig. In der Auseinandersetzung mit SED-Größen in der Kulturpolitik wurde er als Rektor abgesetzt. Aus der SED trat er Ende 1989 aus. Er starb 2011 im 86. Lebensjahr.

Die Plastik "Gekippter Bogen" von **Richard Serra**, die er 1981 im öffentlichen Raum in New York aufstellte, wurde 1989 mit richterlichem Beschluss abgerissen, da sie von den benachbarten Bewohnern als hässlich wahrgenommen wurde.

Dalí ist künstlerisch ein breit aufgestellter Künstler gewesen, der im 85. Lebensjahr in Spanien verstarb und mit seiner Frau Gala in seiner Krypta im Teatre-Museu beigesetzt wurde. Seine Malerei gehört mit seinen berühmtesten Bildern dem Surrealismus an. Zeitlebens war er ein Exzentriker, der sich selbst und sein Werk in zum Teil unangenehmer Weise zur Schau stellte, der sich selbst als Künstler in den gleichen Rang hob wie den spanischen Diktator Franco.

Der Fotograf und Künstler **Robert Mapplethorpe** lebte von 1946-1989 ein exzessives Leben mit sexuellen Beziehungen in vielen Variationen und war HIV-positiv, er starb an dem Leiden mit 42 Jahren. Seine Persönlichkeitsportraits erzielten Hochpreise, die Sexualität betonenden Bilder führten zu massiven Auseinandersetzungen in der Gesellschaft.

Der Schriftsteller **Thomas Mann** erhielt 1929 für seinen Roman „Buddenbrooks" den Nobelpreis. Am Lebenswerk von ihm ist insbesondere seine scharfsichtige Beschreibung des Nationalsozialismus bemerkenswert: Exzentrisch, primitiv, Jahrmarktsrohheit, Massenkrampf, Bodengeläut ... Entsprechend ging er, wenngleich gedrängt, 1933 ins Exil. – Sein "Tonio Kröger" gehörte zur Schulliteratur. Seine Romane "Der Zauberberg", "Königliche Hoheit" las ich noch während der Schulzeit und zum Teil später, in der Zeit meines Studiums. "Joseph und seine Brüder" hörte ich gemeinsam mit Hilda im Norddeutschen Rundfunk in den Morgenstunden, die Vorlesensart und den Inhalt fand ich zu der Zeit ermüdend und süßlich, während ich „Die Bekenntnisse des Hochstaplers Felix Krull" witzig, tiefsinnig empfand. Seinen "Doktor Faustus" las ich sofort, nachdem ich ein in Lübeck aufgeführtes Bühnenstück von ihm gesehen hatte und halte es für das beste Buch von ihm.

Sein vier Jahre älterer Bruder **Heinrich** war der Schriftsteller von den Romanen "Professor Unrat" und "Der Untertan", die ich noch während der Schulzeit las. Seine zwei Romane über König Heinrich IV von Frankreich las ich sofort, nachdem ich eine Rezension in den Lübeckischen Blättern gelesen hatte, kurz vor Beginn des russischen Ukraine-Krieges bis zum Ende durch. Die Schilderungen der Intrigen und Verbrechen sowie der vielfachen kriegerischen Auseinandersetzungen sind auch mit der lübschen endmittelalterlichen Zeit verbunden. Er starb 79jährig in den USA und wird dort wohl wegen seiner politischen Ansichten nicht besonders gelitten worden sein und fand auch keine Beziehungen zu seinem Exil gebenden Staat.

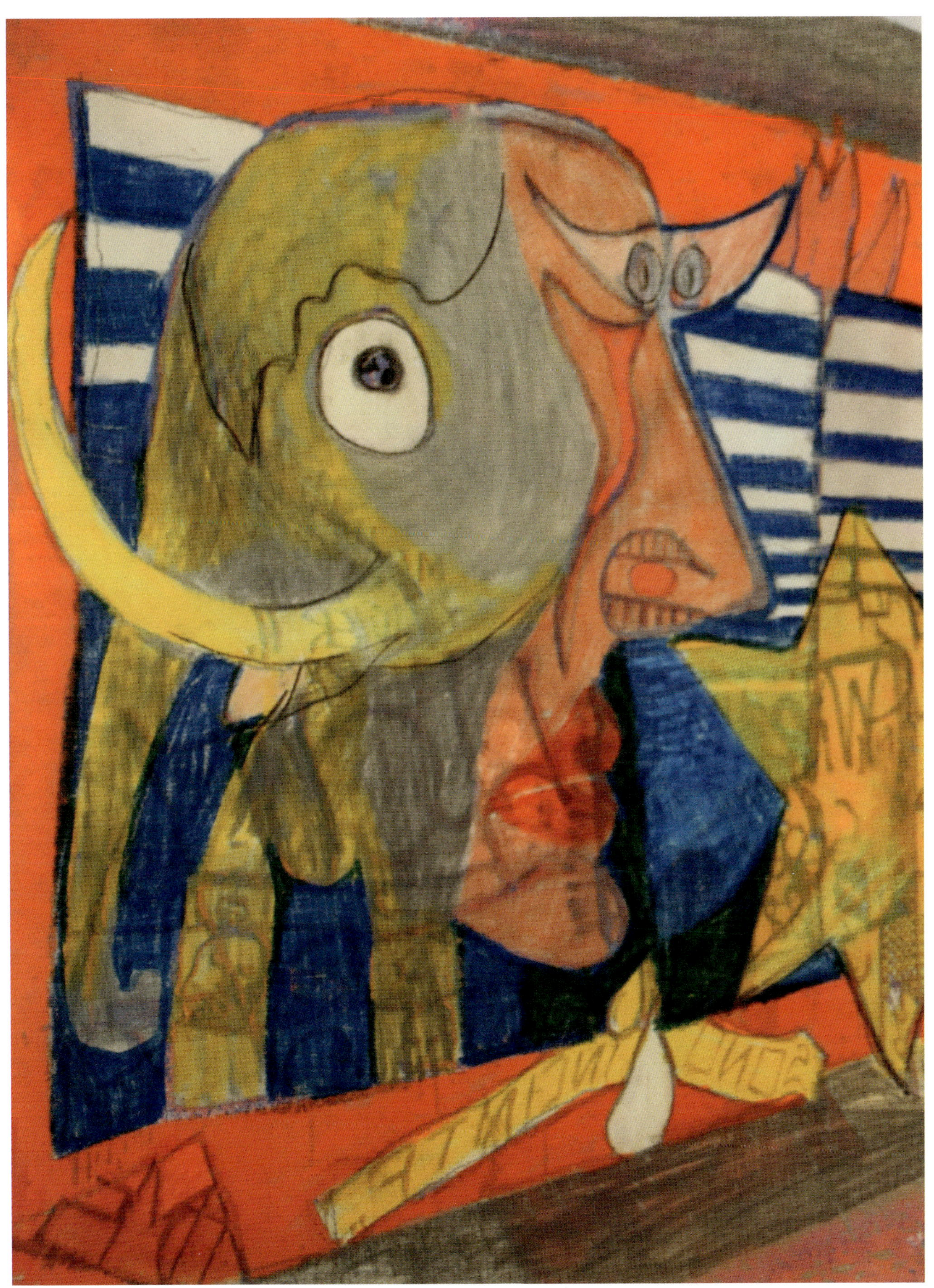

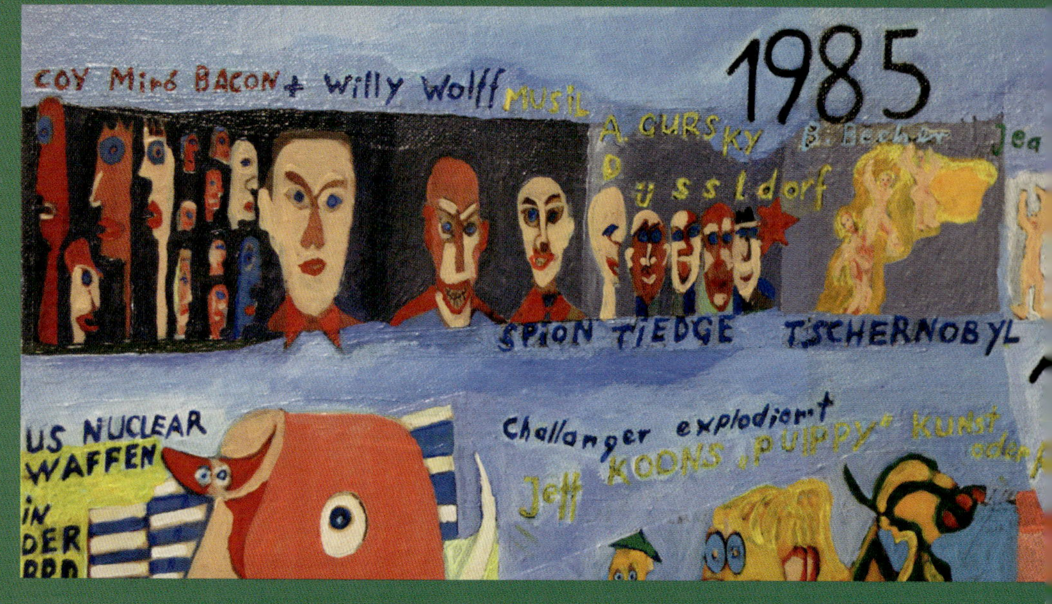
1985
COY Miró BACON + Willy Wolff
A. GURSKY
Düsseldorf
SPION TIEDGE
TSCHERNOBYL
US NUCLEAR WAFFEN IN DER
Challanger explodiert
Jeff KOONS

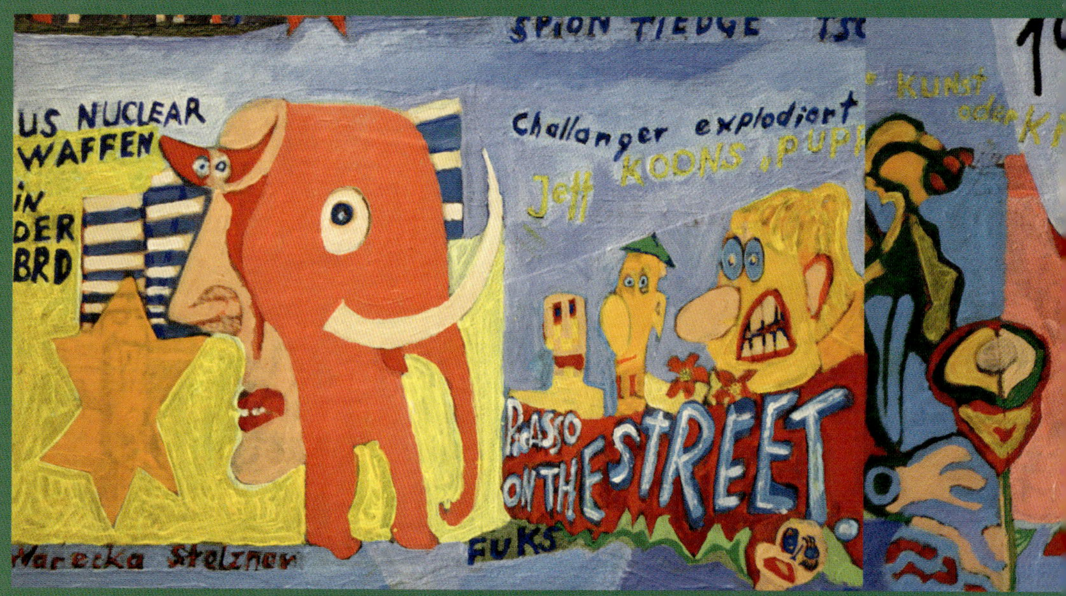
SPION TIEDGE
US NUCLEAR WAFFEN IN DER BRD
Challanger explodiert
Jeff KOONS
PICASSO ON THE STREET
Narecka Stelzner
FUKS

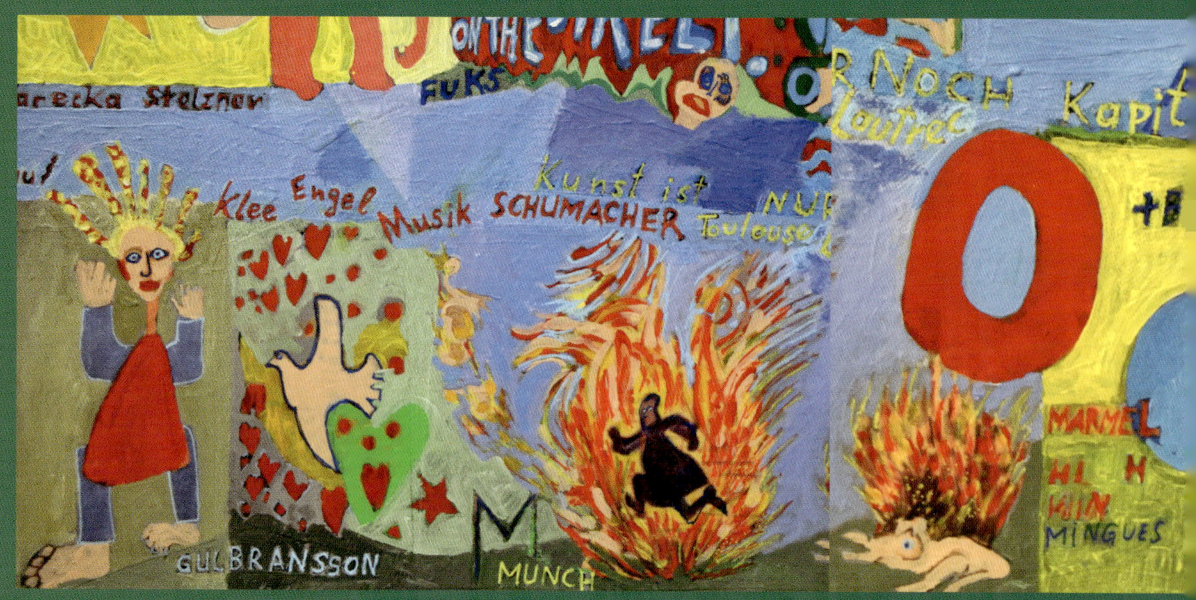
Narecka Stelzner
FUKS
Kunst ist
Klee Engel Musik SCHUMACHER
Toulouse
Lautrec
Kapit
GULBRANSSON
MUNCH
MINGUES

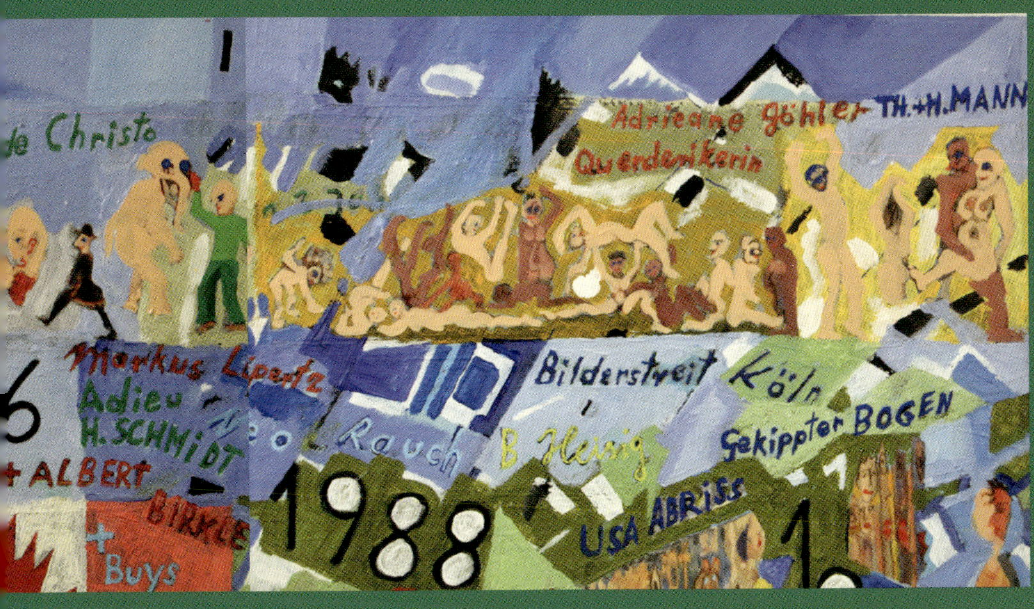
Christo
TH.+H.MANN
Querdenkerin
Adieu
H.SCHMIDT
Rauch
+ ALBERT
BIRKLE
+ Buys
Bilderstreit Köln
Gekippter BOGEN
1988
USA ABRISS

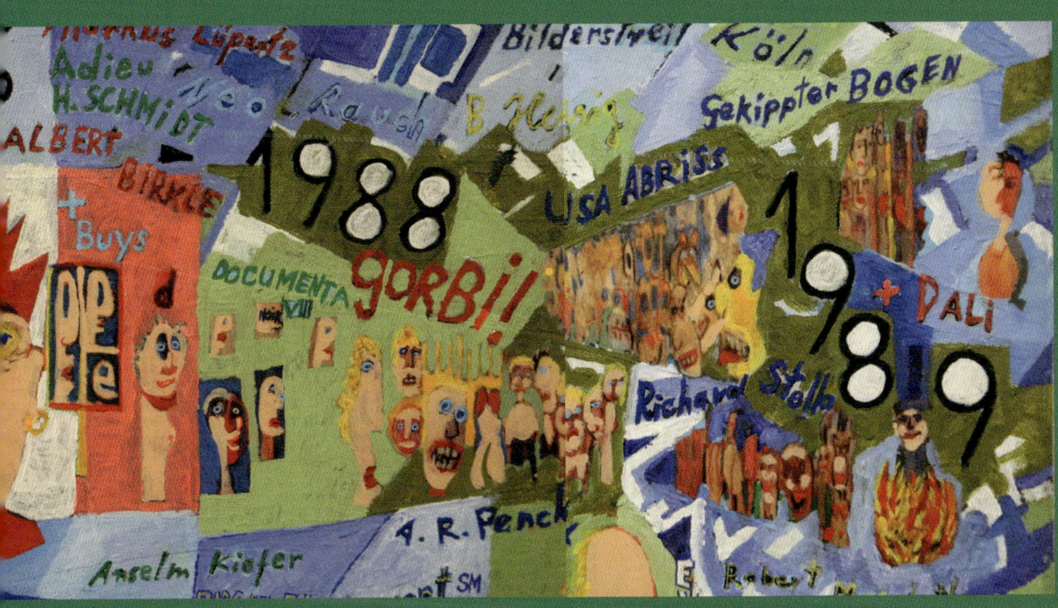
Adieu
H.SCHMIDT
Rauch
ALBERT
BIRKLE
+ Buys
Bilderstreit Köln
Gekippter BOGEN
1988
USA ABRISS
DOCUMENTA VIII
GORBI!
1989
+ DALI
A. R. Penck
Anselm Kiefer

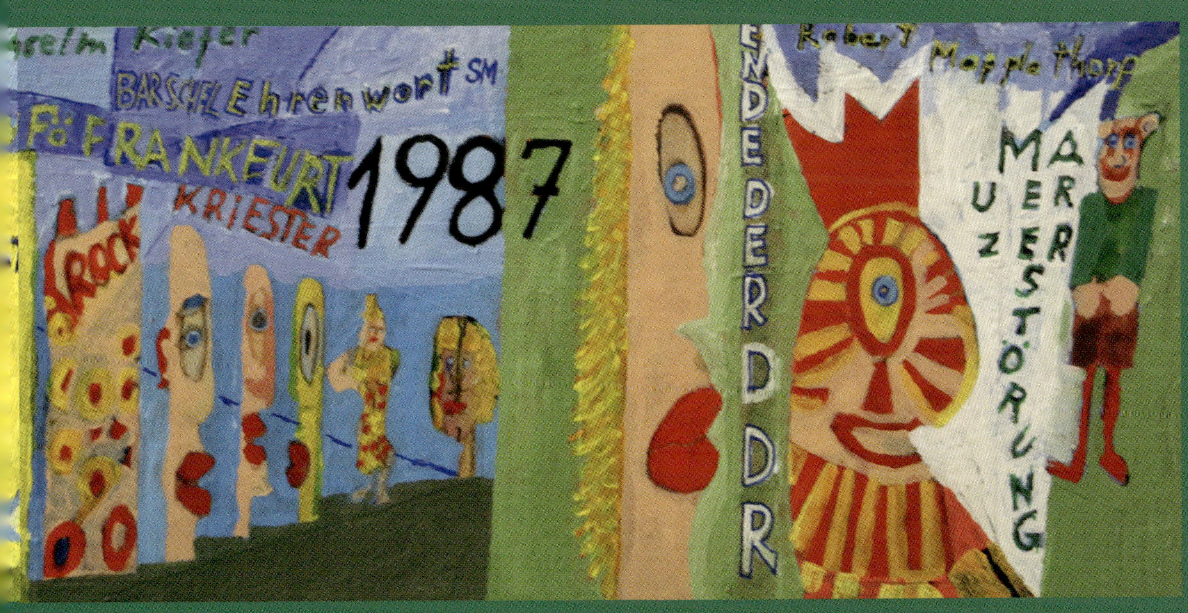
BARSCHEL Ehrenwort SM
FRANKFURT
KRIESTER
1987
ROCK
ENDE DER DDR
MAUER ZERSTÖRUNG

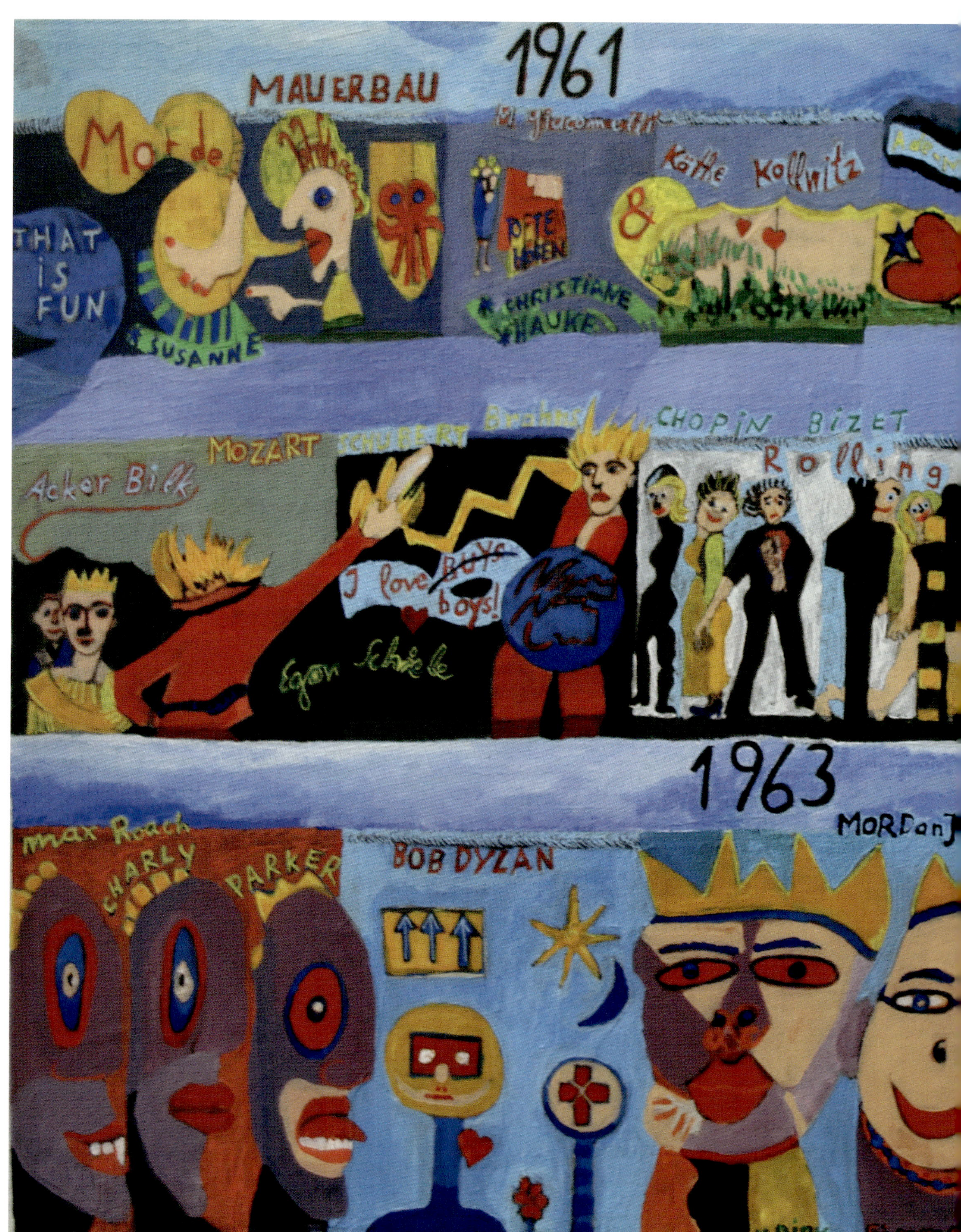
1961
MAUERBAU
THAT IS FUN
SUSANNE
Käthe Kollwitz
CHRISTIANE HAUKE
MOZART
Acker Bilk
CHOPIN BIZET
Rolling
I love boys!
Egon Schiele
1963
max Roach
CHARLY PARKER
BOB DYLAN
DIRK

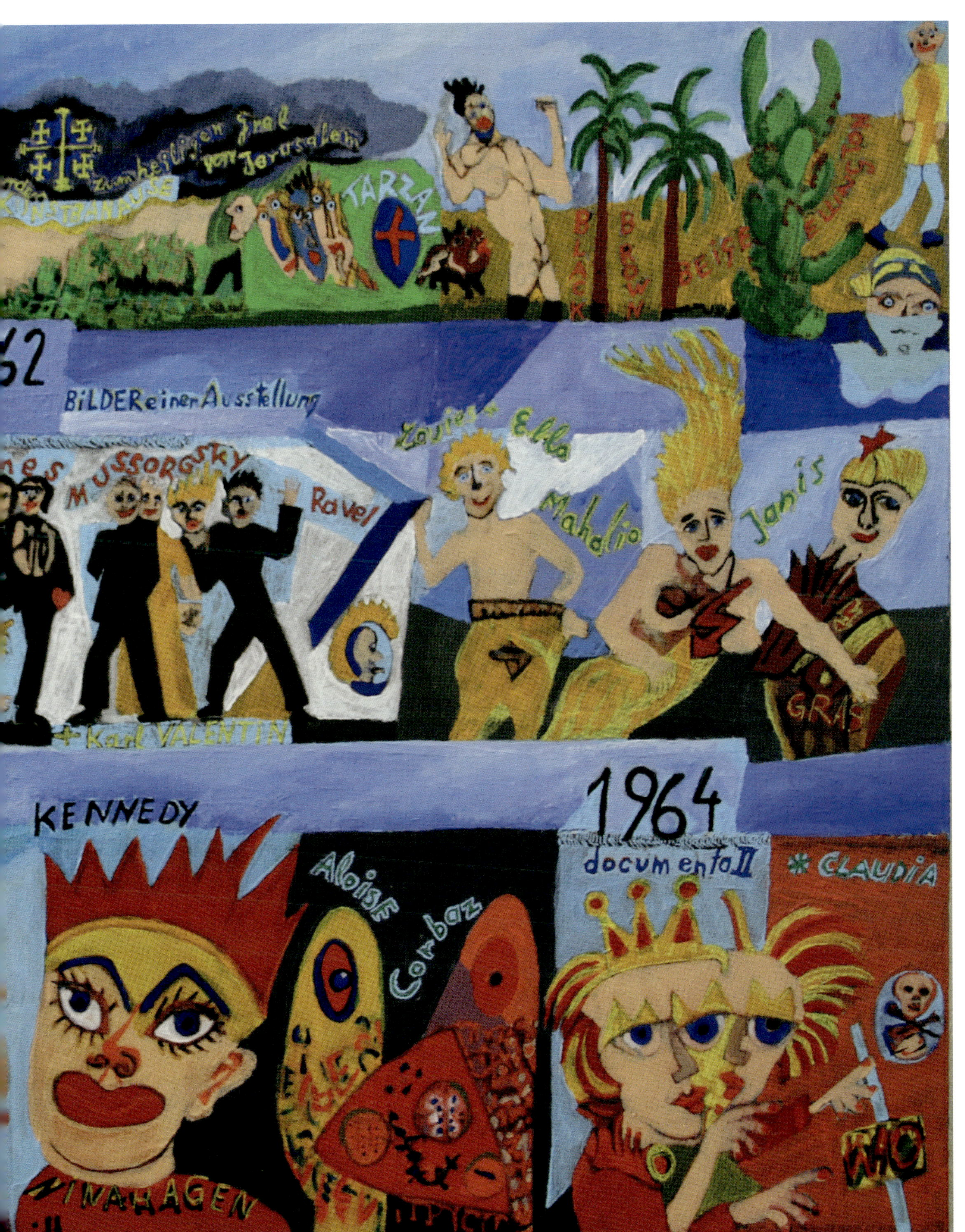

zum heiligen Gral von Jerusalem
TARZAN
BLACK
BROWN
BEIGE
ELLINGTON
BILDER einer Ausstellung
MUSSORGSKY
Ravel
Karl VALENTIN
Mahalia
Janis
GRAS
KENNEDY
1964
documenta II
CLAUDIA
Aloise Corbaz
NINA HAGEN
WHO

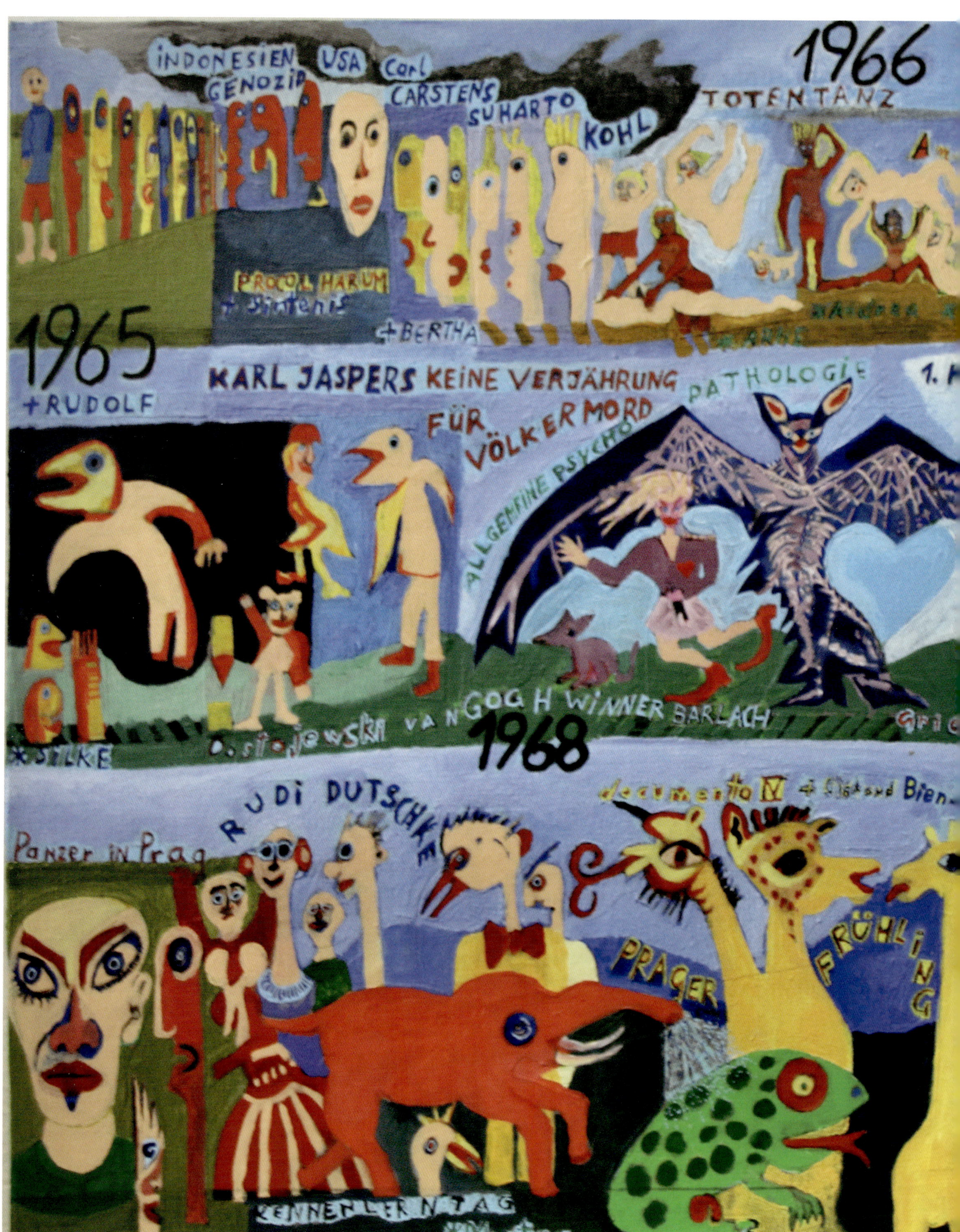
1966
INDONESIEN
GENOZID
USA
Carl
CARSTENS
SUHARTO
KOHL
TOTENTANZ
PROCOL HARUM
+ Sintenis
+BERTHA
1965
+RUDOLF
KARL JASPERS KEINE VERJÄHRUNG
FÜR VÖLKERMORD
ALLGEMEINE PSYCHOPATHOLOGIE
VAN GOGH WINNER BARLACH
*SILKE
1968
RUDI DUTSCHKE
Panzer in Prag
PRAGER
FRÜHLING
KENNENLERNTAG

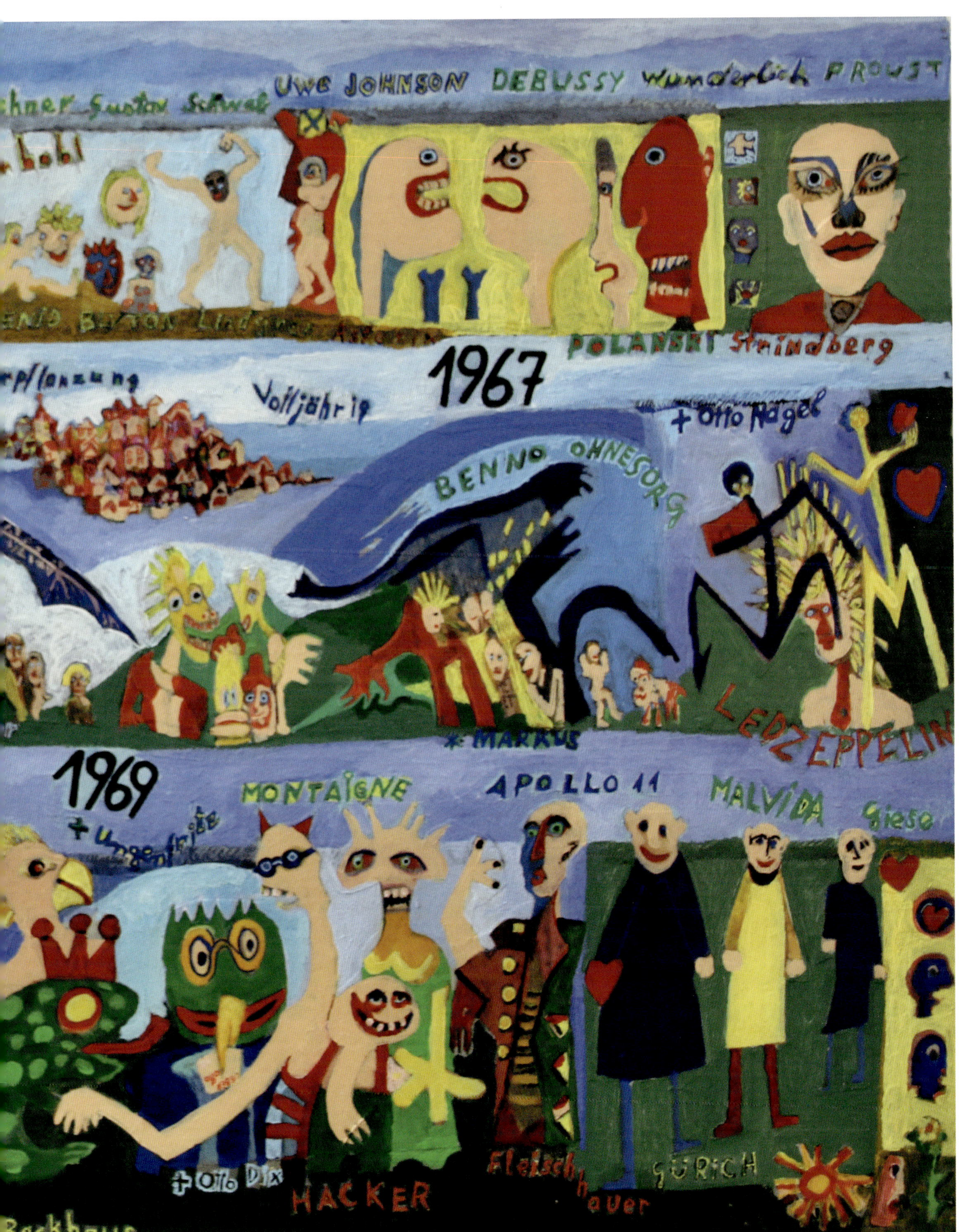

Uwe JOHNSON
DEBUSSY
Wunderlich
PROUST
POLANSKI
Strindberg
1967
Volljährig
+ Otto Nagel
BENNO OHNESORG
* MARKUS
LED ZEPPELIN
1969
MONTAIGNE
APOLLO 11
MALVIDA
Giese
+ Otto Dix
HACKER
Fleischhauer
GÜRICH
Backhaus

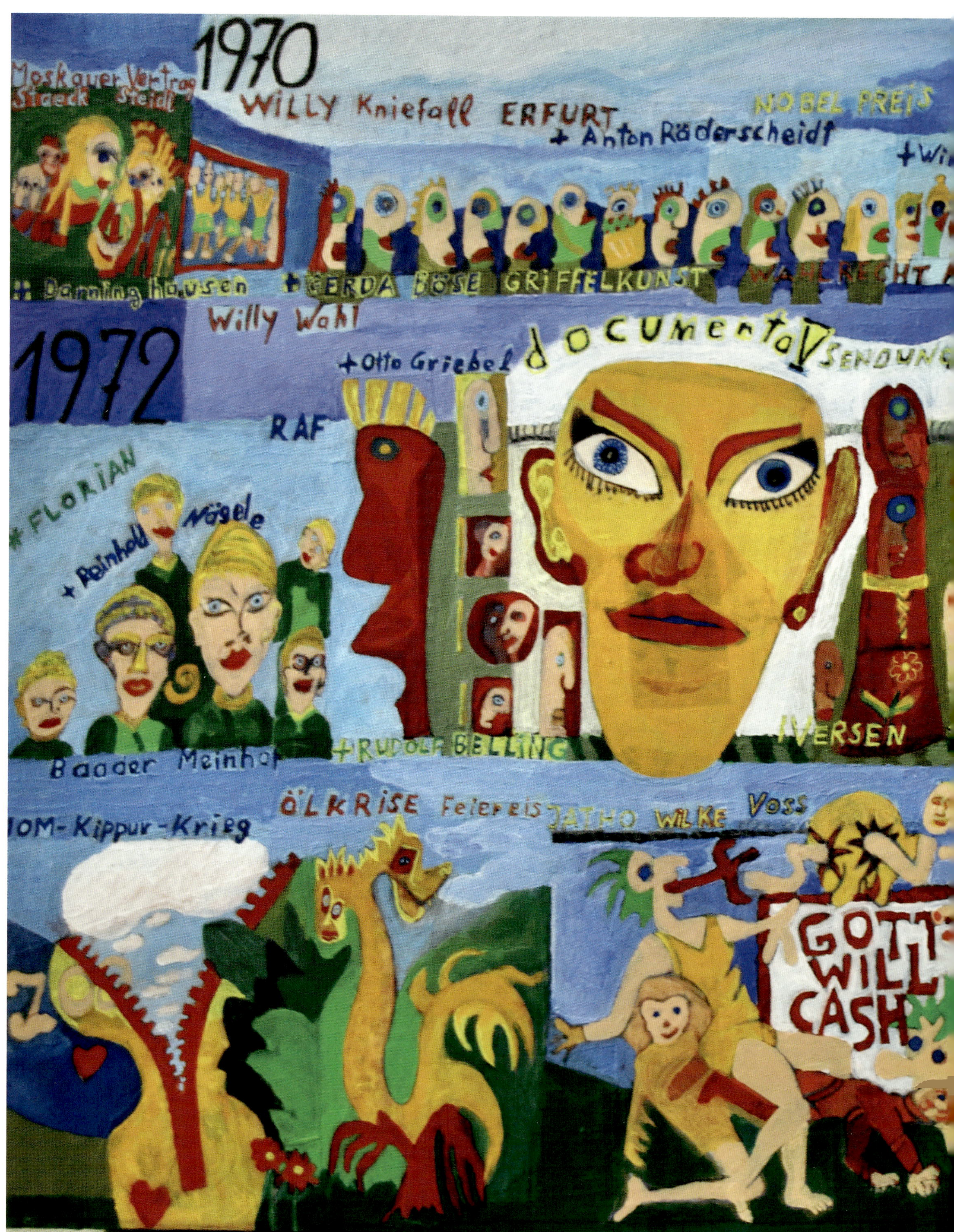
1970
Moskauer Vertrag
Staeck Steidl
WILLY Kniefall ERFURT
NOBEL PREIS
+ Anton Räderscheidt
+ GERDA BÖSE GRIFFELKUNST
Willy Wahl
1972
+ Otto Griebel
documenta V
RAF
+ FLORIAN
+ Reinhold
Nägele
Baader Meinhof
+ RUDOLF BELLING
IVERSEN
ÖLKRISE
JATHO WILKE VOSS
GOTT WILL CASH

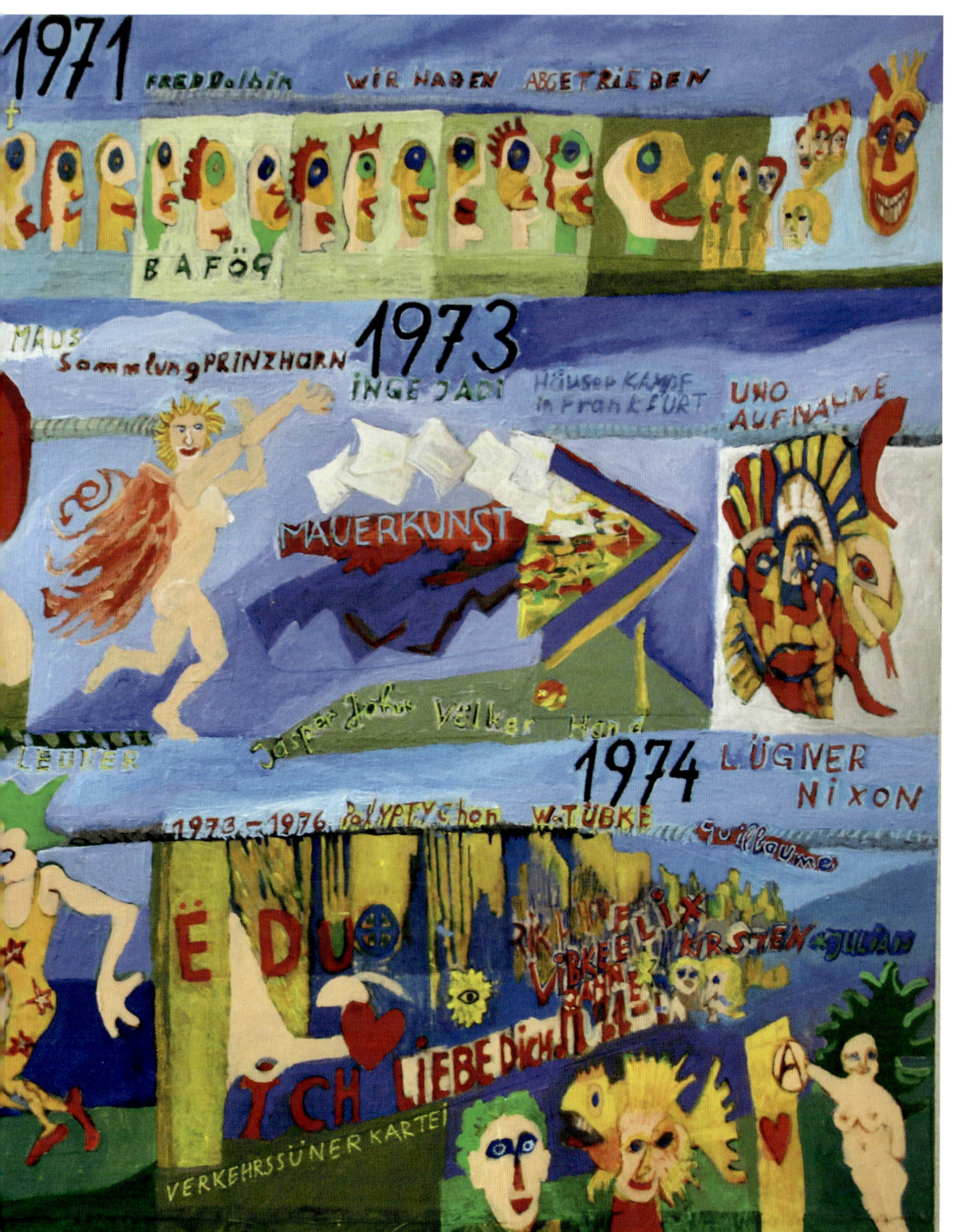
1971
FRED Dolbin
WIR HABEN ABGETRIEBEN
BAFÖG
1973
MAUS
Sammlung PRINZHORN
INGE JADI
Häuser KAMPF in Frankfurt
UNO AUFNAHME
MAUERKUNST
Jasper Johns
Völker Hand
1974
LÜGNER NIXON
1973–1976 Polyptychon W. TÜBKE
Guillaume
KIRSTEN & JULIAN
ICH LIEBE DICH
VERKEHRSSÜNER KARTEI

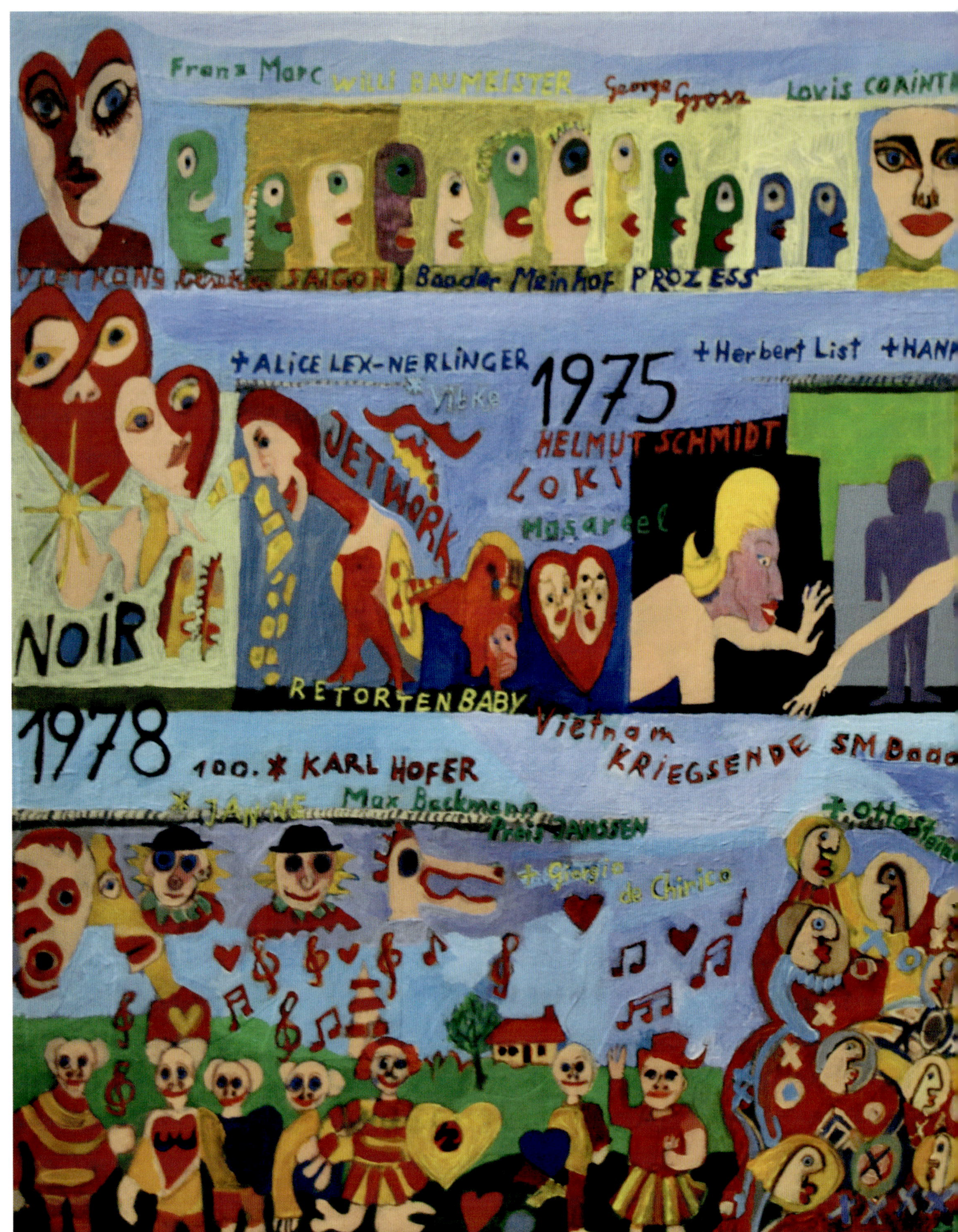

Franz Marc
WILLI BAUMEISTER
George Grosz
SAIGON
Baader Meinhof PROZESS
+ALICE LEX-NERLINGER
1975
+Herbert List
HELMUT SCHMIDT
LOKI
Masereel
JETWORK
NOIR
RETORTENBABY
1978
100. * KARL HOFER
Vietnam
KRIEGSENDE
Max Beckmann
Preis JANSSEN
+ Giorgio de Chirico

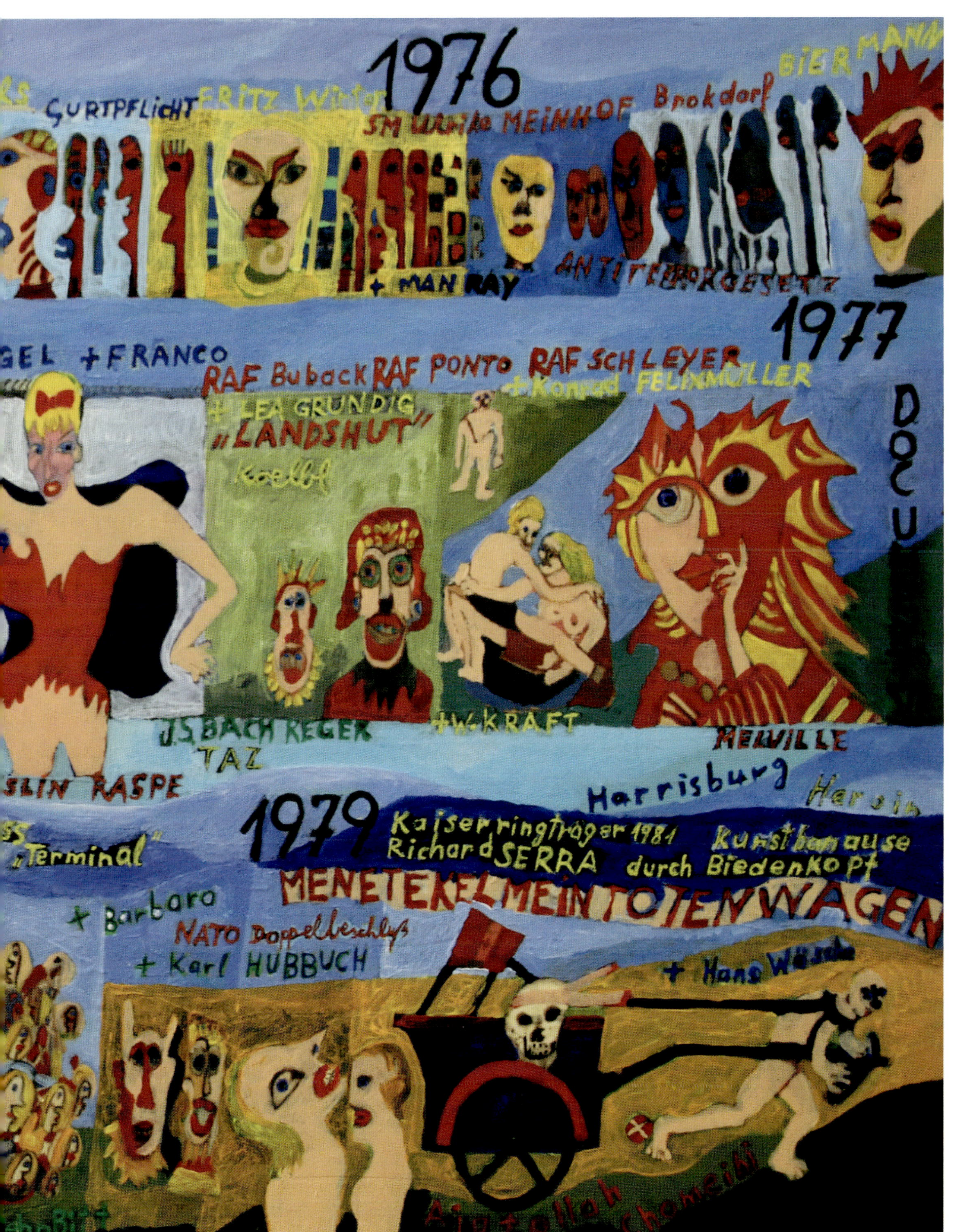
1976
GURTPFLICHT
Brokdorf
+ MAN RAY
1977
+FRANCO
RAF Buback RAF PONTO RAF SCHLEYER
FELIXMÜLLER
+ LEA GRUNDIG
„LANDSHUT"
DOCU
J.S.BACH REGER
TAZ
+W.KRAFT
MELVILLE
RASPE
Harrisburg
1979
„Terminal"
Kaiserringträger 1981
Richard SERRA
durch Biedenkopf
MENETEKEL MEIN TOTENWAGEN
+ Barbara
NATO Doppelbeschluss
+ Karl HUBBUCH
Ajatollah Chomeini

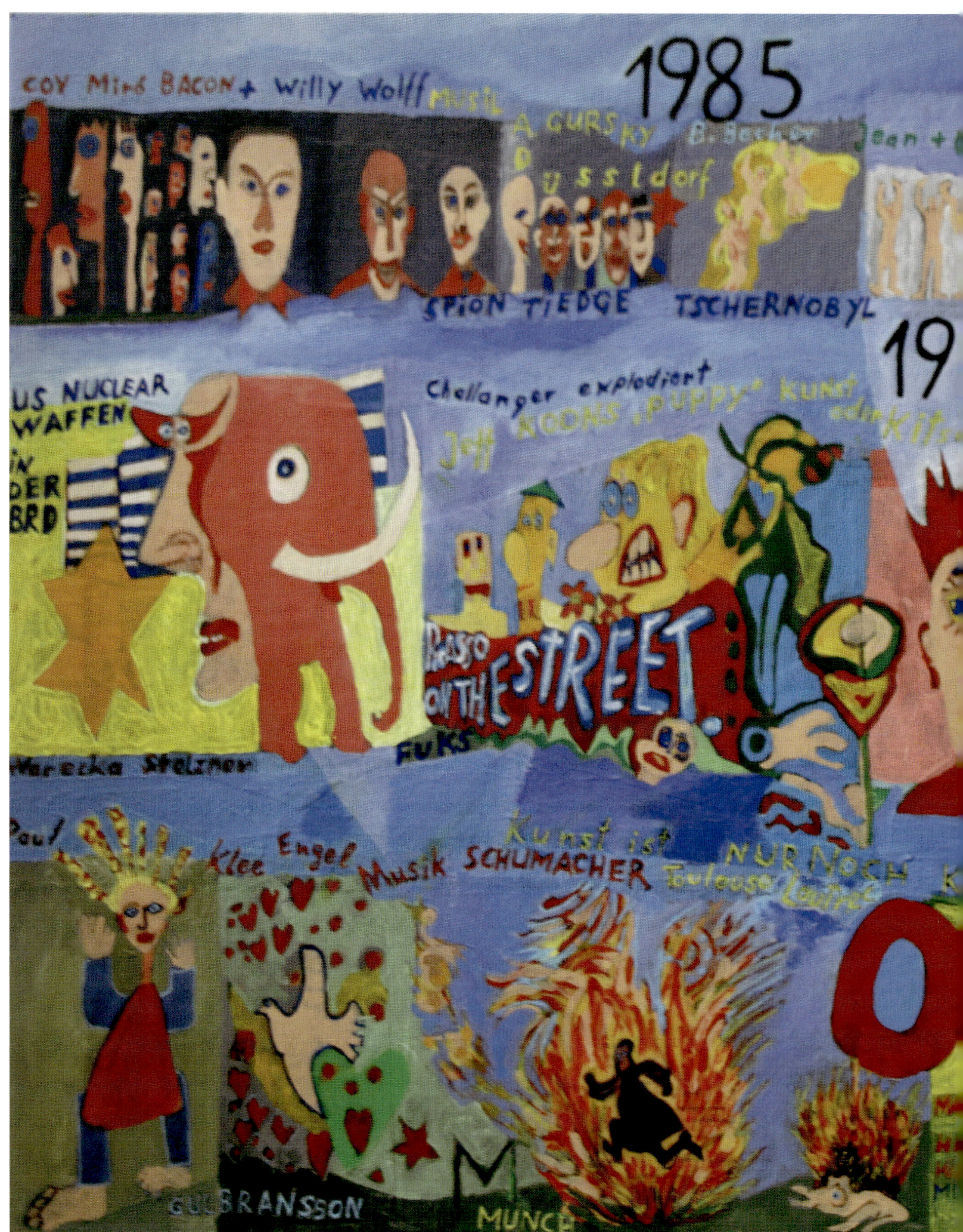
1985
BACON + Willy Wolff
MUSIL
A. GURSKY
Düsseldorf
B. Becher
SPION TIEDGE
TSCHERNOBYL
19
US NUCLEAR WAFFEN
IN DER BRD
Challanger explodiert
Jeff KOONS „Puppy" Kunst
ON THE STREET
FUKS
Paul Klee
Engel
Musik
SCHUMACHER
Kunst ist NUR NOCH
Toulouse Lautrec
GULBRANSSON
MUNCH

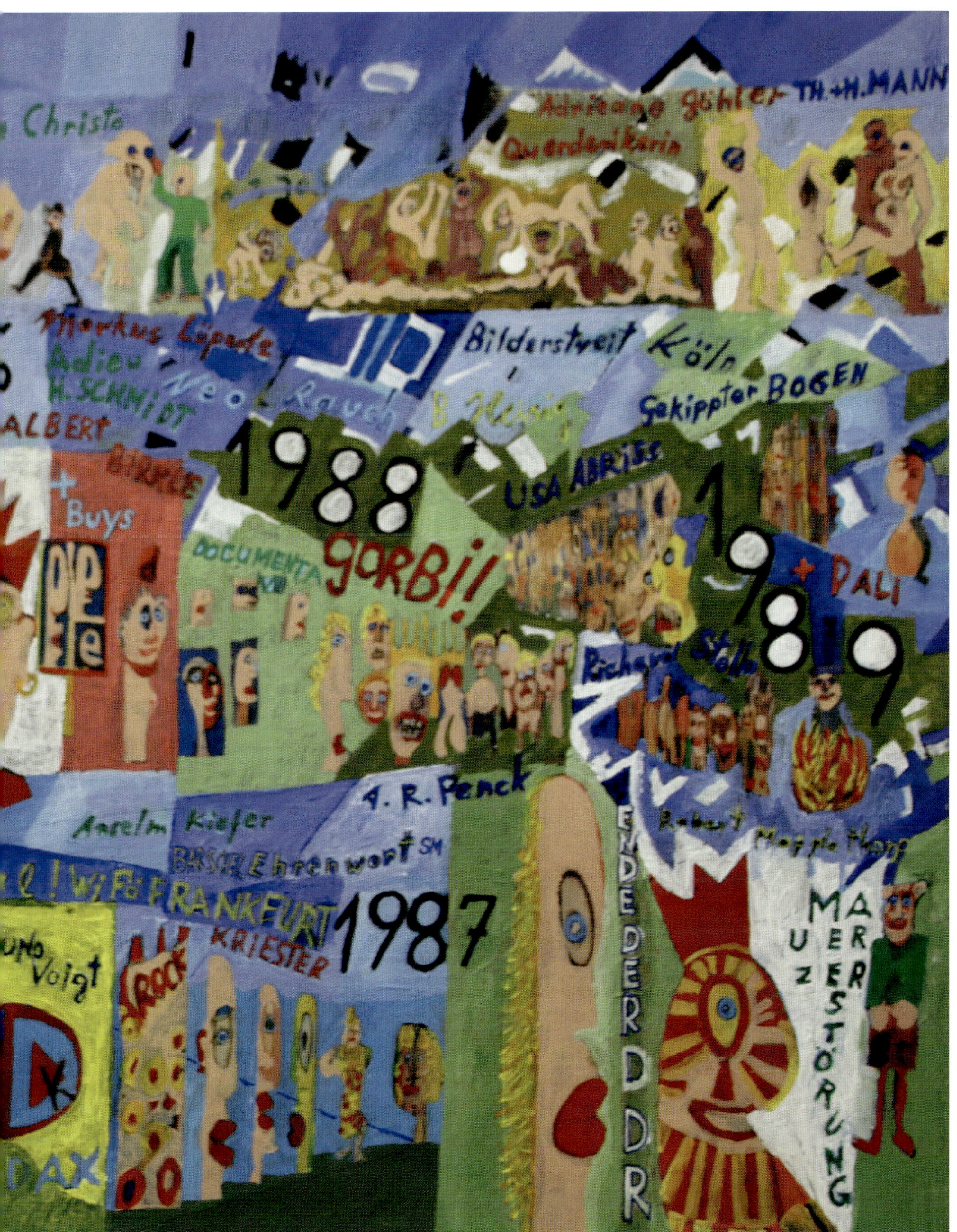

Christo
TH.+H.MANN
Querdenkerin
Adieu
H.SCHMIDT
Neo Rauch
Bilderstreit Köln
Gekippter BOGEN
ALBERT
+ Buys
1988
USA ABRISS
DOCUMENTA VIII
GORBI!
1989
+ DALI
A. R. Penck
Anselm Kiefer
Ehrenwort
FRANKFURT
KRIESTER
1987
ENDE DER DDR
MAUER ZERSTÖRUNG
Voigt
DAX

2022 Spaziergang vom Ostbahnhof zum Anhalter Bahnhof.

Nach dem Frühstück im Intercity-Hotel am Ostbahnhof in Berlin machten wir uns auf den Weg, um auf den Straßen und Wegen, auf denen die Mauer bis 1989 stand, zum Gropiusbau zu laufen und zu sehen, was an Überresten oder Erinnerungsstücken an die Mauer, die ich bei mehreren Aufenthalten seit 1985 vom Gropiusbau bis zur St. Thomaskirche fotografierte, verblieben ist . Den Stadtplan in Händen erreichen wir die Schillingbrücke über die Spree. Dort finden sich ein Nachtclub, ein Garten und ein Markt für Essen und Kunst. Neben einem runden Plakat mit der Aufschrift YAAM Food and Art Market hängen Fotos mit dem Speiseangebot. Im Hintergrund sind zwei großformatige Graffiti auf eine Häuserwand gemalt, die einen weiß umrissenen Pferdekopf und einen dunkelgrau-weiß gehaltenen Kopf eines lächelnden jungen Mannes zeigen. Auf einer davor stehenden Wand sind schwarze Buchstaben-reihen und Zahlenfolgen in Blöcken gepinselt wie zum Beispiel PRELRAGMDL oder NARSERBIR.40 oder SOICNE oder SAMIR oder IRAN29 oder SUICID. Immerhin haben einige der Reihen Wortcharakter mit Bedeutung wie Iran und Suicid.

Hinter der Brücke erreichen wir über den Bethaniendamm, der parallel zum Engeldamm läuft, den dazwischenliegenden Park. Vor uns fand sich die St. Thomaskirche mit dem Kirchenschiff mit Kuppel nach Westen und den zwei Türmen nach Osten. Über den Weg durch den Park erreichen wir die Vorderfront. Genutzt wird der Park von Hunde ausführenden Spaziergängern und Jugendlichen. Zur Berliner Mauer liegt ein Gedenkplatz von Willy Grubenstein, der im Februar 1953 an der Grenze erschossen wurde. Auf einem Mülleimer am Wegrand ist ein Graffiti einer Gestalt mit dürren Beinen und T-Shirt mit Kreuz in Schwarz und Blau gehalten auf weißen Untergrund mit einem Foto eines weißen Hundes mit ausgeschnittenen Augen, die schlitzförmig aus roten Brillengläsern lugen, gesprayt.

Die Vorderseite der St. Thomaskirche, die aus dem 19. Jahrhundert stammt, hat eine Backsteinfront. Über dem Eingangsportal mit gotischem Bogen ist ein Kirchenfenster mit einer Rosette im oberen Bogen und viel senkrechten Fenstern gebaut. Darüber liegen zwei Stockwerke. Im unteren reihen sich links und rechts neben den Kirchenfenstern zwei Statuen und rechts und links davon zwei Fenster an. Darüber finden sechs gotisch geformte Fenster und zwei Uhren. Dort sind vermutlich die Glocken untergebracht. Links und rechts sind die Türme in je zwei Kuben mit je einem Fenster zur Front im unteren und drei Fenstern im oberen Teil unterteilt. Der Bau wirkt wie ein gotischer Backsteindom.

Nach Osten Im Kirchenschiff ragt eine moderne Orgel empor, im Westen steht der Altar, der über einem quadratischen Grundriss von einer Kuppel, die lichtdurchflutet ist, überdacht ist. Der Altar ist schlicht und von einem quadratisch geformten Baldachin überdacht. Dahinter findet sich im Westchor eine moderne Bilderreihe. Ich habe davon sechs ausdrucksstarke Fotografien gemacht.

Zum Osten der Kirche schließt sich eine Grünfläche an, die in einer Straßenflucht mündet und von einer Rotunde unterbrochen ist. Zur rechten Seite führen Treppenstufen zum Kunstraum Bethanien. Das ehemalige Kloster verfügt über einen Eingangsbereich mit einem zweistöckigen Säulenumlauf. Auf dem Vorplatz befindet sich eine Heinrich-Heine-Büste, die von Sprayereien verunziert ist.

In einer sehr modern gestalteten Toilette am Parkrand, deren Klo verschlossen war, hingen sich zwei Pinkelbecken aus Edelstahl, wovon das eine von Exkrementen verstopft war.

Neben dem Bethanien liegt ein Viertel mit kleinen Straßen, die zum Marielle-Franco-Platz führen. Dieses kleine Viertel in der Nähe der Ex-Mauer ist mit Graffiti gepflastert. Darunter ein großflächiges zu Ehren von Carlo Guiliami, der in Genua bei Krawallen um das G8-Treffen 2001 von der Polizei erschossen wurde. Der italienische Student starb, ohne dass der Mord aufgeklärt wurde. Die Türen und Wände der untergebrachten Institutionen zeigen Graffiti, die die Orientierung erschweren. Kreuzberg R.I.P., ROCKY, AQ., Gorki QYKIYUZAYLAS, 25 Jahre, 1992, dicker Scheisshaufen, verunstaltende abgerissene Plakatwände, daneben kleine Gärten mit einem Insekten-

hotel. Besprayte Mauern und Gegenstände, wie sie sich zu Mauerzeiten auf der westlichen Seiten der Betonblöcke fanden.
Mit Orientierungsschwierigkeiten gelangen wir über die Waldemarstraße zum Engelbrecht Park mit dem indischem Brunnen und über die Michaelisstraße zur St. Michael-Kirche. Auf dem Weg dahin gehen wir durch typische Kreuzberger Straßen mit Graffiti an den Häusern und Türen. Neben kunstvollen Halbreliefs sahen wir geschmierte Wortfetzen, aber auch kunstvolle Fassadenmalereien über vier Stockwerke mit farbenfroher Darstellung. Im Engelbecken Park sehen Sprayereien, zum Teil mühselig entfernte Farbspuren bei der indischen Statue sowie einen angstvollen Polizistenkopf auf einer 3 m hohen Mauer mit einer davor stehenden Mülltonne, verziert mit zwei Sechsen. Am Michael-Kirchplatz gelangen wir über den Legiendamm zurück zur Waldemarstraße, kommen vorbei an dem Alfred-Döblin-Platz zur Sebastianstraße, an deren Kreuzung mit der Heinrich-Heine-Straße früher ein Übergang für Kraftfahrzeuge von Westberlin nach Ostberlin führte.
Über die Alexandrinenstraße kommen wir zur alten Jakobstraße, um von jener in die Kommandantenstraße abzubiegen. Ungefähr vom Alfred-Döblin-Platz an läßt die Häufigkeit von Graffiti nach, die Strecke führt bis zur Axel-Springer-Straße durch Neubaugebiete. Insgesamt finden sich auf der Strecke von der Schillingbrücke bis zu dem Springerhochhaus keine Reste der Berliner Mauer. Auf der Strecke sehen wir Hinweisschilder zu Ereignissen an der Mauer. Auf den Straßen lassen gepflasterte Strecken den Standort der Mauer erkennen. Es finden sich dort neue Wohnblöcke, die sich architektonisch nicht von anderen Neubaugebieten in größeren Städten unterscheiden. Interessant wird es ab der Kommandantenstraße, dort steht ein sechsstöckiges Gebäude mit "abgelutschter Ecke" gegenüber der Bundesdruckerei, in derer großen Glasfläche sich ein rotes Haus in der Axel-Springer-Straße und die Gegenseite der Straße spiegeln, so dass das Bild einer breiten Straßenflucht entsteht, die irreal ist. Interessant ist die Gestaltung der Bundesdruckerei mit Kalligraphien hinter der großen Glasfront.
Im Bereich der Axel-Springer-Häuser sind einsame Reste der Mauer aufgestellt. Daneben steht eine Figur auf einem Podest, ein Farbiger mit krausem Haar, weißem Hemd und blauer Hose. Alles wirkt lieblos und ohne gegenseitigen Bezug. Das jüngere Axel-Springer-Haus imponiert durch große Fensterflächen, die in sich gefeldert und verformt sind, so dass interessante Spiegelungen entstehen.
Der Weg bis zum Checkpoint Charlie und danach bis zum Gropiusbau ist durch die Zimmerstraße mit ihren Neubauten geprägt. Viel Gastronomie, Trabi-World, das unscheinbare Berliner Abgeordnetenhaus. Gegenüber verläuft eine Strecke mit Original Mauerresten, die sich bis zum Martin-Gropius-Bau fortsetzt und hinter denen sich museal eine Ausstellung zur Mauer verbirgt. Die Mauerreste sind zerstört, grau, trostlos. Gegenüber davon steht eine Skulptur, die drei Personen darstellt, die durch die Mauer blicken.
Danach liegt einsam und abgelegen erscheinend der Martin-Gropius-Bau, vor dem ein Bus der Linie 1 an einer Haltestelle wartet. Insgesamt ist das Ganze städtebaulich schlecht arrangiert und ärgert mich, da der Martin-Gropius-Bau, der mir durch viele wunderbare Ausstellungen geläufig ist, unscheinbar wirkt. Hinter dem Gropiusbau schließen sich ein trostlos wirkender Park und im Hintergrund die Stresemannstraße an, über die wir letztlich zu unserer Abfahrt zum Anhalter Bahnhof gelangen.
Mir wird schmerzlich deutlich, dass ich nach dem Abriss der Mauer den Weg vom Gropiusbau bis zur Schillingbrücke nicht mehr gegangen bin. Seit dem Abriss der Mauer in Kreuzberg ist der Weg unattraktiver geworden.

Das Resümee für mich ist:

1. Den Weg nochmal zu gehen, lohnt sich nicht.
2. Kreuzberg ist ein Bezirk geblieben, der durch die Mauer relativ abseits von Westberlin blieb, der bis heute deutliche Relikte aus der Zeit des Mauerbaus zeigt. Dazu gehören die Graffiti, die sich in Kreuzberg bis jetzt gehalten haben und verbliebene Bevölkerungsgruppen, für die Kreuzberg ein Rückzugsort war.
3. Man wird darauf achten müssen, dass städtebauliche Diskrepanzen zwischen Ost- und Westberlin adäquat bearbeitet werden.
4. Für mich ist wichtig, dass ich in der Zeit des Bestehens der Mauer die Graffiti-„Kunst" an dem Bauwerk wahrgenommen, ihre Inhalte lieben gelernt, sie fotografiert und künstlerisch bearbeitet habe.

Insgesamt dauerte die künstlerische Arbeit an den Fotografien, Zeichnungen, Acrylbildern auf Leinwand und den Texten bis zur Drucklegungvon von 1965 bis 2023.

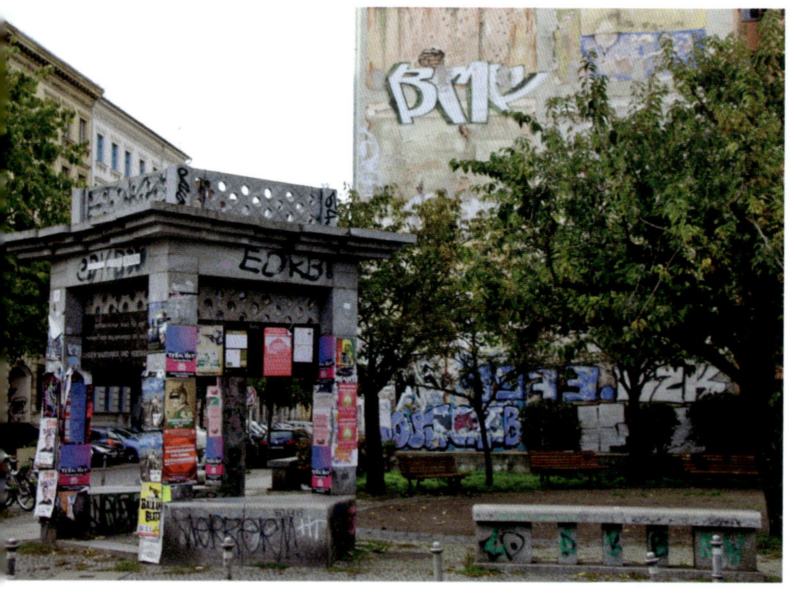

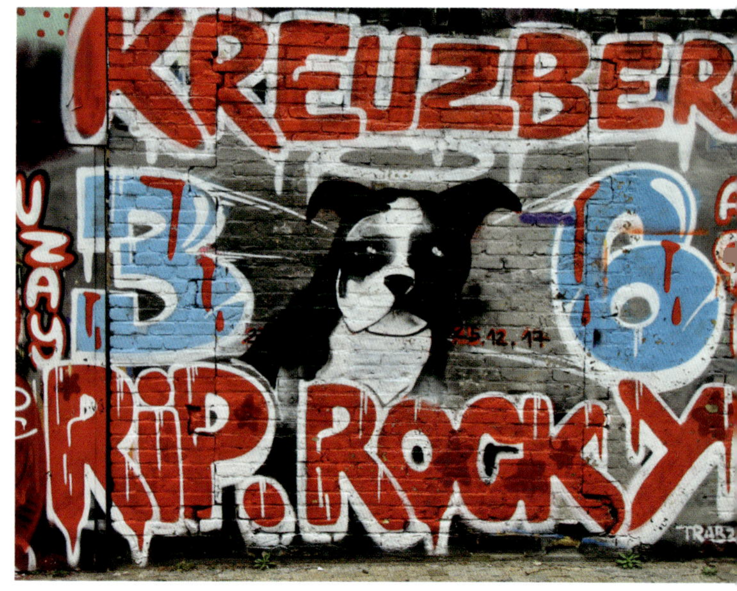
KREUZBER
RIP. ROCKY

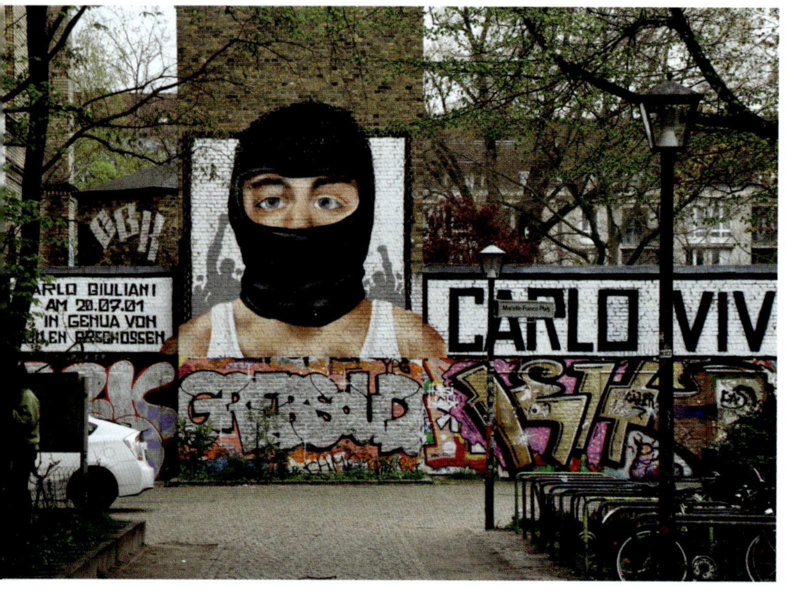
CARLO VIV

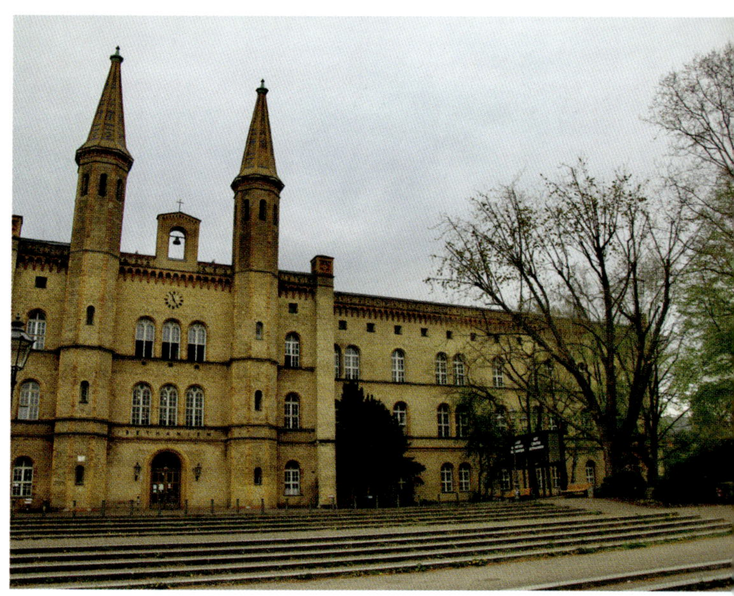

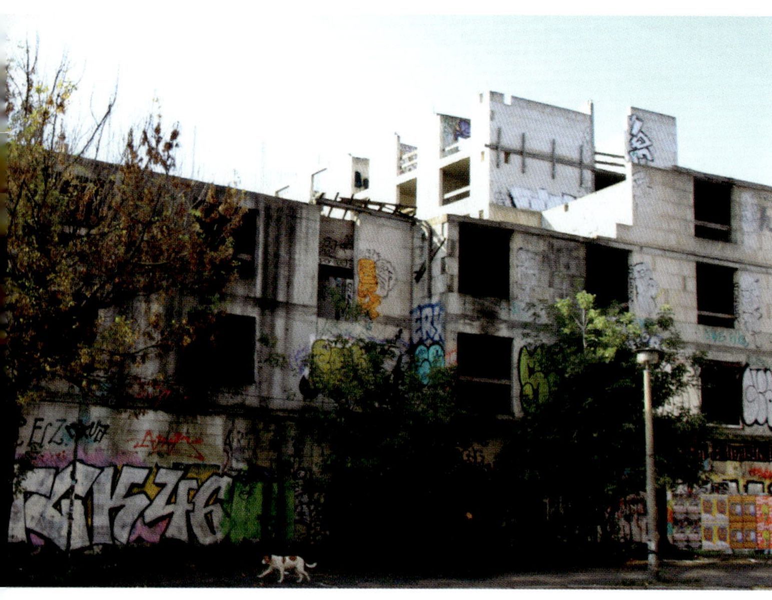

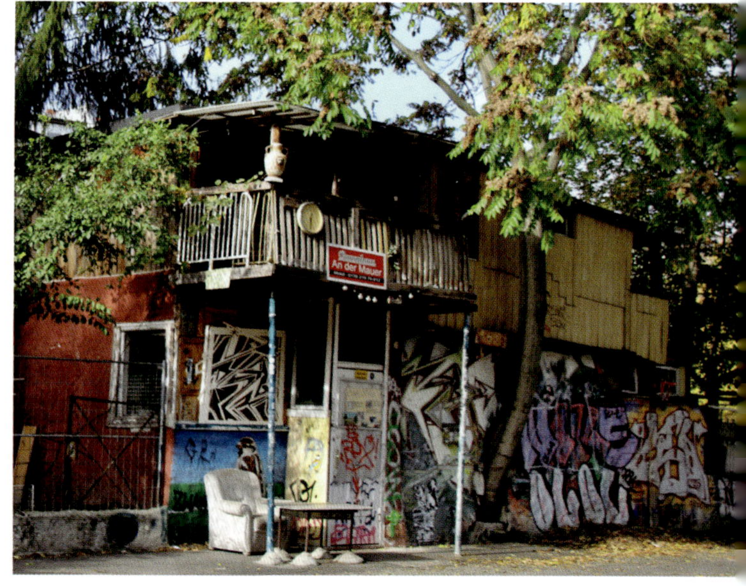

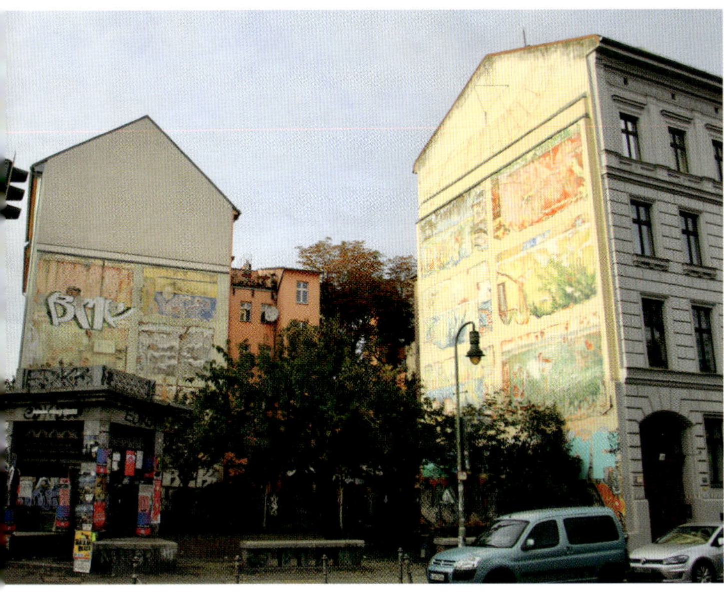
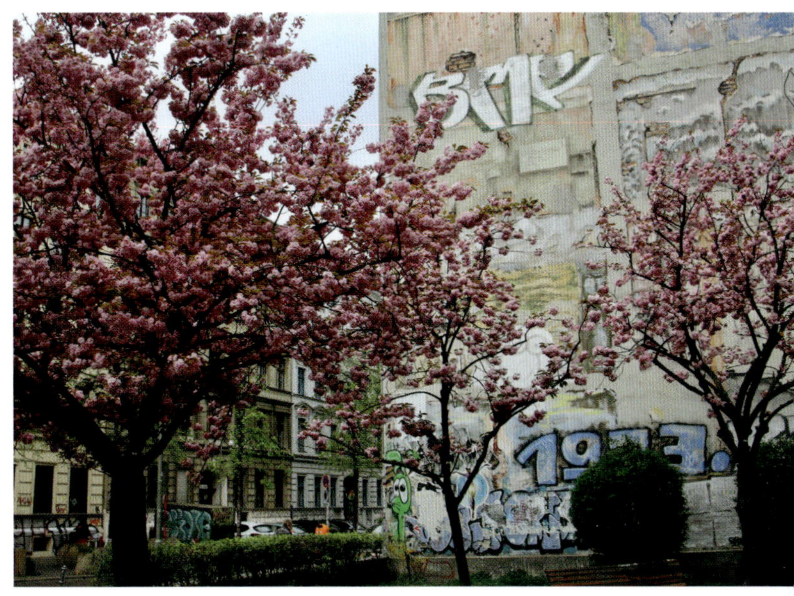
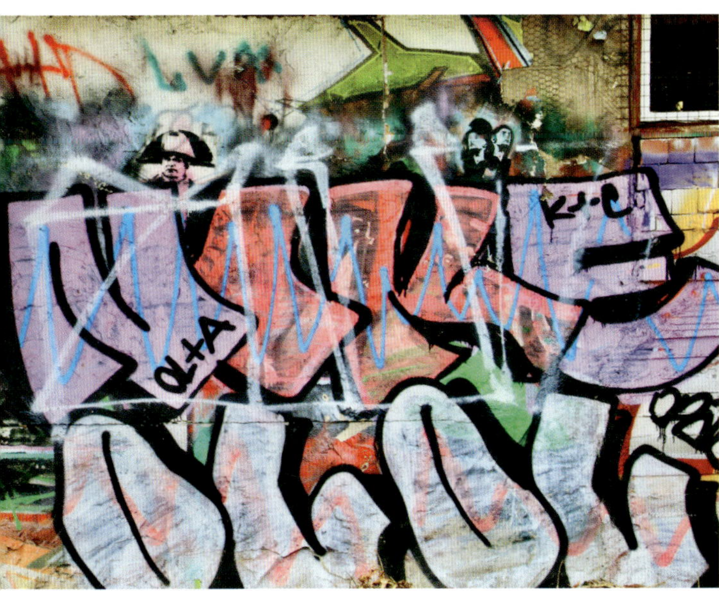
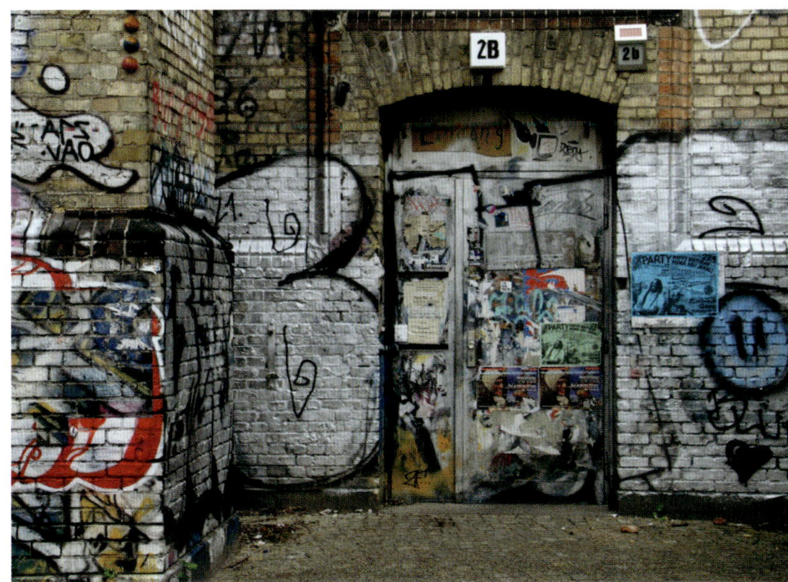
2B
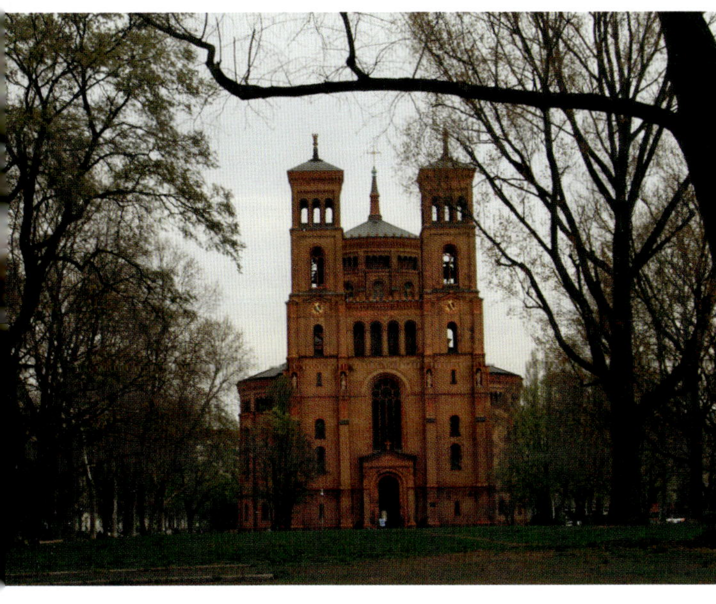
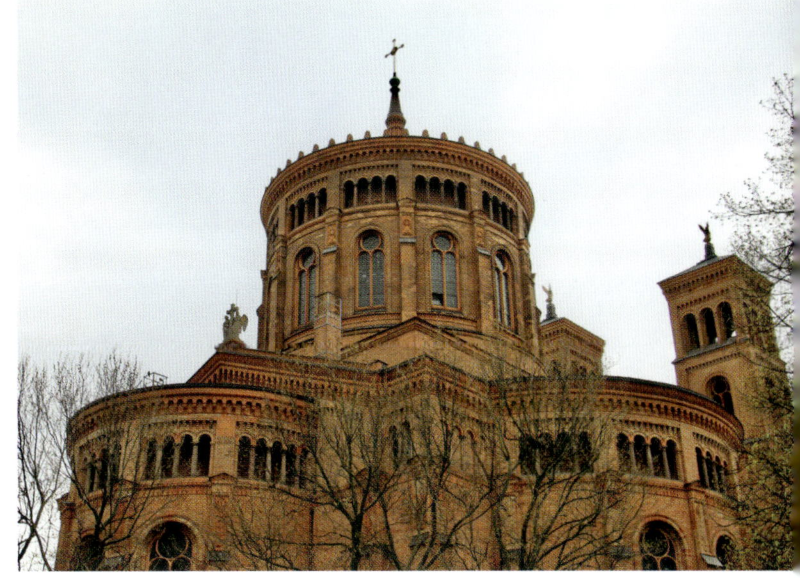

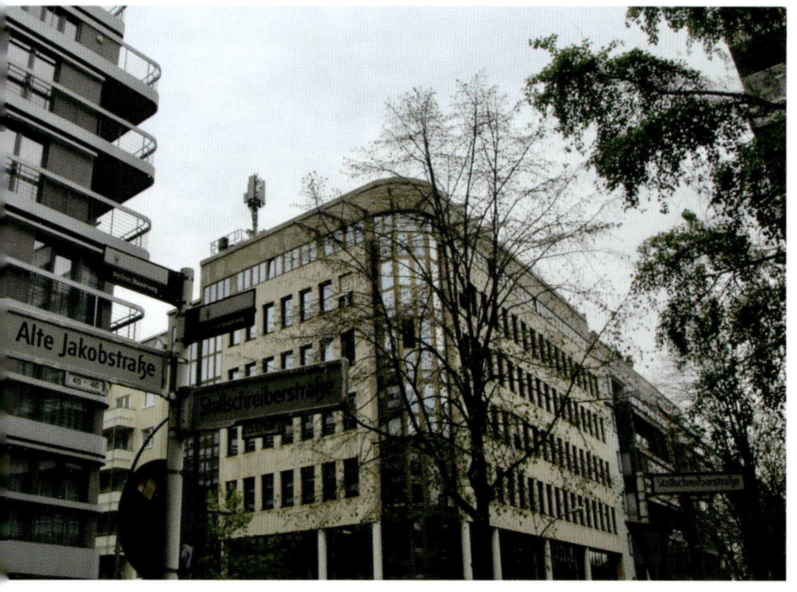
Alte Jakobstraße
Stallschreiberstraße

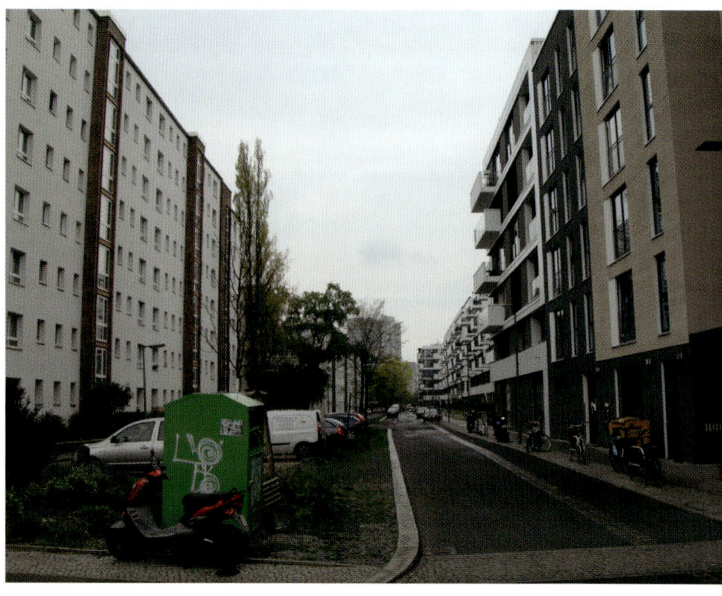

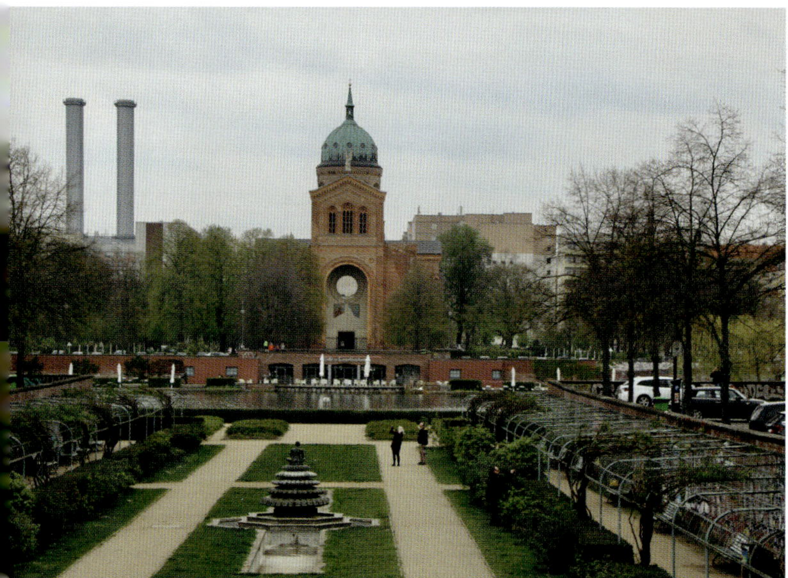

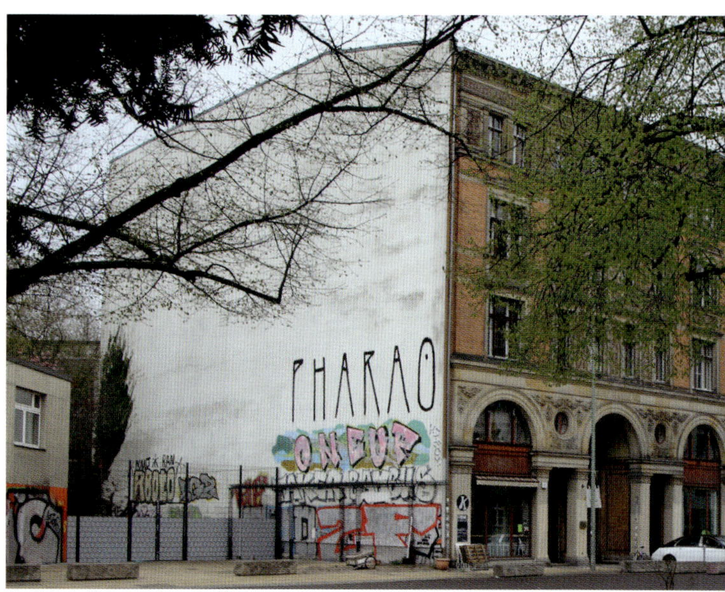
PHARAO

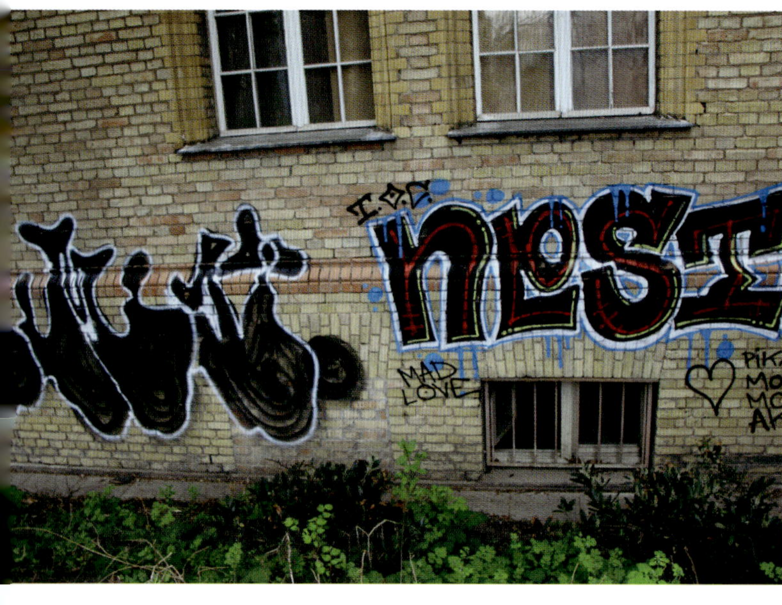

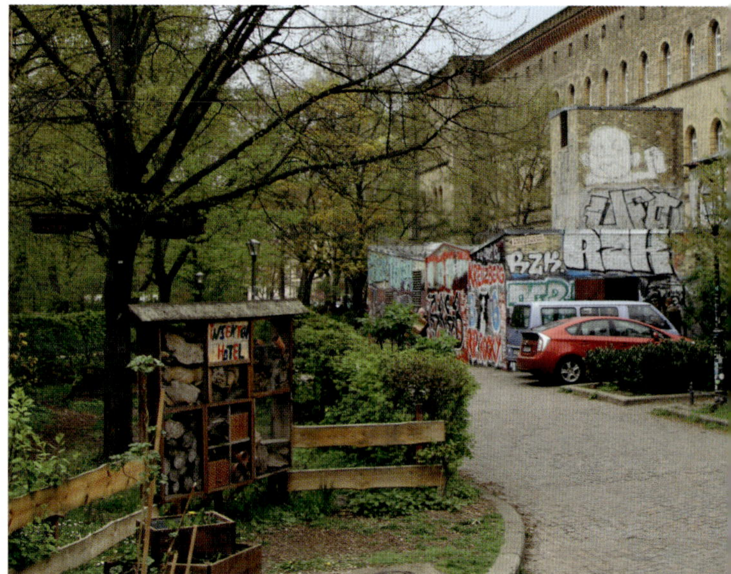

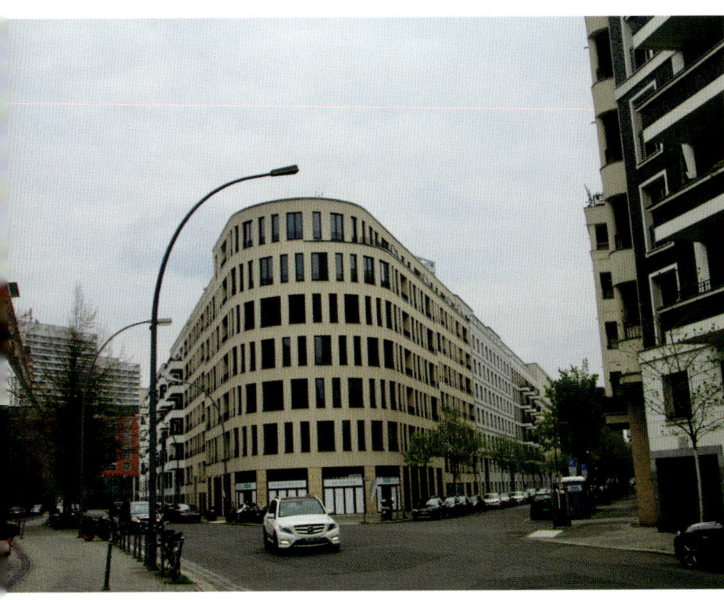

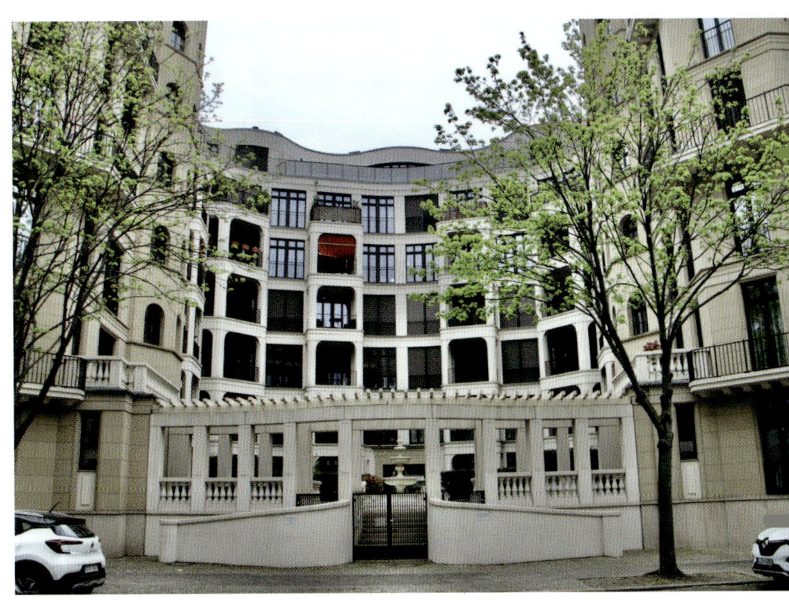

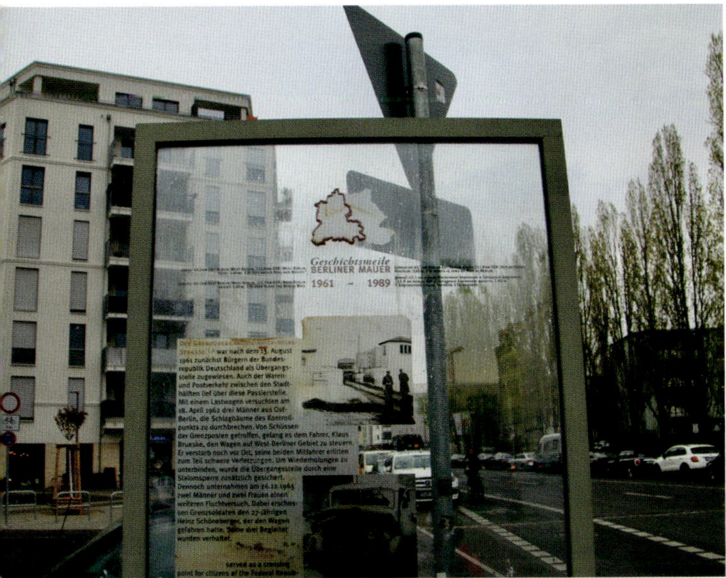
Geschichtsmeile
BERLINER MAUER
1961 - 1989

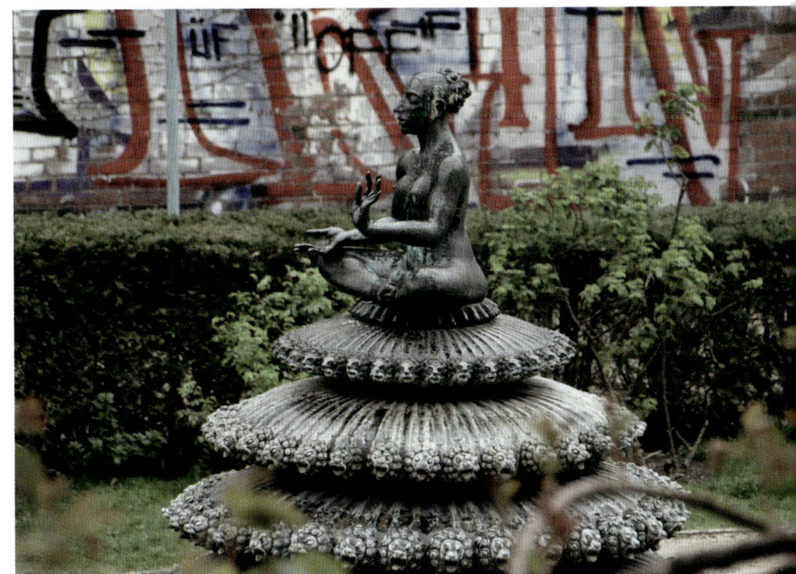

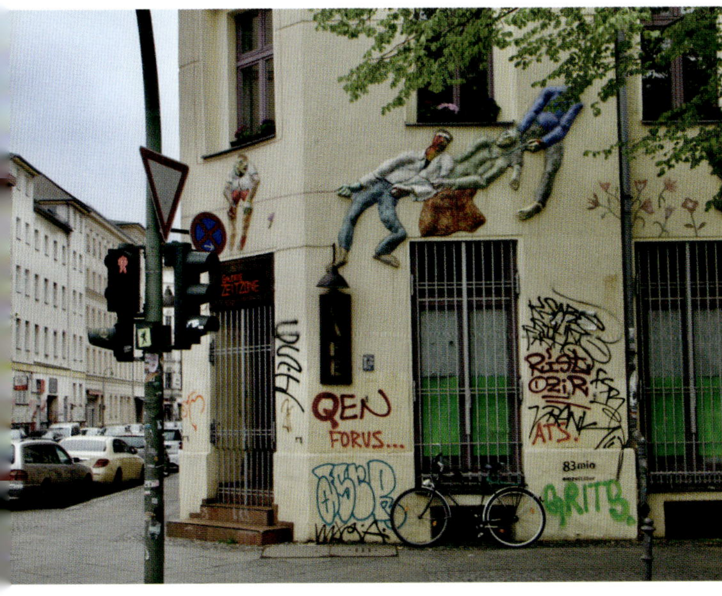

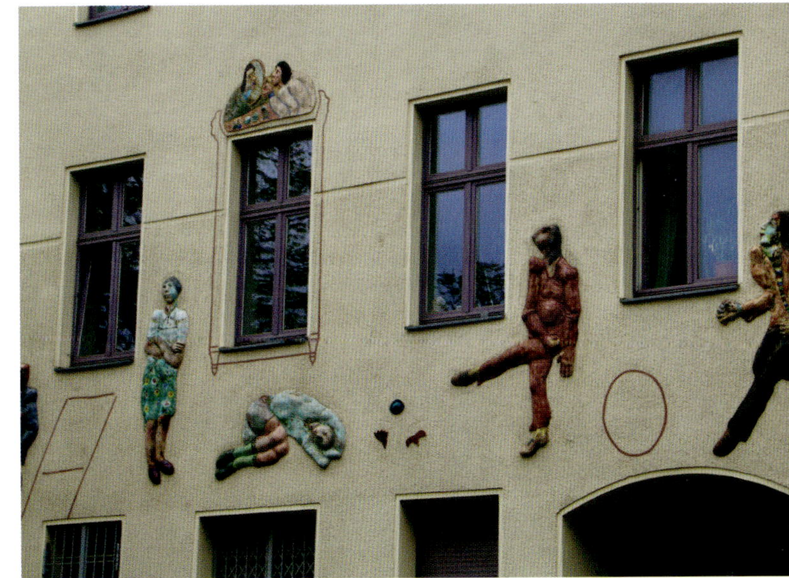

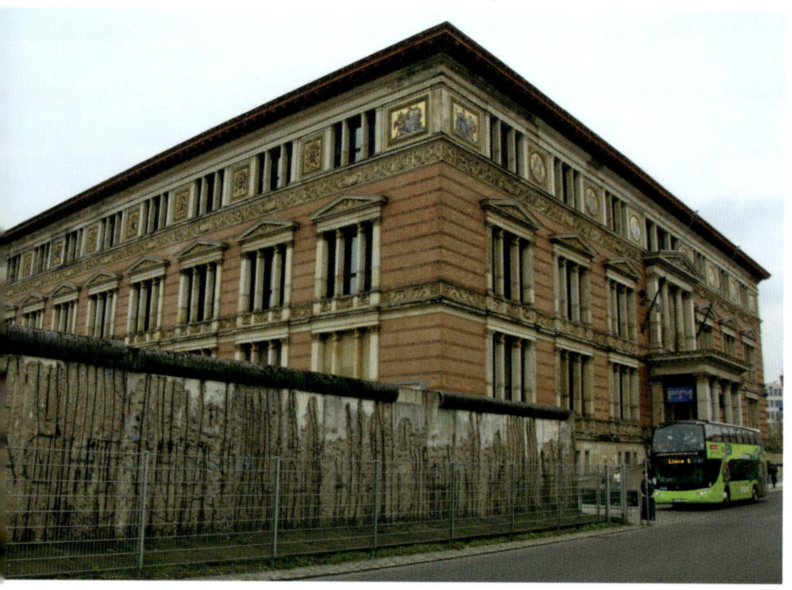

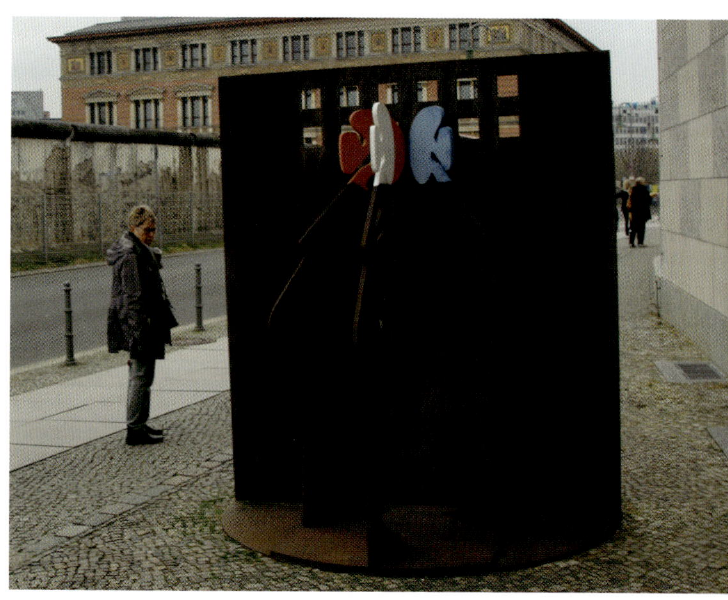

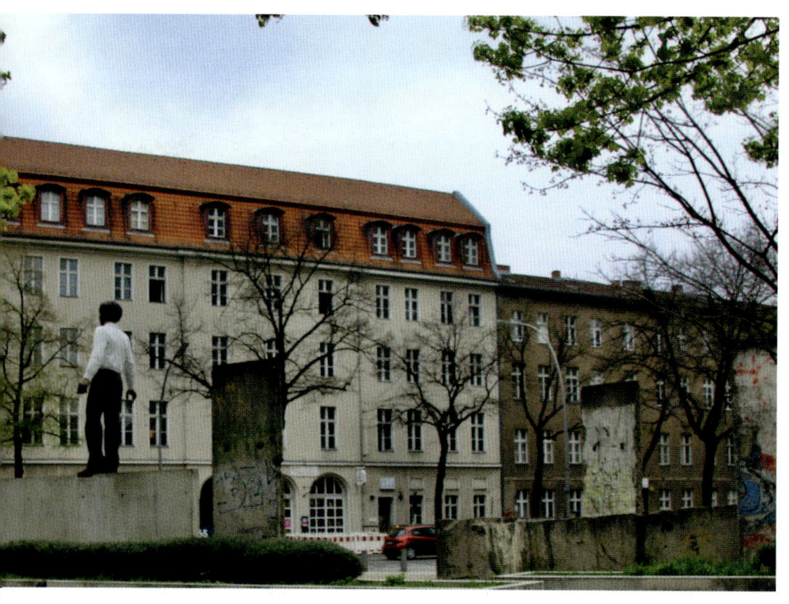

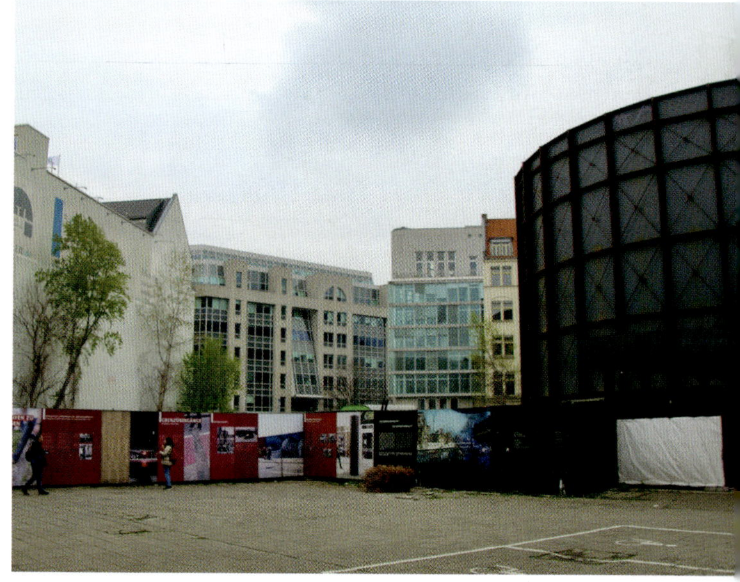

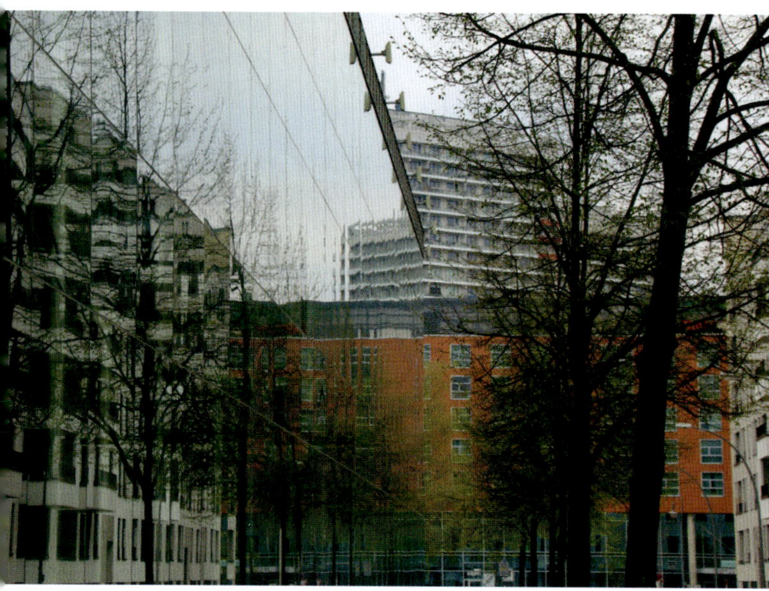

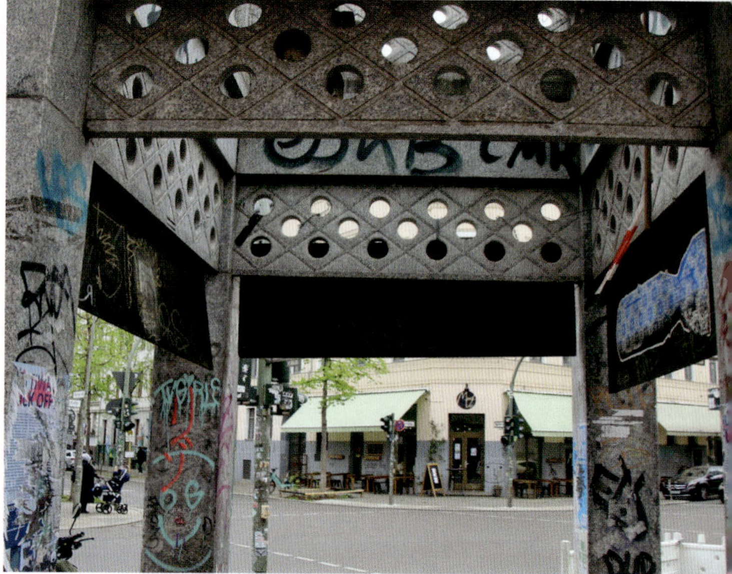

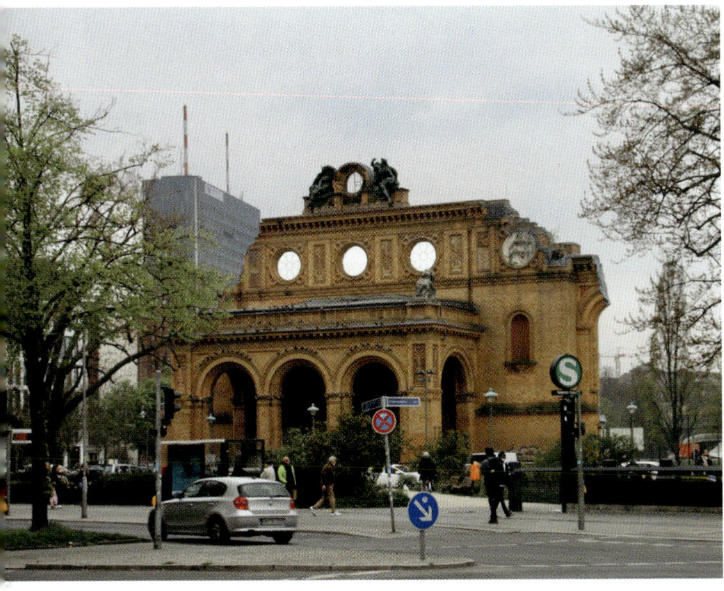

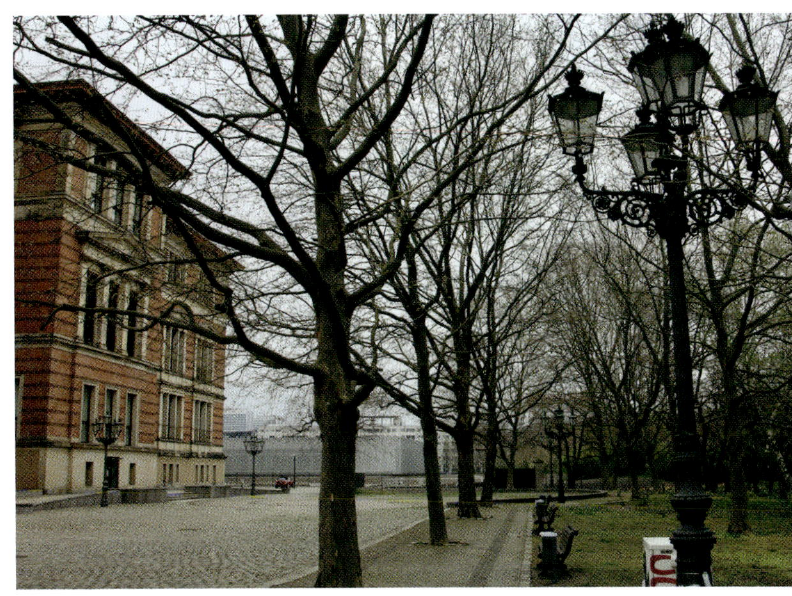

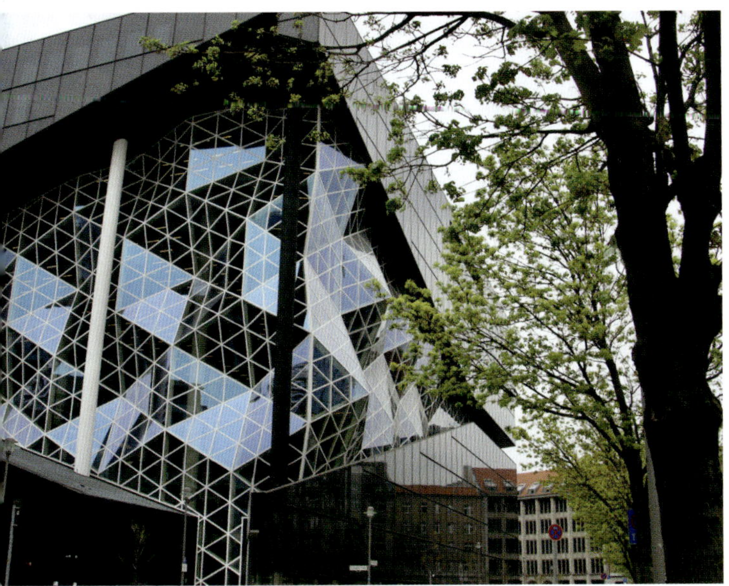

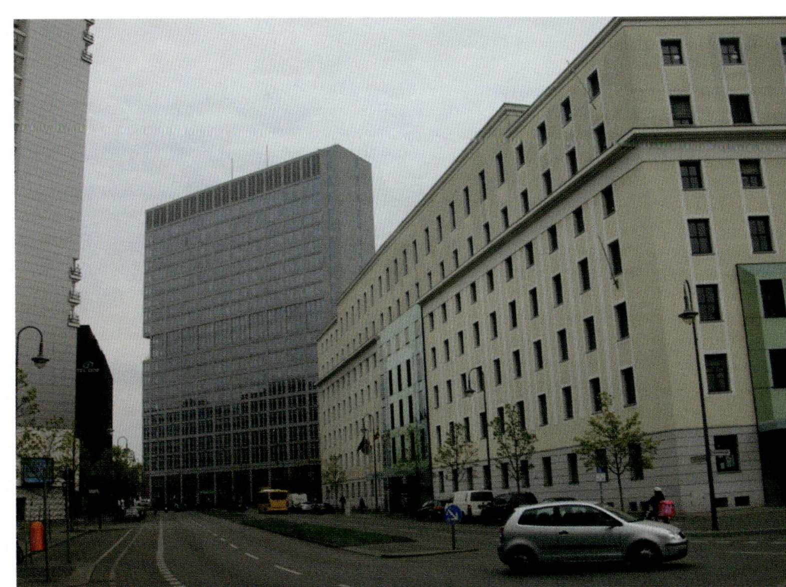

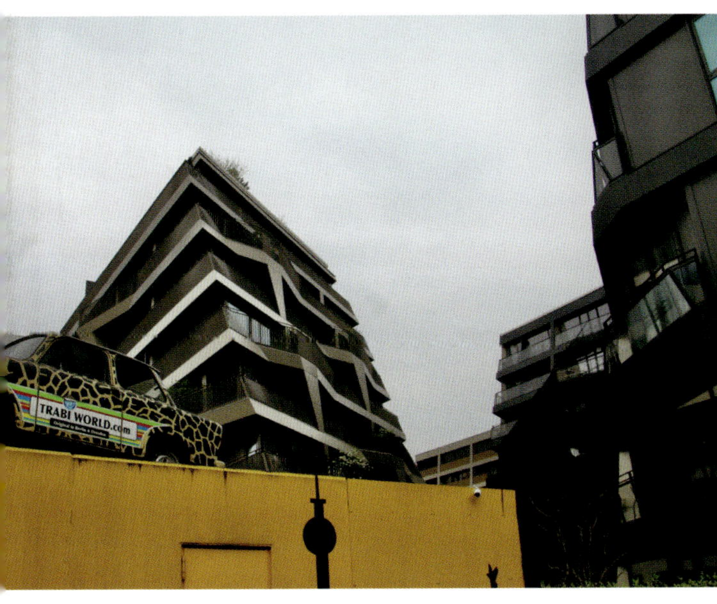
TRABI WORLD.com

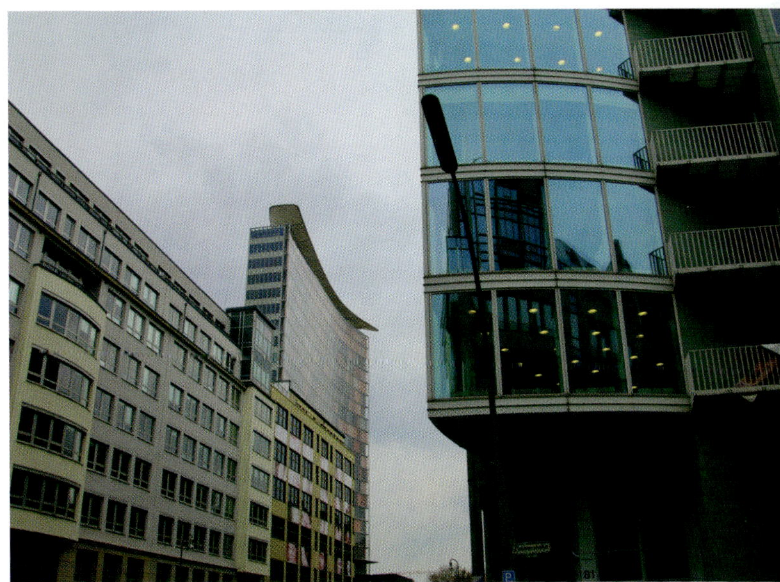

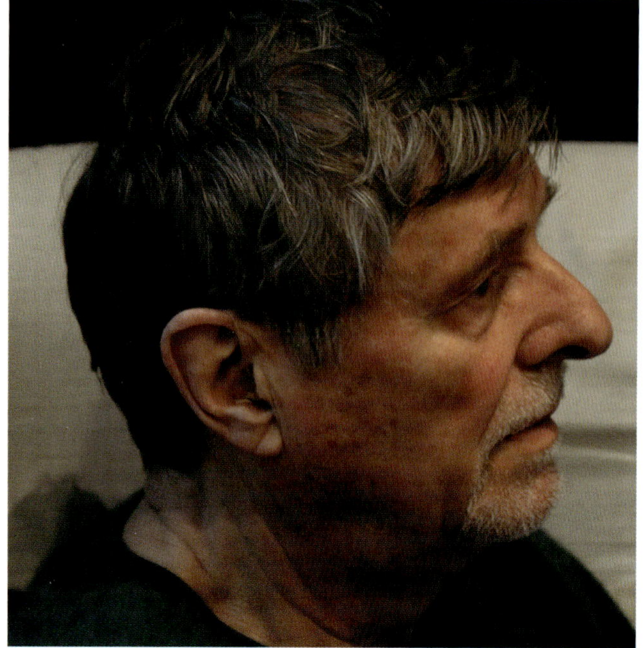

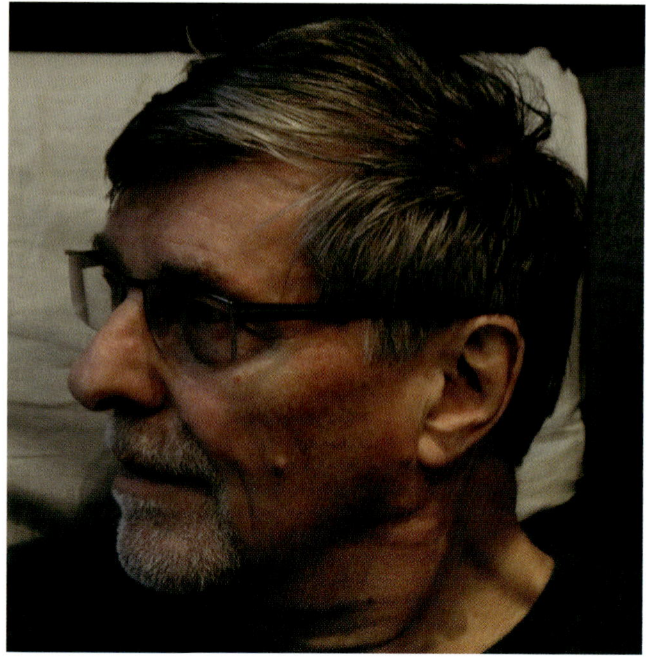

Edna Rellöm wurde 1946 in Lübeck geboren, zeichnete und malte seit dem 4. Lebensjahr, wurde an der Otto-Anthes-Schule von „Gummel" Neumann im Umgang mit Wasserfarben, am Johanneum von dem Bildhauer Walther Jahn im Werken, Vor-Ort-Zeichnen, Farbmalerei, Linoldruck und von dem Maler Johannes Jäger im Zeichnen, Malen und im Besuch von Ausstellungen Moderner Kunst unterrichtet, lernte bei dem Künstler und Galeristen Werner Möller Ausstellungen zu hängen und vor der Natur mit schwarzem Filzstift zu zeichnen.

Ausstellungen: Teilnahme an den Jahresschauen Lübecker Künstler 1971, 1973, 1974, 1975; Einzelausstellungen in der Ärztekammer Bad Segeberg, der Curtiusklinik Bad Malente, im Walbaumcafé, im Café des Museumquatiers, Café am Carlebachpark, in Gemeinschaftsausstellungen unter dem gelben Schirm in Dassow-Schwanbeck und der Kunstschule Lübeck unter Leitung von Frau Cravillon-Werner.

Hans-Joachim Möller-Lange wurde 1946 in Lübeck geboren und studierte nach dem Abitur in Hamburg und Lübeck Humanmedizin. Nach Approbation und Promotion folgten Bundeswehr, die Ausbildung zum Arzt für Neurologie und Psychiatrie sowie zum Sozialmediziner. Bis zur Pensionierung war er auch darüber hinaus als Gutachter selbständig tätig.

Seit dem 12. Lebensjahr fotografiert er, stellte einige Fotos und Bildserien aus, im 18. Lebensjahr arbeitete er sowohl fotografisch als auch gestalterisch und schriftstellerisch an dem Buch „Türkei, Klassenfahrt UI b" mit.

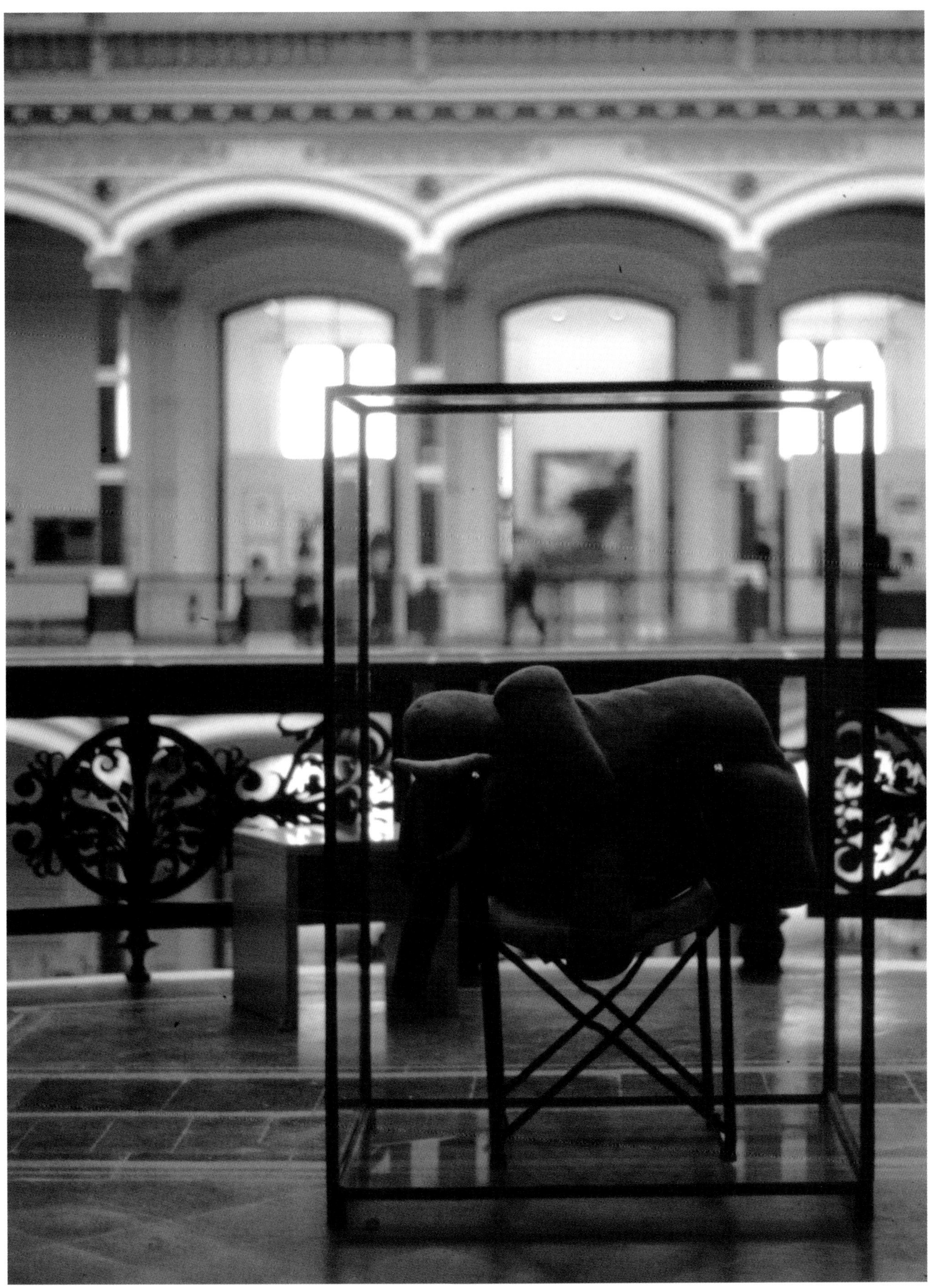